中华优秀传统文化与高校德育教育的融合与创新研究

黄海蓉　欧阳焱　刘家宝 ◎著

中国书籍出版社
China Book Press

图书在版编目(CIP)数据

中华优秀传统文化与高校德育教育的融合与创新研究 / 黄海蓉, 欧阳焱, 刘家宝著. -- 北京：中国书籍出版社, 2024. 10. -- ISBN 978-7-5241-0056-0

Ⅰ. K203；G641

中国国家版本馆CIP数据核字第2024TF8948号

中华优秀传统文化与高校德育教育的融合与创新研究

黄海蓉　欧阳焱　刘家宝　著

丛书策划	谭　鹏　武　斌
责任编辑	毕　磊
责任印制	孙马飞　马　芝
封面设计	守正文化
出版发行	中国书籍出版社
地　　址	北京市丰台区三路居路97号（邮编：100073）
电　　话	（010）52257143（总编室）　（010）52257140（发行部）
电子邮箱	eo@chinabp.com.cn
经　　销	全国新华书店
印　　厂	三河市德贤弘印务有限公司
开　　本	710毫米×1000毫米 1/16
字　　数	348千字
印　　张	22
版　　次	2025年5月第1版
印　　次	2025年5月第1次印刷
书　　号	ISBN 978-7-5241-0056-0
定　　价	98.00元

版权所有　翻印必究

目 录

第一章　中华优秀传统文化概述　　1
　　第一节　中华优秀传统文化的历史定位　　2
　　第二节　中华优秀传统文化的思想精髓与发展方针　　5
　　第三节　新时代中华优秀传统文化的创造性转化
　　　　　　与创新性发展　　22

第二章　高校德育教育概述　　36
　　第一节　立德树人的基本思路与时代使命　　37
　　第二节　高校德育教育的背景与思想渊源　　46
　　第三节　新时代高校德育教育的主要内容　　61
　　第四节　新时代高校德育教育的基本特征与时代价值　　81

第三章　中华优秀传统文化与高校德育教育融合的坚实基础　　90
　　第一节　当前中华优秀传统文化与高校德育教育融合的
　　　　　　症结所在　　91
　　第二节　中华优秀传统文化与高校德育教育融合的必要
　　　　　　性与可行性　　99
　　第三节　中华优秀传统文化"践履习行"与高校德育教育
　　　　　　途径的建设　　106

第四章 中华优秀传统文化与高校德育教育融合的内容形式 114

第一节 中华优秀传统思想文化与高校德育教育 115

第二节 中华优秀传统礼仪风俗与高校德育教育 129

第三节 中华优秀传统文学艺术与高校德育教育 142

第五章 中华优秀传统文化与高校德育教育方法的融合 167

第一节 高校德育教育的主要方法和手段 168

第二节 中华优秀传统文化在高校德育教育方法中的独特优势 176

第三节 中华优秀传统文化融入高校德育教育的创新方法 178

第六章 中华优秀传统文化与高校德育教师队伍的建设 190

第一节 高校德育教师队伍的现状和存在的问题 191

第二节 中华优秀传统文化在高校德育教师队伍建设中的意义 196

第三节 高校德育教师加强中华优秀传统文化素养的策略 203

第七章 中华优秀传统文化与高校德育评估机制的创新 217

第一节 当前高校德育评估机制的问题和不足 218

第二节 中华优秀传统文化在德育评估中的独特价值 227

第三节 中华优秀传统文化融入高校德育评估机制的创新方案 233

第八章 中华优秀传统文化与高校德育实践活动的开展 254

第一节 高校德育实践活动的主要类型和形式 255

第二节 中华优秀传统文化融入德育实践活动的意义 258

第三节 中华优秀传统文化融入德育实践活动的设计与实施 262

目 录

第九章　中华优秀传统文化与高校校园德育工作的结合　278
　　第一节　高校校园德育工作的现状　279
　　第二节　中华优秀传统文化在校园德育工作中的重要性　285
　　第三节　加强校园德育工作与中华优秀传统文化融合的
　　　　　　具体措施　290

第十章　中华优秀传统文化与高校德育教育融合的技术创新　301
　　第一节　中华优秀传统文化的数字化传承　302
　　第二节　在线课程与远程教育的德育教育功能　305
　　第三节　人工智能与大数据在德育教育中的运用　309
　　第四节　教育游戏与模拟仿真在德育教育中的创新　313
　　第五节　虚拟现实与增强现实技术在德育教育中的应用　318
　　第六节　社交媒体与网络社区在德育教育中的互动作用　323

第十一章　　结语　331

参考文献　335

第一章 中华优秀传统文化概述

　　中华优秀传统文化作为中华民族的历史根基与力量之源，持续为当代社会实践注入精神动力。对于实现中华民族伟大复兴的宏伟目标而言，继承和弘扬中华优秀传统文化是不可或缺的前提条件，同时也是我们党为实现文化繁荣而确立的文化发展战略。在新时代新征程上，习近平总书记对中华优秀传统文化的历史地位、思想核心及其发展策略进行了全面而深入的阐述。他充分汲取并借鉴了中华优秀传统文化中的思想精华，创新性地将其应用于治国理政的实践中，从而推动中华优秀传统文化在传承中创新，在发展中永葆生机，形成了具有鲜明时代特色的中华优秀传统文化观。本章就基于习近平总书记的一些重要论述来探讨中华优秀传统文化的历史定位、思想精髓、发展方针，以及如何实现中华优秀传统文化的创造性转化与创新性发展。

第一节　中华优秀传统文化的历史定位

一、中华民族的根和魂

中华优秀传统文化作为中华民族的精神瑰宝，始终是中国社会不断发展进步的坚实文化基石。这份文化的厚重与深邃，赋予了中国独特的魅力与气质，使其时代价值永不褪色。正如习近平总书记所指出的："中华优秀传统文化是中华文明的智慧结晶和精华所在，是中华民族的根和魂，是我们在世界文化激荡中站稳脚跟的根基。"[①]在中华民族的生存与发展、强盛与繁荣的历程中，中华优秀传统文化扮演着举足轻重的角色。它如同一条绵延不绝的河流，滋养着每一个炎黄子孙的心灵，是中华儿女永不能丢弃的精神家园。正是这份文化的熏陶与传承，使中华民族能够历经风雨而不倒，屹立在世界民族之林。若盲目追求创新而忽视了这一根本，那无异于割断了我们的精神命脉，失去了前行的方向。中华优秀传统文化是中华民族的突出优势所在，是我们屹立于民族之林的底气。这份底气源于文化的深厚底蕴与独特魅力，使中华民族在世界舞台上独树一帜。同时，这份文化也是既一脉相承又与时俱进的。它随着时代和实践的变化而不断发展着，不断吸收新的元素，焕发出新的生机。这份文化的传承与弘扬，不仅是民族的，更是世界的。它为世界文化的多样性做出了重要贡献，成为世界文化瑰宝的重要组成部分。

---

① 习近平. 把中国文明历史研究引向深入　增强历史自觉坚定文化自信[J]. 求是，2022（14）：7.

第一章　中华优秀传统文化概述

在全面建设社会主义现代化国家的新征程中,我们更要深刻认识到中华优秀传统文化的时代价值。只有不断传承和弘扬这份文化,我们才能在世界文化激荡中站稳脚跟,为人类解放事业做出新的贡献。为此,我们需要从多个方面入手。首先,要加强文化教育,让更多的人了解并认同中华优秀传统文化。其次,要推动文化创新,让传统文化与现代生活相结合,焕发出新的活力。最后,要加强文化交流与合作,让中华文化走向世界,让世界了解中华文化。

二、最深厚的文化软实力

在全球化的浪潮下,当代世界国家及地区间的竞争愈发激烈,不仅在传统意义上的"硬实力"如军事、经济等领域内展开角逐,更在文化、制度、政策等"软实力"领域内展开了激烈的较量。随着全球化的深入发展,各国之间的联系日益紧密,相互依存的程度不断加深,国际竞争的焦点已悄然转移至"软实力"领域。其中,文化作为"软实力"的核心要素,其重要性愈发凸显,世界各国纷纷将其作为国家战略的重要组成部分。

在中国,文化软实力更是得到了高度重视。党的十七大报告明确提出"文化软实力"这一概念,并赋予其中国特色。文化软实力强调要发展社会主义先进文化,传承和弘扬民族优秀传统文化,以此提升国家的整体文化软实力。随着这一重大国家发展战略的逐步推进,中华优秀传统文化得到了创造性转化和创新性发展,我国文化软实力和综合国力均得到了显著提升。

拥有5000多年历史的中华优秀传统文化是展示中华文明独特魅力、传播中华民族爱好和平的价值观念、夯实文化软实力的根基所在。在新时代全面建设社会主义现代化国家的征途中,习近平总书记高度重视文化软实力的提升工作。他强调:"中华优秀传统文化是中华民族的突出优势,是我们最深厚的文化软实力。"[1]在2013年全国思想宣传工作会议上,他进一步指出要结

---

[1] 习近平谈治国理政:第1卷[M]. 北京:外文出版社,2018:155.

合当下的时代条件,将中华优秀传统文化的凝聚力和感召力转化为文化软实力的重要指标。因此,在新时代新征程上,我们要深入贯彻习近平中华优秀传统文化观,将中华优秀传统文化的凝聚力和感召力转化为文化软实力。这需要我们切实推动中华优秀传统文化的创造性转化和创新性发展,让传统文化在现代社会中焕发出新的生命力。首先,我们要深入挖掘中华优秀传统文化的内涵和价值,理解其精神实质和时代意义。通过研究和传承,我们可以发现传统文化中蕴含的智慧、道德观念和人文精神等宝贵资源,这些都是提高国家文化软实力的重要元素。其次,我们需要对传统文化进行创造性的转化,使其与现代文明相融合,更好地适应现代社会的需求。在传承中华优秀传统文化的同时,结合现代科技手段,创新传播方式,让更多人能够便捷地接触和学习传统文化,从而增强其影响力和感染力。再次,我们还要积极推动中华优秀传统文化的创新性发展。在保持传统文化精髓的基础上,结合时代特点进行创新,赋予其新的时代内涵和现代价值。这样不仅可以丰富和发展中华文化的多样性,还可以提升其在国际舞台上的竞争力和影响力。最后,要提高国家文化软实力,我们还需要加强对外文化交流与传播,让更多的人了解和认同中华优秀传统文化。通过举办文化活动、推广中华文化产品等方式,展示中华文化的独特魅力和价值,增强其在国际社会中的认知度和美誉度。

三、全人类共同的精神财富

中华优秀传统文化作为中华民族的精神瑰宝,深深根植于广袤的中国大地之上。在数千年的历史长河中,这一文化体系始终保持着开放包容的胸襟,不断吸收并融合世界上其他优秀外来文明的有益成分,形成了独具特色的文化体系。这一体系不仅为世界贡献了深刻的思想体系、丰富的科技文化艺术成果、独特的制度创造,更在无形之中深刻影响了世界文明的进程,成为全人类共同的精神财富。[①]

中华优秀传统文化中的丰富哲学思想、人文精神、教化思想、道德理念等，正是我们认识和改造世界的宝贵财富。[②]例如，和合共生的理念主张各国之间和谐相处，相互尊重，共同发展。这一理念对于构建公平正义、合作共赢的国际关系，实现世界经济稳定发展，维护世界和平具有重要启示。在全球化的背景下，各国之间的联系日益紧密，只有坚持和合共生的理念，才能实现共同繁荣与发展。

习近平总书记在各个重要场合以及讲话中，经常引经据典，提炼和展示中华优秀传统文化的思想精髓。他强调，要推动中华优秀传统文化创造性转化、创新性发展，让中华文化展现出永久魅力和时代风采。同时，他还积极推动中外文明交流互鉴，构建人类命运共同体，为维护世界和平、推动世界各国共同发展进步、携手共创美好未来贡献卓越的中国智慧。

第二节　中华优秀传统文化的思想精髓与发展方针

一、中华优秀传统文化的思想精髓

中华优秀传统文化在思想体系、科学技术以及道德建设等多元领域均展现出独特的创新性内容，对当今人类的生存与发展具有不可忽视的深远意义。在新时代的征途上，习近平总书记深刻阐述了中华优秀传统文化的重要作用和历史地位，并在长期的治国理政实践中提炼和彰显了其中具备鲜明民

[①] 习近平. 建设中国特色中国风格中国气派的考古学更好认识源远流长博大精深的中华文明[J]. 求是，2020（23）：7.

[②] 习近平关于社会主义文化建设论述摘编[M]. 北京：中央文献出版社，2017：143.

族文化标识的精华部分。这不仅是习近平新时代中华优秀传统文化观的关键构成,更是我们坚定文化自觉、增强文化自信的重要路径。

(一)天人合一的宇宙观

中国人的宇宙观深刻反映了中华民族对自然界及其与人类关系的基本认识,它构成了中华民族生活与行动的根本指导原则。习近平总书记曾明确指出:"道法自然、天人合一"是中华文明固有的生存理念,这一理念不仅展现了中华民族独特的智慧,更是中国人宇宙观的集中体现。[①]

在中华传统的文化体系中,天人合一的宇宙观虽源于农耕社会,且在某种程度上体现为主观唯心主义,但其核心理念强调人与自然的统一性,这在一定程度上与唯物辩证法存在契合之处。该宇宙观主张从整体和联系的角度审视世界,注重自然界以及人类与其间的互依关系,认同自然、社会与人类三者共生共存的原理。这一观念与恩格斯所阐述的"认识到自身和自然界的一体性"[②]的思想,展现出共通的哲学基础。同时,天人合一的观念强调个体在遵循自然规律的前提下发挥主观能动性,这与恩格斯在《社会主义从空想到科学的发展》中提出的,需认识并遵循社会规律,以实现人的意志与自然力的和谐统一,达到我们的目标,二者在本质上是相辅相成的。[③]

自党的十八大以来,习近平总书记站在坚持和发展马克思主义自然观的高度,从实现中华民族伟大复兴和人类文明进步的战略视角出发,对中华优秀传统文化中"天人合一"的宇宙观进行了深入的时代化阐释和创新性发展。这一思想不仅是对人与自然关系的一次深刻思考,更是对现代化进程中人与自然和谐共生理念的全面升华。习近平总书记指出:"人因自然而生,人与自然是一种共生关系。"[④]这句话揭示了自然界作为人类生存和发展的基础,是人类社会得以延续的前提。自然界先于人类而存在,它的发展演化孕

---

① 习近平谈治国理政:第3卷[M].北京:外文出版社,2020:471.
② 马克思恩格斯文集:第9卷[M].北京:人民出版社,2009:560.
③ 马克思恩格斯文集:第3卷[M].北京:人民出版社,2009:560.
④ 十八大以来重要文献选编(下)[M].北京:中央文献出版社,2018:759.

育了生命，也为人类的出现提供了必要的条件。从这个角度看，人类只是自然界漫长历史中的一个短暂瞬间，是自然界发展演化到一定阶段的产物。但人类并不只是被动地接受自然界的恩赐。在实践活动中，人类通过遵循客观规律，以"人的尺度"去认识世界和改变世界，从而满足自身需求，实现自身理想。这种对自然界的能动作用，不仅体现了人类的主观能动性，也在一定程度上促进了自然界的丰富性得以展开。例如，农业的发展使人类能够更好地利用土地资源，工业的兴起则推动了能源的开发和利用，这些都是人类实践活动对自然界产生积极影响的例证。"共生关系"是习近平总书记关于人与自然关系论述中的一个核心概念。它强调人与自然不是相互敌对的关系，而是共存共生共荣的生命共同体关系。在这个共同体中，人类与自然是相互依存、相互作用的。一方面，人类需要自然界提供生存和发展的物质基础和资源；另一方面，人类的活动也对自然界产生着深远的影响。因此，人类应当树立科学的自然观，正确对待自然，尊重自然、顺应自然、保护自然。

（二）协和万邦的天下观

中国人秉持的天下观深刻体现了中华民族对于"天下"，即全球秩序的基本理解和立场，它构成了中华民族参与国际交流互动的根本准则。习近平总书记强调："亲仁善邻，协和万邦，这是中华文明一贯秉持的处世哲学。"[①] 这篇论述深入剖析了中国人独特的天下观，即协和万邦的理念，这一观念深深植根于中华民族的传统文化中，体现了中国人民对和平的深深向往和对和谐世界的追求。协和万邦的天下观，不仅限于国内各民族的和谐共处，更扩展到对全球和平的期盼，它描绘了一个人民和睦、民族融洽、国家安宁的理想社会状态。这一理念的核心是"万物一体"的哲学思想。这一思想源自古老的中国哲学，如庄子的"天地一指也，万物一马也"，意味着宇宙中的每一个个体都是相互联系、相互依存的，共同构成了生生不息的有机整体。这

---

① 习近平.论党的宣传思想工作[M].北京：中央文献出版社，2020：403.

种思想强调了所有生命之间的内在联系，无论大小、无论远近，都共享着同一个生存的宇宙。"万物一体"的哲学基础在于"类"的意识。这里的"类"是指具有共同性质或特征的存在，它超越了个体的界限，涵盖了人类以及所有生物。儒家学说进一步发展了这一思想，认为人与人之间，尽管可能被地理、文化或历史的差异所分隔，但都能超越这些界限，形成对同类的深深关爱和共感。荀子的名言"凡天地之间者，有血气之属必有知，有知之属莫不爱其类"就鲜明地表达了这一观点，人们能够对同类产生深深的同情和关怀，这种情感是跨越种族、地域和时间的。这种"万物一体"的价值观通过儒家的礼乐教化得以传承和实践。在中国的历史长河中，礼乐文化教育人们尊重差异，珍视和谐，倡导仁爱，使这种对和平与和谐的追求成为社会普遍接受的价值共识。因此，协和万邦的天下观不仅是理论上的构想，更在实践中影响了中国人的行为方式和对世界的理解。

同时，马克思也强调"人是类存在物"[①]，并指出"自由的有意识的活动是人类的特性"[②]。从"类存在物"的角度审视人的存在与发展，有助于我们从"类意识""类特性"的维度，深入理解"共感"产生的根源，进而从更高的主体性视角把握世界作为一个有机统一的整体性存在。在此基础上，中华民族形成了对天地万物生命共性的深刻认同，展现了"四海之内皆兄弟"的博大胸怀和大国风范。中华民族协和万邦的天下观与科学社会主义核心价值观具有显著的契合性。在追求共产主义社会的理想中，消除战争、实现世界和平以及构建高度和谐的社会关系被视为其根本特征。恩格斯明确指出，共产主义"这一新社会的国际原则将是和平"[③]，并且强调"共产主义社会深知战争只会带来人员和资本的损失"[④]。在探讨共产主义社会的理想构建时，我们不得不提及的是，那种状态中应当如何对待那些专为战争设立的机构，如常备军、警察机构、行政机关等。共产主义社会的核心理念在于实现社会的全面和谐与人民的共同富裕，因此，这些原本投入军事活动的社会资源，

---

① 马克思恩格斯文集：第1卷[M]. 北京：人民出版社，2009：162.
② 马克思恩格斯文集：第1卷[M]. 北京：人民出版社，2009：162.
③ 马克思恩格斯选集：第3卷[M]. 北京：人民出版社，2012：61.
④ 马克思恩格斯全集：第2卷[M]. 北京：人民出版社，1957：608.

第一章　中华优秀传统文化概述

在共产主义社会中应当被解放出来，转而用于推动社会生产，促进科技进步，进而造福全人类。然而，和平并非一蹴而就的理想状态。它如同一个精致的拼图，需要从局部性、低水平的和平状态逐步拼凑，直至达到全面、高水平的和平境界。这一过程中，我们首先需要构建的是一个相对稳定的世界秩序，让各国之间的交往不再被战争的阴影所笼罩。然后，通过逐步深化各民族、各国之间的交流与理解，建立起基于尊重、公平、正义、共赢原则的国际关系，从而推动全球和平的进一步发展。中华民族协和万邦的天下观，为我们提供了一种处理不同民族、不同国家间关系的智慧。这种智慧源于对和平的热爱与追求，体现了一种包容、开放、和谐的精神。它倡导各国之间相互尊重、平等相待，通过对话与合作解决分歧与冲突，实现共同发展与繁荣。这种观点与马克思主义共产主义观以及世界交往理论相互呼应，共同构建了一个追求和平、和谐、发展的全球视野。事实上，这种和平的愿景并非空谈。历史上，许多国家和地区通过和平的方式解决了争端与冲突，实现了共同发展。例如，欧洲联盟通过多年的努力，逐步消除了成员国之间的战争与冲突，建立起了一个经济、政治、文化高度一体化的区域组织。这不仅促进了欧洲各国的共同发展，也为全球和平与稳定树立了典范。此外，随着全球化的深入发展，各国之间的联系日益紧密，相互依存度不断提高。这使战争与冲突的成本越来越高昂，而和平与合作则成为各国共同的利益所在。因此，越来越多的国家和人民开始认识到和平的重要性，并积极参与推动全球和平的进程。

在百年未有之大变局中，机遇与挑战并存，二者均蕴含深刻的不确定性。然而，历经历史与实践的考验，我们得以确认的是，"人类命运休戚与共，各国利益紧密相连，世界是不可分割的命运共同体"[1]。基于此，习近平总书记提出，要在对中华民族协和万邦天下观进行创造性转化的基础上，"大力弘扬和平、发展、公平、正义、民主、自由的全人类共同价值，为构建一个更加美好的世界提供正确的理念指引"[2]。这一重要论断深刻体现了中国坚

---

[1] 习近平重要讲话单行本（2020年合订本）[M]. 北京：人民出版社，2021：231.
[2] 习近平谈治国理政：第4卷[M]. 北京：外文出版社，2022：475.

定不移地致力于构建新型国际关系的决心，通过团结各国共同营造一个和平与发展的国际环境。同时，也彰显了中国以自身发展推动世界和平，尊重不同国家发展道路和文明形态的广阔胸襟。全人类共同价值的科学内涵与价值意蕴，正是中国协和万邦天下观在当代世界的生动体现与逻辑演进，也标志着中华优秀传统文化在现代化进程中的典范实践。

（三）和而不同的社会观

崇尚和谐作为中华优秀传统文化的鲜明特质，其关于"和同之辨"的理念在中华文化中得到了丰富的阐述。《左传·昭公》中，晏子强调了君臣间应尊重彼此的不同意见和观点，通过充分发表和倾听，努力达成共识，以保持和谐的君臣关系。《论语·子路》中，孔子提出了"君子和而不同，小人同而不和"的观点，意指君子虽能与人和睦相处，但并非盲目附和，而是保持独立思考；而小人则盲目追随他人，缺乏主见，难以达到真正和谐的人际关系。中国思想家在肯定"和"与"同"差异的基础上，主张以宽广的胸襟容纳不同意见，强调"和"的重要性而摒弃盲目的"同"，以达成理想的和谐状态。《周易·系辞下传》提出"天下同归而殊途，一致而百虑"的理念，表明万物发展道路虽异，但目标相同，认同了和而不同的行为方式。《中庸》则进一步指出"万物并育而不相害；道并行而不相悖"，主张万物在不相互妨害的基础上共同发展，遵循客观规律而不相互冲突，进而实现最佳的整体和谐状态。

和而不同的社会观这一源远流长的哲学理念早已深深烙印在中国人的思维方式和行为原则上。它不仅是一种简单的观念，更是中华5000年文明所孕育的丰富哲学智慧的集中体现。正如习近平总书记所强调："5000多年历史的中华文明，始终崇尚和平，和平、和睦、和谐的追求深深植根于中华民族的精神世界中，深深融化在中国人民的血脉之中。"[①]和而不同的社会观主张在承认和尊重客观存在的差异的基础上，寻求统一与和谐。这种观念并不是

---

① 习近平谈治国理政：第1卷[M]. 北京：外文出版社，2018：265.

第一章 中华优秀传统文化概述

简单的折衷主义，而是对多样性的包容与尊重，强调在多样性中寻求平衡，实现和谐共处。在人际关系上，它倡导与人为善、以和为贵，鼓励人们在相互理解和尊重的基础上，建立和谐友好的人际关系。在社会内部，它强调群体之间的平等与和谐，倡导相互合作、共同进步，以实现社会的和谐稳定。在文化价值观方面，它主张兼容并包、相互借鉴，推动不同文化之间的交流与融合，促进文化的繁荣与发展。从唯物辩证法的角度来看，和而不同的社会观体现了矛盾双方的相互依存、相互促进、相互发展。在复杂多变的社会环境中，各种矛盾和问题层出不穷，但正是这些矛盾的存在，推动了社会的进步和发展。和而不同的社会观强调在尊重差异的基础上，通过对话、协商和合作，化解矛盾、解决问题，达到和谐共处的目的。这种观念不仅有助于社会的稳定和发展，也有助于提高人们的思维能力和处理问题的能力。从共产主义的角度来看，和而不同的社会观与马克思恩格斯对未来共产主义社会中社会关系高度和谐与人民精神境界得到极大提高的设想有着相通相融之处。共产主义社会是一个消除了阶级剥削和压迫、实现了社会公正和人民幸福的社会。在这个社会中，人与人之间的关系是平等的、和谐的，人们的精神境界也得到了极大的提高。和而不同的社会观强调在尊重差异的基础上寻求和谐共处，这与共产主义社会的理念是相契合的。通过实践这一观念，我们可以逐步推动社会的和谐与进步，为实现共产主义社会的目标奠定坚实的基础。在现代社会中，和而不同的社会观依然具有重要的现实意义。随着全球化的深入发展，不同文化、不同价值观之间的交流和碰撞日益频繁。在这种情况下，如何保持文化的多样性和包容性，实现不同文化之间的和谐共处，成了一个亟待解决的问题。和而不同的社会观为我们提供了一个重要的思路和方法。通过尊重差异、包容多样、寻求和谐共处，我们可以推动不同文化之间的交流与融合，促进世界的和平与发展。

新时代新征程，习近平新时代中国特色社会主义思想中关于和而不同社会观的发展与实践，不仅深刻体现了中国传统文化中的精髓，也为当代世界治理提供了中国方案和中国智慧。这一思想在政治观和文明观上的具体体现，展现了中国在推动全球治理体系变革、促进人类文明交流互鉴方面的独特贡献。习近平总书记强调的集思广益、求同存异，是新时代中国特色社会主义协商民主的核心要义。这一理念鼓励在多元社会中尊重并听取不同声音，通过广泛的民主协商机制，确保人民的民主权利得到充分保障。全过程人民民主的实践，让人民群众能够直接参与国家和社会事务的决策过程，使政策制定更加科学民主，也更加符合人民的根本利益。这种民主模式不仅促进了社会的和谐稳定，也为全球民主治理提供了可借鉴的经验。在文明观上，和而不同的社会观倡导文明间的交流互鉴与包容共存。习近平总书记提出的"平等、互鉴、对话、包容"的文明观，是对人类文明多样性深刻认识的基础上提出的。这一理念强调在尊重各文明独特性的同时，寻求共同的价值理念和合作基础，通过平等对话和互鉴交流，促进不同文明之间的和谐共生与共同发展。这不仅是对中国传统文化中"和而不同"思想的继承与发展，也是对人类文明进步规律的深刻把握。习近平总书记关于和而不同社会观的发展与实践，不仅为中国特色社会主义事业注入了新的活力，也为全球治理提供了中国方案。在全球化深入发展的今天，面对各种全球性挑战，如气候变化、公共卫生安全、经济发展不平衡等，各国需要携手合作，共同应对。和而不同的社会观倡导的对话协商、互利共赢理念，为国际社会处理分歧、寻求共识提供了有益的思路。同时，中国通过自身的发展实践，向世界展示了不同文明、不同制度国家和谐共处的可能性，为全球治理体系变革注入了正能量。

（四）人心和善的道德观

中华民族以其深厚的道德尊重和智慧，历经5000年的不懈努力，孕育了博大精深的传统文化，塑造并延续了以和善为核心的价值观，为民族的持续繁荣提供了坚实的精神基础。和善的道德观内含着崇尚美德的精神导向，它既是个人品德的体现，也彰显了中华民族的独特品质。首先，从人的生存与成长角度，和善的道德观强调以崇德向善作为立身之本。孟子在《孟子·告子上》中提出，人皆有同情之心，即"恻隐之心，人皆有之"，并进一步在《孟子·公孙丑上》中指出，同情心是仁德的起源。《周易·系辞下》则阐述了"善不积不足以成名，恶不积不足以灭身"，强调积累善行对于成为君子的重要性。其次，从价值观念的层面，"和合"的理念构成了和善的理论基石。在中国文化中，"善"作为道德准则与"和"作为社会价值是相辅相成

第一章　中华优秀传统文化概述

的。一方面，"善"是实现"和"的精神动力，另一方面，"和"是"善"的终极目标。《大学》中的"修身、治国、平天下"生动诠释了"善"与"和"的辩证关系。最后，从实践操作上，和善的道德观要求人们践行仁爱。仁爱并非空洞的道德概念，而是具体体现在对他人的关爱与尊重上。《孟子·离娄下》倡导"仁者爱人"，视"仁德"为关爱他人的核心。《论语》中强调孝悌是仁爱的根本，认为家庭和谐是仁的起点。孔子在《论语·雍也》中进一步阐述，仁者应以自我为参照，帮助他人实现自我，即"己欲立而立人，己欲达而达人"。在《论语·颜渊篇》中，孔子提出仁爱精神要求人们以爱人为出发点，遵循"礼"的规范，以真诚待人，推己及人，实现"克己复礼为仁"。

人本的道德观念与马克思主义的道德理解在多个层面上展现出深厚的契合性。唯物史观对道德的起源进行了深入剖析，它阐明人们的伦理观念实际上是"由其阶级地位所依赖的实际关系——尤其是生产和交换的经济关系——塑造而成的"[1]。共产主义道德体系亦涵盖团结、平等、幸福等核心理念。在团结方面，马克思明确强调了"革命必须是团结的，我们唯有如此，才能达成我们崇高的目标"[2]以及"实现无产阶级的解放，要求工人之间如兄弟般地紧密合作"[3]。实现这种团结，除了需要科学的理论引导、坚定的领导力和共享的价值理念，还要求社会成员坚守人本善良的道德原则，推崇和谐密切的人际关系，共同"抵制任何形态的民族主义政策"[4]。在平等方面，马克思将"平等"视为共产主义的基础，并强调其作为共产主义政治的基石。[5]秉持着公正的平等原则，道德观念中的仁慈与善良视人际平等为社会互动的根基，这一点与马克思主义所强调的平等观念有着深刻的契合。恩格斯曾指出，追求幸福的欲望是人类本质的一部分，因而它是所有道德规范的出发点。[6]仁慈和善良的道德观本质上是人类幸福的先决条件，其最终追求

---

[1] 马克思恩格斯选集：第3卷[M]. 北京：人民出版社，2012：470.
[2] 马克思恩格斯全集：第18卷[M]. 北京：人民出版社，1964：180.
[3] 马克思恩格斯文集：第3卷[M]. 北京：人民出版社，2009：14.
[4] 列宁选集：第2卷[M]. 北京：人民出版社，2012：340.
[5] 马克思恩格斯文集：第1卷[M]. 北京：人民出版社，2009：231.
[6] 马克思恩格斯文集：第4卷[M]. 北京：人民出版社，2009：291–292.

也正是为了实现全人类的幸福。因为只有在人与人之间和睦共处，社会关系才能达到和谐与稳定的理想状态。

自中国特色社会主义步入新时代以来，习近平总书记高瞻远瞩，深入挖掘并精准提炼了中华民族悠久历史文化中向善道德观的思想精髓，赋予了它崭新的时代价值。他立足于马克思主义道德观这一坚实理论基石，紧密结合中国特色社会主义伟大实践的具体需求，不断推动中华优秀传统美德在新时代的演进与发展。这一过程，不仅是对中华民族道德基因的延续，更是对其的弘扬与升华。在新时代背景下，习近平总书记强调，要使人心向善的道德观与中国特色社会主义道德建设紧密相连、相互契合。我们致力于将这一道德观融入社会发展的方方面面，使其成为引领人们行为的重要准则。通过弘扬中华传统美德，我们传承了中华民族独特的价值理念和伦理精神，为新时代公民提供了宝贵的精神财富。在这一过程中，我们不断加强对中华传统美德的宣传和教育，让更多的人了解并认同这些美德。我们通过各种渠道和形式，如开展道德讲堂、举办道德模范评选活动等，让人们在实践中感受到美德的力量。这些活动不仅提高了人们的道德素质，也促进了社会文明水平的整体提升。同时，我们注重将中华传统美德与社会主义核心价值观相结合，引导人们崇尚美德、追求善良。我们倡导人们自觉遵守社会公德、职业道德和家庭美德，争做新时代的道德楷模。通过这一系列的努力，我们成功凝聚了理想信念、价值取向、道德观念等多方面的社会共识，为实现第二个百年奋斗目标奠定了坚实的道德基础。在新时代的征程中，我们将继续深入挖掘和提炼中华民族向善道德观的思想精髓，推动其在新时代的演进与发展。我们坚信，在习近平新时代中国特色社会主义思想的指引下，中华民族传统美德将得到更好的传承和弘扬，为构建和谐社会、实现中华民族伟大复兴的中国梦提供强大的精神支撑。

二、中华优秀传统文化的发展方针

中华优秀传统文化作为民族与国家发展的核心议题之一，始终是我国不可回避的重要责任。自党的十八大以来，我国在文化建设领域取得了瞩目的

第一章 中华优秀传统文化概述

成就，文化自信得到显著强化，社会凝聚力亦得到显著增强，为党和国家的伟大事业提供了坚实的精神支撑和强大的动力源泉。这一成就充分证明习近平的文化观是经过时代与实践检验的，并随着实践的深入而不断完善的科学理论体系。在文化建设的新征程上，我们必须确立并贯彻正确的发展战略，以传承和弘扬中华优秀传统文化为己任。这需要我们在坚持传统的基础上，进行审慎的扬弃，确保传统文化的精髓得以保留，同时剔除与现代社会文化不相适应的部分。我们还应紧密结合当下社会与文化的实际情况，抓住与之相协调的关键环节，实现传统文化的创造性转化和创新性发展。这些措施共同构成了中华优秀传统文化的重要组成部分，对于推动文化繁荣、实现民族复兴具有重要意义。

（一）有鉴别地加以对待、有扬弃地予以继承

在浩渺的历史长河中，中华优秀传统文化如同一颗璀璨的明珠，闪耀着独特的光芒。习近平总书记深刻洞察到这一文化的时代价值，于2013年在山东考察时，语重心长地指出："一个国家、一个民族的强盛，总是以文化兴盛为支撑的，中华民族伟大复兴需要以中华文化发展繁荣为条件。"[1]他进一步强调："对历史文化特别是先人传承下来的道德规范，要坚持古为今用、推陈出新，有鉴别地加以对待、有扬弃地予以继承。"[2]这一"两有"方针，为我们如何正确对待和传承中华优秀传统文化提供了明确的指引。"两有"方针的提出，是基于对中华传统文化形成和发展历程的深刻理解。中华传统文化源远流长，博大精深，它的形成和发展受到当时时代条件、社会制度和人们认识水平的深刻影响。在这些因素的共同作用下，中华传统文化既有其独特的魅力和价值，也不可避免地存在一些"过时"的元素。因此，在对待传统文化时，我们不能盲目崇拜，也不能全盘否定，而是应该进行深入的鉴别和分析。

---

[1] 习近平在山东考察时的讲话[N]. 人民日报，2013-11-29（01）.
[2] 习近平在山东考察时的讲话[N]. 人民日报，2013-11-29（01）.

马克思主义作为社会主义意识形态的坚定引领者，其核心理念明确揭示："统治阶级的思想在每一时代均为社会的指导思想。当某一阶级在物质层面上占据统治地位时，其精神力量亦将随之占据主导地位。"[①]在我国，作为以工农联盟为基础、工人阶级领导的社会主义国家，我们意识形态建设的核心思想，无疑是以全人类解放为目标的马克思主义。从文化发展的宏观层面观察，意识形态对文化的发展方向及道路具有决定性的导向作用。这凸显了意识形态在文化中的核心地位，任何社会的文化建设均须紧密贴合其特定意识形态的实质要求。因此，在推进中华优秀传统文化的传承与弘扬的宏大工程中，我们需坚持以马克思主义作为科学的理论指导，确立并巩固其在意识形态领域中的根本指导地位。我们应在全面普查、统计传统文化的基础上，系统地进行分类整理，依据其实际状况进行深入分析。同时，应详细探究传统文化中的核心价值理念与当代社会要求的契合程度，并据此进行科学的定性评估。在此基础之上，以马克思主义关于人的全面发展的价值理念为基准，传承与弘扬那些与社会主义核心价值观及全人类共同价值相契合的思想理念。我们致力于推动传统文化实现由"古"向"今"的转型，即实现由传统形态向现代形态的成功转变，以此促进传统文化的创新发展。

从方法论的角度审视，"两有"方针深刻彰显了中国共产党人一贯坚守的实事求是思想方法与崇高作风。实事求是，这一高度凝练的思想精髓源自毛泽东同志结合中国具体国情和深厚传统文化底蕴，对马克思主义世界观与方法论的精准阐释。它倡导我们在全面把握事物实际状况的基础上，深入探究并把握事物发展的客观规律，进而以此为指导，引领实践活动，并通过实践的检验与推动，不断完善和发展真理。习近平总书记曾明确指出："坚持实事求是，方能兴党兴国；背离实事求是，则可能误党误国。""两有"方针的核心在于它倡导立足实际，对中华优秀传统文化的价值进行客观评估。该方针坚持以马克思主义为指导，旨在传承和弘扬传统文化中的精髓，同时坚决摒弃其中的糟粕。从这一视角出发，"两有"方针是习近平总书记科学

---

① 习近平.决胜全面建成小康社会夺取新时代中国特色社会主义伟大胜利——在中国共产党第十九次全国代表大会上的报告[M].北京：人民出版社，2017：41.

审视传统文化特征，以实事求是的态度承续中华文化脉络的必然产物。此外，"两有"方针深刻体现了实事求是的核心要求，即坚持真理以维护人民利益，勇于正视并承认错误，并及时予以纠正。它运用历史分析的方法，承认中华传统文化中既蕴含积极元素，也包含消极因素，因此需根据现实条件，取其精华、去其糟粕。在此意义上，"两有"方针是习近平总书记坚持以正确世界观和方法论为指导，实事求是地对待中华传统文化的具体体现。

（二）与当代文化相适应、与现代社会相协调

在当代中国，随着社会的快速发展和全球化的深入影响，中华优秀传统文化的传承与弘扬面临着前所未有的机遇与挑战。习近平总书记在深刻考察这一发展境遇后，提出了"要使中华民族最基本的文化基因与当代文化相适应、与现代社会相协调"[①]的重要方针（以下简称"两相"方针）。这一方针不仅为我们指明了新时代新征程上传承和弘扬中华优秀传统文化的方向，更强调了在这一过程中，我们必须立足当下社会发展实践，服务于国家发展大局和人民幸福生活大局，让传统文化深深植根于人民群众的日常生活中。"两相"方针的核心在于"适应"与"协调"。首先，我们要使中华民族最基本的文化基因与当代文化相适应。

在深入剖析新时代中国社会发展的现实背景下，中华优秀传统文化需紧密结合当前社会实践，以持续满足人民群众日益增长的精神文化需求，为全面建设社会主义现代化国家筑牢精神基石。马克思主义理论明确指出，实践与认识的内容、性质、水平均受社会历史条件的制约，并随其变迁而发展。中华传统文化根植于农耕自然经济，受宗法及君主专制传统社会政治结构影响，其传播方式与话语体系与现代中国现代化建设的需求及人民群众精神文化需求存在显著差异。因此，为传承与弘扬中华优秀传统文化，必须紧密结合当代中国实践发展的实际，使之符合新时代的时代要求。中华优秀传统文化应融入中国特色社会主义文化的风格，在政策咨询与人才培养中发挥

---

① 习近平在主持中央政治局第十二次集体学习时的讲话[N]. 人民日报，2014-01-01（01）.

关键作用；同时，与现代科技社会相协调，推动人类文明进步，以接受新时代中国伟大实践的检验，更好地服务于人民群众。从实践与认识的辩证关系来看，实践是认识的源泉、动力和归宿。中国的发展不仅为我们提供了丰富的观察材料，更提供了创新的实验手段，使新工具设计的可能性得以实现。①

"两相"方针是习近平总书记在新时代背景下，根据我国社会主要矛盾的发展变化，运用马克思主义科学方法论中的社会基本矛盾分析法，深思熟虑地提出的关于中华优秀传统文化如何在新时代更有效地服务于人民和社会主义事业的重要文化传承策略。该方法论主张将生产力和生产关系的矛盾运动与经济基础和上层建筑的矛盾运动相结合，以全面、严谨、理性的视角审视社会基本矛盾的整体状况，从而确保文化传承的稳重性和有效性。②相较于新中国成立前，新时代我国社会生产力水平已全面跃升，人民生活质量实现全方位提升，社会各领域及社会关系亦发生显著变革。在此背景下，如何为中华传统文化在新时代确立其独特地位，充分发挥其文化功能，以满足人民日益增长的高质量文化需求，已成为亟待解决的议题。针对此问题，我们需要从适应与协调两方面着手，但此举并非意味着中华传统文化须无条件迎合当代文化与现代社会。相反，我们应在当前社会文化背景下，积极发挥中华优秀传统文化的独特价值引领作用，与革命文化和社会主义先进文化共同滋养人民的精神世界，进而在社会发展的浪潮中，有效彰显中华优秀传统文化在构建和谐社会与促进个人成长中的关键作用。

（三）坚持创造性转化、创新性发展

1.创造性转化

在讨论"创造性转化"时，首先需要明确其含义。创造性转化以"创造性"的本质为中心，目标是"转化"。与"创造"（即生产或制造新事物的活

---

① 马克思恩格斯文集：第9卷[M]. 北京：人民出版社，2009：427-428.
② 习近平. 论党的宣传思想工作[M]. 北京：中央文献出版社，2020：34.

第一章　中华优秀传统文化概述

动）不同，"创造性"强调的是个体对于创造新颖且有社会价值的事物的内在能力和特性。"创造性"并不是单纯关注行为的过程和结果，而是强调其内在属性。在文化传承的语境下，"创造性转化"并不意味着在空白处创作全新内容，而是从已有的文化内容和传统表达方式中，筛选出仍具有时代价值的元素，并进行创新性的改造，以恢复其活力。对于传统文化的"创造性转化"，其与"转化"的关系可以从以下两个方面加以解读。

首先，转化传统文化应当采取创新性思维，而不能局限于单一、线性的模式。在维护和发扬传统文化的框架下，我们需要运用发散性思维进行深入、多元和立体的探索，以确保那些具有时代价值和永恒性的文化元素能够被有效地转化为现代文化。相比之下，缺乏创新思维往往导致对传统文化的表面性拼接，这并不构成实质性的创新。因此，我们必须强调创新是基于实际需求的理性驱动，而不仅是为了追求新颖性。

其次，对传统文化进行"创造性转化"，而不仅是"转变"。这里的"转化"是一个连续的、类似化学反应的过程，而"转变"则主要描述了一种从一种状态或形式到另一种的表面变化。从文化的角度看，"转化"意味着文化本质的深度变革，即通过创新性的理解和改造，将古老的传统文化转变为适应现代社会的当代文化，这在哲学上被定义为质的变化。

2.创新性发展

在对"创新性发展"的探讨中应明确其内涵，这一概念以"创新性"作为其特征标志，旨在实现"发展"。值得注意的是，"创新性"与"创新"在概念上有所区分。在哲学、社会学、经济学和心理学等多学科的视角中，"创新"被普遍认为是一个复杂的概念，各学科对其都有其独特的阐释。例如，在哲学的范畴内，"创新"主要指人类对物质世界及精神资源的创造性转化和利用，它能催生新的矛盾关系，塑造新的物质和精神形态。而"创新性"则更侧重于强调个体在实践中体现出的创新和创造的素质与特性。可以这么理解，"创新"与"创新性"的关系犹如"创造"与"创造性"之间的关系，它们之间的主要区别在于实践的过程、具体的行动及其属性，前者能够独立存在，而后者则在某种"关系"中得以体现。"发展"在其核心意义上，超越了简单的"运动"和"变化"，不仅是一个变动的过程，而且是蕴含着某种价值预设，并根据这种预设朝着明确的价值方向进行变化与积累。关于"发展"，其最为关键的特征是它始终朝向更高的阶段、更深的层次和更先进的水平前进。

在文化传承与发展的范畴中，"创新性发展"具有深远的意义，其目标指向的是传统文化向新的文化形态和样式的演变与进化，旨在通过创新实现文化的再生和延续，这种发展理念在内部深刻地反对文化复古主义，因为它不仅是回溯过去，而是在继承的基础上进行改造与创新。

此外，"创新性发展"在文化传承中，也明确表明其基于马克思主义的历史唯物主义观点，强调文化发展的动力是物质条件和社会关系的变革，不单是文化内部的逻辑或线性进程，坚决反对简化的线性文化进化论，认为文化的发展是一个多维、复杂且受多种因素影响的过程。

3."两创"的辩证关系

"创造性转化"与"创新性发展"构成了一个统一却又具有差异性的体系，虽然二者紧密相连并形成一个不可分割的完整结构，但每个概念都有其独特的重点和特征。

就空间关系而言，可以从梁启超先生的三重论述，即"中国之中国""亚洲之中国"以及"世界之中国"来理解传统文化在不同范畴下的转化与创新。具体来说，"创造性转化"在概念上主要围绕"中国之中国"的范畴来展开，需要通过对中华文化典籍及民间传统的深入解读来理解"中国何以为之中国"和"中国人何以为之中国人"这两大核心问题。基于此，能够进一步针对"当代中国"及"当代中国人"的构建问题，在与当下实际情境的对话中进行探讨。简而言之，"创造性转化"意在强化中华优秀传统文化的内部凝聚力，以"传承"的核心价值为导向。相对于此，"创新性发展"更多地强调的是"世界之中国"的框架，需要在本土文化的基础上广泛观照全球视野，尤其是将中国的进步路径视为人类文明发展的一个关键坐标，需要在全球多元文化背景下定位中国文化，并对"世界的未来趋势"以及"人类未来如何选择命运"这类宏大议题进行深入反思，从而深入探寻中华文化与全球多元文明的交互关系，并明确中华文化在全球文化架构中的价值与地位。从另一个角度来看，可以认为"创造性转化"主要

第一章 中华优秀传统文化概述

关注的是增强中华优秀传统文化的内聚力,即如何将它"继续传递"。而"创新性发展"则更侧重于强化中华文化的全球影响力,即如何使它"向外传播"。

就主体角度而言,"创造性转化"与"创新性发展"具有重要的意义,二者在主体性上既有区分性又有关联性。简要概括,"创造性转化"与"创新性发展"的核心聚焦于当代中国的广大民众,这体现出马克思主义群众观在文化环境中的具体表现。"创造性转化"的主导力量主要为具备相关专业知识和技能的人文学者与专家。对于这些学者来说,对中华文化的转型及其在当代的转化形成了一种深入的、主动的理解。中华优秀传统文化的创造性转化即是一种高度的自觉行为。当然,即便在某些情境下,广大人民在实践中可能并不完全意识到他们正在推动传统文化的转型,但要真正达到传统文化在当代的转化,仍需依赖文化学者,特别是专注于传统文化的研究者,他们对于这些行为进行理论梳理和思想提炼。而"创新性发展"的主体性更为宽泛,它涵盖了广大的人民群众,当然也包括前述的知识分子。在当前的中国语境中,此类承担主体特别指向坚守马克思主义立场的学者与思想家,与此相对应的,则是一些非马克思主义的文化保守主体。中华优秀传统文化的创新性发展并不仅是某一团体或个体的主观愿望,而是一个基于创造性转化、随着历史进程和社会实践不断发展的客观过程。尽管人民群众在文化创新中的自觉性是中华优秀传统文化创新性发展的重要动力,但单一个体的学术贡献,无论其深度和广度,都难以真正促成传统文化的整体创新性发展,最终的评价准则还需要回归到实践本身。

在学术探讨中,"两创"的提出标志着一种"首倡"的概念,其内涵深刻关联于中华优秀传统文化的命运。而在政治层面,"两创"的呈现则象征着一种全新的"出现",同样与中华文化的命运紧密相连。二者虽在情境上各具特色,但其共通之处不容忽视。当"两创"在学术界初次被提出之际,正值中国综合实力尚未全面崛起之际,因此彼时对于"两创"所承载的理想追求,或显露出根基尚浅、信念未坚的态势。然而,在政治领域的视野中,"两创"的呈现则展现出不同的风貌。经过四十多年的改革开放,中国实现了经济长期稳健增长与社会持续和谐稳定的"两大历史性奇迹",这一伟大成就极大地提升了民众对文化的自觉意识,文化自信也逐步增强,从而为

"两创"的提出提供了坚实的时代背景和深刻的逻辑支撑。"两创"思想作为一个完整体系，构建了全新的文化传承范式。

第三节 新时代中华优秀传统文化的创造性转化与创新性发展

一、新时代推动中华优秀传统文化"两创"的必要性

（一）坚定文化自信必须"两创"

在中国的革命、建设以及改革过程中，深入挖掘时代发展的独特性质，并在坚守社会主义道路、制度与理论的"三个自信"框架下，提出了充满创新的文化自信概念。这种文化自信深受社会根基的滋养，与社会主义的现代化建设实践紧密相连，同时与中华民族5000年的辉煌历史有着不可割舍的联系。在推进社会主义现代化的过程中，确立坚定的文化自信至关重要。有了这种自信，我们能够有效应对各种社会发展挑战，以满怀信心地迎接任何任务，为国家的未来打下坚实的基础。

在当今时代背景下，若要从根本上实现社会主义的现代化建设，必须对建立文化自信和推动建设文化强国给予高度重视。但是文化自信不应被理解为脱离现实的自大，而是要在遵循中华民族历史发展轨迹的基础上，深深扎根于中华优秀传统文化之中，这种深沉的自信恰恰是务实之中的坚定信念。中华优秀传统文化如哲学思维、传统德性和人文精神等，在历史进程中都起到了不可估量的作用，并且其核心价值得到了一代代人的传承和颂赞。为了实现真正的文化自信，"两创"成为不可或缺的方向。不可否认，由于中华

第一章 中华优秀传统文化概述

优秀传统文化起源于农业时代，这些文化成果也反映了那一时期社会民众的生活与生产，它们既有宝贵的启示，为现代化提供参考，同时存在某些与当今社会发展步伐不太匹配的元素。因此，我们需要从现代社会的角度出发，对这些文化元素进行筛选和取舍，确保其与现代社会的发展步伐一致。中国特色的社会主义先进文化并非空中楼阁，实际上它是在党的历史进程中，特别是在革命、建设和改革的特定历史背景下逐渐形成的。中华优秀传统文化作为中华民族几千年的文化沉淀，赋予独特的文化认同，要深入了解并提炼其内在的宝贵教诲，这正是深沉的文化自信之源。党中央高度重视文化自信，并强调其在国家和社会发展中的关键地位。此外，文化自信不仅是对中华大地的热爱，更是对民族文化的继承和发展。在对待传统文化的过程中，我们需要进行筛选、转化并结合当代社会特点进行创新，使其充满活力和影响力。

在当前时代背景下，坚定文化自信对中国而言显得尤为关键。在明清之前的历史阶段，中国已经跻身于全球经济与文化的领军者，无论是春秋战国时期的诸子百家之争鸣，还是两汉与盛唐的辉煌景象，乃至两宋的文化繁荣，均在世界文化史上独树一帜。这些代表中华民族骄傲的文化传统，在全球产生了深远的影响，并对周边国家逐步辐射，催生了东亚的儒家文化传统。那一时代，中国的文化自信可谓是举世公认的。但从晚清时期开始，中国在经济和社会的发展上逐步受到西方国家的压迫，其文化地位亦相应减退。中华民族历来遵循"和而不同"的哲学，坚持融会贯通，汲取外部的先进文化元素。自2012年开始，国家对文化发展与投资给予了更多关注，努力促使中华文化的国际化步伐，同时积极地引进外国的先进文化思维，如"一带一路"倡议，它不仅是经济上的合作，更体现了文化间的深度交流与融合。随着中国特色社会主义步入新的历史阶段，当下正是我们迎来中华民族伟大复兴的黄金时期。深化文化自信，增强中华优秀传统文化的竞争边缘，将是推动民族复兴的重要动力。

（二）弘扬社会主义核心价值观必须"两创"

在现代背景下，为保障社会主义核心价值观的持久生命力及影响力，必须深刻吸纳中华优秀传统文化的精髓与底蕴，若非如此，其真正的活力与影响力将会受限。中华优秀传统文化不仅为社会主义核心价值观注入永恒的色彩，更为其提供了宝贵的启示。因此，为确保社会主义核心价值观在现代社会中的持续传承与发展，有必要结合当今社会的发展趋势，深度解读中华优秀传统文化中的治国哲学、伦理正义以及道德准则，并依照新时代特征和标准进行创新性的"两创"策略。

中华优秀传统文化为社会主义核心价值观提供了坚实的历史底蕴。任何事物的演变与发展均遵循其内在规律，而价值观的塑造与确立亦需建立在深厚的文化背景与精神遗产之上，并与时代步伐相契合。在中华优秀传统文化中，我们可觅得"富国强兵""先富后教""民为邦本""民贵君轻"等理念，亦可见其弘扬"文明以止""化成天下"之精神，追求"天人合一"与"和而不同"的哲学境界，秉持"道法自然""民胞物与""天下为公""天下兴亡、匹夫有责"及"业广惟勤"等观念，并倡导"言必行、行必果"与"出入相友、守望相助"等道德准则。这些思想精髓彰显了中华民族文化的自信与骄傲，具有深远的历史意义，对社会主义核心价值观的深化，从国家、社会和个人三个层面均产生了积极影响。对社会主义核心价值观的精准诠释，实质上是对中华优秀传统文化精髓的再度提炼与升华。中华优秀传统文化，作为华夏大地上各族人民共同智慧的结晶，展现了特定历史背景下人民的集体智慧与创新精神，而社会主义核心价值观则是对这一集体智慧的传承与拓展。在社会主义现代化的进程中，中华优秀传统文化的"创造性转化、创新性发展"活动，正是对社会主义核心价值观的深入实践与体现。共同的价值追求满足了当下人类社会的实际需求。从实践的角度看，社会主义核心价值观并非空洞的理论，而是深深扎根于传统之中，并在现代社会主义建设的实践中得以体现，它是活跃的思想与实际行动的有机结合。作为时代象征的文化，已经转化为推动时代进步的不竭动力。时代精神反映了特定历史时期与其实际情境的逻辑关系，这种逻辑关系通过某些特定的思想、精神和价值得以体现。在各个历史时期，一些核心思想和价值观，如"己所不欲勿施于人""仁者爱人"及"天下大同"等均展现出其持久的时代价值。随着社会的发展，传统的观念、哲思和情操被赋予新的时代意义，如社会主义核心价值观中的爱国、敬业、诚信、友善等价值，实际上是对传统文化中仁、义、礼、智、信、忠、孝、廉等思想的创新性诠释与时代性转化。

（三）实现中华民族伟大复兴必须"两创"

历史如同一面反映古今的镜子，辅助我们洞察时代的变迁。特别是自新中国成立至今，我国在文化领域已取得了卓越的进展，进一步强调了文化建设与国家命运之间的紧密联系。文化反映了国家命运的转变，尤其在关键的历史时刻。近代以来，中国的历史不只是启示人们的经验，更是展现中华民族向着伟大复兴迈进的脚步。在新的历史篇章开启时，审视未来的国家发展蓝图，仍需继续在现代化道路上奋斗。因此，必须始终将焦点聚焦于经济建设，持续提升国家的经济与科技力量，方可实现卓越之业，在世界民族大家庭中傲然挺立。鉴于当下的世界情势和正在深度重塑的国际战略版图，宏大的愿景已经铺设，此时正是努力奋进的关键时刻。我们不容许自己产生任何的自满情绪或是片刻的放松，应当继续推进具有中国特色的社会主义现代化事业。在全球环境中，任何国家想要真正崛起，不仅要吸纳全球的文化精华，更需依托本国深厚的传统文化。这不仅为社会主义现代化建设注入了强大的精神支撑，同时是实现文化大国的核心基石。

中华优秀传统文化深植于5000年历史长河中，不仅是中华民族的精神支柱和文化基石，对中华民族伟大复兴的进程持续起到了关键的支撑作用。自中国共产党成立之日起，便肩负起了推动民族自立和国家繁荣昌盛的历史使命。中华优秀传统文化不仅是一个深邃的思想框架，同时也是一个文化的有机整体，体现了民族的独特性、时代的特征以及阶级的特色。若过于简化或抽象地去诠释这一文化，那无疑是片面和唯心的。在历史发展过程中，我们在对待传统文化时存在误区，由于某些传统文化中的落后或陈旧元素而对其进行全面否定，而这忽略了其所蕴含的真正价值。在全球经济文化的交融之下，一些误导性的思潮如"历史虚无主义""文化虚无主义"及"文化保守主义"在国内抬头，这些误导性思潮有损于文化建设，曲解甚至贬损社会主义价值，必须采取科学的方法予以批判。在中华优秀传统文化传承问题上，需结合时代的变革，明确哪些是中华优秀传统文化的真正精髓，并作出决策。在马克思主义的指引下，应当依据文化的内在发展逻辑进行"两创"，强调从历史连续性和文化传承的角度理解中华优秀传统文化的价值与位置，深入挖掘其在当前时代的含义与价值。应努力在实现中华民族伟大复兴的过程中，弘扬传统文化，使之更具中国特质、中国精神、中国风骨和中国特色。

二、新时代推动中华优秀传统文化"两创"的目标指向

（一）实现中华优秀传统文化的现代转型

中华优秀传统文化的现代转型是本时代对其进一步发展的要求。40多年的改革开放展示了中国特色社会主义的科学逻辑与持续活力，此种模式正在全球范围内逐渐受到认知，为多个国家提供了解决发展困境的新路径。中国在构建社会主义市场经济过程中获得的成功，为"中国模式"在国际舞台上的认知奠定了坚实基础。在没有经济崛起和经济大国地位的支撑下，这一模式是难以得到国际的广泛认同的。要知道，中国的经济增长并非脱胎于空白，而是深植于一定的社会文化背景之中。这样的经济增长不仅构成了当代中华文化的基石，而且是其引导与塑造下的产物。中华优秀传统文化应既为经济增长提供切实的土壤，同时为中国的经济理念提供理论支撑，助推其由物质繁荣向精神富强的跨越。此种跨越要求我们在文化层面对经济的发展模式、手段与效益进行系统的总结、价值的炼化以及精神的提炼，从而对社会的物质现状提出符合规律与价值的解读，赋予其历史的合理性及时代的超越性。

为确保中华优秀传统文化在现代背景下的有效转化，必须确保其在内容与形式两方面均能与时俱进。从内容维度探究，中华优秀传统文化在现代转型过程中，不仅应维系其原有的核心价值，更应结合现代社会背景，引入现代因素，使之充满新时代的文化深意，并满足新时代的文化建构之需。而在形式层面，传统文化的转型亦须摒除过时且不再适用的表达手法，借助现代技术手段与考虑当下受众的偏好，进行形式上的革新和创意展现，使中华优秀传统文化能够以更为现代的方式传达。内容与形式的现代化转化可以视作

第一章　中华优秀传统文化概述

中华优秀传统文化现代转型的双重纬度,且二者相互纠缠、互补。内容的革新常常意味着形式的适应与更新,因为某些新的思想观念和文化价值可能需要借助全新的手段进行呈现。反之,形式上的有效变革也可能为内容上的创新带来广泛的可能性,多元化与创新的展现手法可以激发新的思想与价值观念。综上,应综合考量并推进中华优秀传统文化在内容与形式两方面的现代转化,确保其在现代社会中的持续与蓬勃发展。

为了实现中华优秀传统文化的创新性发展,其现代化转型不仅是基本的追求,而且也是推动其创造性转化的核心目标。只有当这一传统文化完成其自身的现代化转型,并在此过程中提升其现实价值和扩大全球影响时,我们才能看到它真正超越并发挥其独特的作用与意义。

(二)发挥中华优秀传统文化的现实价值

从中国特色社会主义的现代化建设过程出发,强化中华优秀传统文化在当代的影响力和吸引力,是为了使其成为现代中国社会发展的关键动力。目标在于促进中华优秀传统文化与现代文化的紧密结合,并使其与当代社会的需求高度契合,从而更有效地为社会服务。一个脱离实际需求的文化转型很难取得成功,忽视实际发展的需要则会导致其失去应有的价值。因此,中华优秀传统文化的创新性转化和发展首先要确立在当代实际情境之上。与此同时,推动现代社会进步与发展,恰好是中华优秀传统文化创造性转化和创新性发展的核心目标。

中华优秀传统文化承载了深远的价值观念,在现代社会中具有不可忽视的实际意义。首先,从文化的角度分析,中华优秀传统文化被认为是当代中国前沿文化发展的宝贵资本。首先,当考察该文化的文化价值时,会发现中华优秀传统文化为我国先进的文化建设提供了有力的支撑。与马克思主义进行对话和交流,不仅可以加速马克思主义在我国的土壤中的融合与演化,还能确保马克思主义继续在思想领域占据核心地位,使社会主义文化建设的航向始终明确。并且,中华优秀传统文化的深度培植有助于进一步普及和深化社会主义核心价值观,这在提高整个社会的思想道德层面上具有深远意义。中华优秀传统文化不仅在思想意识形态层面具有卓越贡献,也是我国文化事业与文化产业发展的宝贵资源，这一文化的深厚内涵可以转化为经济价值和社会效益，进而有助于增强我国的文化软实力、提高民族的文化自信，并为构建现代化的文化大国提供有力支持。其次，从实践的层面来看，中华优秀传统文化在现代化建设特别是现代化大国目标的制定与推动中，起到了不可或缺的作用，实际上，现代化大国的战略目标和中华优秀传统文化是相辅相成的。该文化所承载的价值观念代表了中华民族及其后代的理想和追求，为国家发展战略的制定提供了重要的参考。在实践中，传统文化所包含的政策智慧和民族精神为治国和现代化建设提供了宝贵的借鉴。与此同时，随着中华文化的复兴，中华民族伟大复兴的目标也正逐渐变为现实。最后，从人文关怀的视角看，中华优秀传统文化也对提升公民素质、塑造新时代的人才具有至关重要的作用。中华优秀传统文化包含了丰富的人文智慧，为人们提供了处理人与人、人与社会，以及人与自然之间关系的指导原则。在复杂多变的现代社会环境下，这些古老的智慧为人们提供了心灵的避风港，帮助他们在生活中寻求平和、修炼内心、追求真正的自我，成为人们的重要心灵导师。

在推进中华优秀传统文化的创造性转化和创新性发展过程中，关键目标是挖掘其内在的现实价值。此价值的实现是为了使中华优秀传统文化更加契合现代社会需求。若忽略这一现实价值，中华优秀传统文化的持续发展将面临动力匮乏的风险。时代对中华优秀传统文化的呼唤，实际上是对其现实意义的追求，为中华优秀传统文化的发展转型提供了根本理由和方向。在这种背景下，必须持续研究和探索，确保这一文化遗产能在现代社会中焕发新的活力。

（三）增强中华优秀传统文化的世界影响

为提升中华优秀传统文化在世界的影响力，致力于其创造性转化与创新性进步是至关重要的目标，这种追求源于中华优秀传统文化本身所蕴含的深厚价值和其对社会的积极影响。并且考虑到整个民族和国家的长远发展，加强中华优秀传统文化的世界影响力不仅是民族复兴的必要条件，而且对于整体文明的发展也具有重要意义，能为世界文明带来中国的独特智慧和策略。

第一章 中华优秀传统文化概述

在近现代世界历史的演变中，资本主义长时间处于主导地位，其成因不仅是由于资本主义相较于封建主义能够产出更丰富的物质财富，还因其文化和思想在科学与进步性上均优于封建主义。资本主义文明的崛起，源于资本主义思想文化的萌芽，随后，随着这种思想文化的逐渐成熟和占据主流，它进入了辉煌的时期。因此，文化的复兴成为民族复兴的基石，要真正达到中华民族的伟大复兴，必须把中华文化的复兴作为前提。中华优秀传统文化的再兴在于其在国际上的广泛影响和认同度，也是衡量其复兴的关键指标。为此，应该大力推广和弘扬中华优秀传统文化，确保其在世界范围内的影响持续增强，而这正是促进中华优秀传统文化向更高层次、更广范围、更深入方向创新和发展的核心目标。

在宏观的视域中审视，中华优秀传统文化在其创造性转化与创新性发展中所体现出的深意，不仅在中华大地上具有深远的意涵，更在世界范围内呈现出其独特的价值。世界上各个文明之间在其本质上并不存在隔阂，每一种文化在展现其特定的民族与地域特色的同时，也展现出了与世界文明的共通性，确保了各大文化之间能够相互交融、相互促进。基于此，世界的文明之光是在不同文化的交互与相互作用中持续进化与成长的。因此，将中华优秀传统文化推向国际舞台，提升其在全世界的影响力，不仅能为人类文明进程注入新的活力，也对推动世界文明的持续进步具有深远意义。再者，中华优秀传统文化作为一种独特的文明成果，其所蕴涵的先进理念和思想，为解决现今全球面临的种种难题，如环境恶化、能源紧缺等，提供了宝贵的启示。在这个时代，中国作为一个大国有责任有义务在全球舞台上展现其领导者的形象，提供富有中国特色的智慧和解决方案。为此，必须充分利用中华优秀传统文化的深厚底蕴，强化其在全球的影响，深入挖掘该文化中的智慧，来解决和应对全球性问题，从而确保中华优秀传统文化在全球文明中能最大程度地展现其价值，为人类文明的繁荣与进步做出重要贡献。

中华优秀传统文化在世界的影响不仅是创新性发展和创造性转化的重要指标，更是实现这两大目标的强有力动力。因此，当讨论如何确保中华优秀传统文化在现代社会中的持续发展时，必须全面考虑三个方面：现代化转型、实际价值的体现及其在全球的影响力。以现代转型为基石，希望中华优秀传统文化能与时俱进，不断融合现代元素，使其更具时代感，更加贴近现代人的生活，值得注意的是，转型不仅是形式上的，更应体现在文化内涵的深化和拓展上；以实际价值为中心，意味着中华优秀传统文化不应仅仅成为历史的研究对象，而应在现实中得到充分的应用和发展，要努力成为指引未来的灯塔；增强其在全球的影响力不仅是中华优秀传统文化的目标，也是确保其持续繁荣的关键。为了保持中华优秀传统文化的正确发展方向，必须采取科学、高效的策略来推动其创新性发展和创造性转化，从而使其在全球范围内产生更大的影响。

三、推动中华优秀传统文化"两创"的路径

（一）研究阐释提炼中华优秀传统文化思想精华

中华优秀传统文化的价值在于其深邃的思想内涵，为确保其在现代社会的持续发展、发挥其应有的现代价值，并扩大其在世界上的影响力，必须对中华优秀传统文化内在思想进行深入的挖掘和提炼，这不仅是其实现现代转型的基础，更是中华优秀传统文化创造性转化与创新性发展的首要任务。因此，对此类文化进行详细的研究、解析和思考，是提取其思想精髓的关键。

从内容的深度分析来看，中华优秀传统文化的架构主要涵盖三大核心领域：即核心思想体系、中华传统价值观以及人文精神。其中，核心思想体系凝聚了中华民族与中国人民在历史长河中培育和发展的基本思想观念，如修齐治平、尊时守位、知常达变、开物成务、建功立业等；中华传统价值观则彰显了传统文化中深厚的道德观念和规范；而中华人文精神则代表了这一文化积淀下的多元且珍贵的精神财富。这些思想体系、价值观念与人文精神不仅在历史长河中深刻影响了中国的进步，而且在当今社会，依然为中国的持续发展提供了宝贵的指导。这一系列的集合凝聚了中华优秀传统文化的核心精髓，是中华民族继续繁荣发展的宝贵文明遗产，我们必须珍视、传承并广泛弘扬。在深入研究和解读中华优秀传统文化的思想内容时，我们应清晰界定"讲自己"与"自己讲"的界限。通过"讲自己"，我们能够更好地把握文化的根源，确保文化的传承；而"自己讲"则需要结合当前中国的社会发

第一章　中华优秀传统文化概述

展实际，寻求对传统文化的创新性超越。此外，在研究过程中，我们还应妥善处理传统与现代、历史与当下以及多元文化间的关系，确保对中华优秀传统文化在当代社会背景下的定位有科学的认识。我们需深入阐释其历史渊源、独特的创造性贡献及深远的价值意义，提炼其思想精华，为中华优秀传统文化的现代化转型奠定坚实基础。

（二）宣传普及增进中华优秀传统文化科学认知

为确保中华优秀传统文化在现代社会中的稳固地位，及对其价值的充分认识，增强其在当代的宣传与教育是至关重要的。目前，多种复杂的现实因素导致人们对中华优秀传统文化的认知日渐淡薄。随着现代传媒技术的飞速进步，网络文化异军突起。而中华优秀传统文化由于与现代传播途径的脱节，导致其传播效率大大降低。而西方文化的持续渗透也构成了挑战，西方的价值观如理性主义、个人主义和功利主义，与中华优秀传统文化的核心理念有所偏离，使大众对中华优秀传统文化的尊重和认同逐渐下降。

鉴于此，需要重新评估和审视中华优秀传统文化的现代价值，并采取切实措施加强其宣传和教育。例如，可以将中华优秀传统文化融入学校教育课程中，从小培养学生的文化认同感和兴趣，确保学生从基础教育阶段开始，对中华文化有基本的了解和尊重；结合现代传媒技术，如网络、电视、广播等，制作高质量的中华优秀传统文化宣传片、纪录片、动画等，让更多人通过现代化的方式接触到传统文化；定期举办各类文化交流活动、讲座、展览等，邀请专家、学者和文化工作者与公众面对面交流，分享中华文化的魅力和深度；加大对传统手工艺、艺术、音乐、舞蹈、戏剧等非物质文化遗产的保护和挖掘力度，使其能够得到有效传承；通过文化交流项目，将中华优秀传统文化推向国际，与其他国家的文化进行互动和交流，提升中华文化的国际影响力，等等。通过上述措施，我们可以有效地促进中华优秀传统文化在现代社会中的传播与认知，确保其得到应有的尊重与传承。

此外，为了确保中华优秀传统文化在现代社会中的完美适应和成功转型，人的主体性和主观能动性从中起到了至关重要的作用。因而，人们对于中华优秀传统文化的态度直接决定了这一转型能否成功。在此背景下，为了更好地在社会中推广和教育中华优秀传统文化，必须强化其宣传教育，并深化人们对其历史地位和时代价值的了解，不仅有助于人们更为客观地认识和评价中华优秀传统文化，更能培育大众形成一个科学、客观的对待态度。因此，应当重视对中华优秀传统文化的基本理念、深厚内涵、历史定位及其在现代的价值进行宣传。

（三）以中华优秀传统文化助推现代化建设实践

中华优秀传统文化具有深厚的历史底蕴，同时又在当代仍然持续发挥其影响。为了进一步发掘其在现代的应用价值，必须着力将这种跨时代、跨国界、拥有永恒吸引力且对现代仍具有意义的文化思维加以提炼并广泛推广，并且中华优秀传统文化所蕴含的力量也有助于支撑社会主义的现代化进程。实际上，促进中华传统优秀文化与社会主义核心价值观的相互渗透和整合，不仅是解决其与现代社会实际存在差异的方法，更是确保其在现代化建设中发挥最大功效的关键策略。

但存在于中华传统优秀文化与当代社会之间的种种差异和不适，仍是不可忽视的挑战。基于这些深刻的差异，我们面临的核心挑战在于如何调和中华优秀传统文化与现代社会现实之间的矛盾，要求我们努力使中华优秀传统文化与现代思想文化产生共鸣，让中华优秀传统文化中的核心观念、主导思维和基础精神与现代社会的核心价值观念相互交融，不仅是为了解决文化冲突，更是为了使中华传统优秀文化成为塑造和培育社会主义核心价值观的关键要素，只有确保中华优秀传统文化与现代社会价值观在理念上的融合，才能确保中华优秀传统文化在未来的发展中发挥更大的作用。

在现代中国社会发展与新时代人才培育的背景下，社会主义核心价值观凸显了其基本需求与指向。中华优秀传统文化作为这些价值观的深沉背景，是其在当今时代继续弘扬与发展的关键基石。为了确保传统文化在现代社会中的持续生命力，必须将其与社会主义核心价值观紧密结合，赋予其当代的内涵与表达方式。要实现上述目标，首先需要对中华优秀传统文化进行深度挖掘，提炼其思想要义，并结合当下的文化背景给予其现代的解释与表述，不仅能够确保其在当代社会的价值观中占有一席之地，而且能够使其在现代思想文化体系中获得适应与融合。其次,为了使这种融合更为深入,需要鼓励现代思想文化体系和主流价值观主动吸收中华优秀传统文化的思想和精神,只有在中华优秀传统文化与社会主义核心价值观之间建立深厚的联系,并鼓励双方的互动与融合,才能确保传统文化在现代社会中的重要地位和影响力。当这种融合成为现实时,传统文化将不仅仅是历史的记忆,更将转化为推动当代社会发展,特别是在现代化建设中的宝贵资源和强大文化动力。

(四)传播中华优秀传统文化为世界贡献中国智慧

中华优秀传统文化历经数千年的积累与沉淀,为世界文明史写下浓墨重彩的一笔。在当代,随着全球化的深入发展,中华优秀传统文化的传播已经成为连接中国与世界的重要纽带,同时为全球提供了独特的中国智慧。

中华优秀传统文化所涵盖的内容之广泛,无论是哲学、历史、艺术还是文学,都是深厚的文化底蕴的体现。中华文化的哲学思想在数千年的发展中,已形成了深厚的底蕴和独特的视角。其中,儒家、道家和佛教的思想不仅在中国历史和文化中占据重要地位,而且在全球范围内也产生了深远的影响。儒家思想注重人与人之间的关系和社会的和谐。其中的"仁、义、礼、智、信"五常是维系社会和谐、人际关系的重要理念。随着中国与外部世界的交往加深,儒家思想也逐渐传播至其他国家,特别是东亚国家如日本、韩国和越南等。在全球化进程中,儒家强调的人与人之间的和谐关系和社会责任感,与西方的人权和民主理念相互补充,为构建和谐的国际关系提供了中国式的解决方案,许多国家和地区在寻求社会发展和治理模式时,也开始借鉴儒家的相关理念。道家的核心观念是"道法自然",主张人与自然和谐共生,强调天人合一。在当今面临环境危机的全球背景下,欧美等地的生态学者和环境保护人士,开始关注和研究道家的生态哲学,视其为应对全球环境问题的重要参考,推动了东西方在环境保护方面的合作与交流,促进了全球的绿色和可持续发展。佛教的"因果循环"等观念强调事物之间的相互联系和影响,为人们提供了深入理解世界的视角。随着佛教从印度传入中国,并在中华文化中与道家、儒家融合,它的思想也随着丝绸之路传播至中亚、东亚和东南亚。在当代,佛教哲学对于心灵的启示和修养,吸引了大量西方国家的追随者。佛教的冥想和禅修方式为人们提供了应对现代生活压力的方法，并对西方的心理学和治疗方式产生了积极的影响。

中华文化不仅是思想和理念的体现，也是实践和生活方式的表达。例如，中医哲学的基石是"阴阳五行"与"气血精津"，主张人体与自然环境之间的和谐相处，强调平衡与整体性。在西方，随着人们对医疗模式的多元化需求增加，中医哲学在世界范围内受到了越来越多的关注，人们开始认识到预防胜于治疗、天人合一的重要性，也使得中医哲学逐渐被接受，并在全球健康医疗领域中占据一席之地。中草药是中医的重要组成部分，与中医哲学相辅相成。近年来，随着全球对天然、有机和可持续性产品的需求增长，中草药在国际市场上的需求也随之增加，许多国家开始研究中草药的疗效，并将其纳入本国的医疗体系中。一些中草药的活性成分也被广泛用于现代药物的研发中，促进了医药科技的发展。作为一种兼具防御性与养生之用的古老武术，太极在世界范围内得到了广泛传播，其流畅的动作、缓慢的节奏和深厚的哲学内涵，不仅被视为一种健身方式，还被认为是一种生活态度和哲学观念的体现，促进了人们对身体与心灵平衡的追求，并在全球范围内被推广为一种健康的生活方式。

另外，中华文化在艺术、音乐、舞蹈等方面也为世界贡献了独特的审美。诸如书法、绘画和陶艺，都在全球范围内被高度赞誉。书法被称为"中国的艺术之王"。在汉字的笔画中，每一个线条都蕴含着书写者的情感和意志。书法传统上的"气韵生动"不仅是技巧的展现，更是一种精神的流露。在世界各地，尤其是在日本、韩国和东南亚等地，中华书法受到高度的尊重和模仿，国际上的许多书法展览和交流活动都对中华书法表示赞赏，认为它是中国文化中最具代表性和吸引力的部分。中华传统绘画注重"意境"，追求的是画面背后的情感和哲理，而不仅是表面的再现。山水、人物、花鸟等都是中华绘画的重要主题。中华绘画的独特技法和审美在国际艺术界得到了广泛的认可，从敦煌壁画到宋元山水，这些作品在世界各大博物馆和艺术院校中都受到了热烈的追捧。自古以来，中华陶瓷技艺就已经达到了高度的成熟。从秦代的兵马俑到宋代的青瓷和景德镇的白瓷，中华陶艺在技术和艺术上都取得了卓越的成就，这些独特的瓷器不仅在古代丝绸之路上广泛传播，而且在现代成为中国对外文化交流的重要载体。这些传统艺术形式在世界范

第一章　中华优秀传统文化概述

围内的传播，为中华优秀传统文化的国际影响力提供了有力的支撑，被视为中国古代文明的精华，也是中国与世界进行文化交流的重要桥梁。同时，这些艺术形式也为全球提供了独特的审美体验，丰富了人类的文化遗产。

在历史文献和文学作品中，如《史记》《红楼梦》和《诗经》等，都是人类宝贵的文化遗产，这些文献和作品在描述历史和人物的同时，也为人们提供了对于人性、情感和社会的深入思考，更是在国际上产生了广泛的影响，为中国在文化传播方面做出了独特的贡献。《史记》作为司马迁的杰出历史巨作，自成书之日起就对后世历史研究有着深远的影响，它以其独特的史记体、翔实的史料和峻峭的文学风格，吸引了众多国际学者的注意。在欧洲，19世纪就有学者开始研究和翻译《史记》，为世界揭示了中国古代的历史发展、政治制度、社会风貌及人文思想，进一步加深了外界对中华历史的理解与尊重。《红楼梦》被誉为中国古典小说的巅峰之作，其在全球的影响力同样不可小觑。自19世纪以来，这部作品被多次翻译成各种文字，并在世界各地出版。通过对《红楼梦》进行研究，国际读者得以窥见清代社会的风俗、人情以及深入的人性探索。同时，这部小说以其独特的叙事技巧和深沉的情感渲染，也对世界文学产生了一定的启示。《诗经》作为中华最早的诗歌集，集结了西周到春秋时期的诗篇，它的出现为世界文化史增添了宝贵的一页。自20世纪初，西方学者开始对《诗经》进行研究和翻译，这些古老的诗歌揭示了古代中国社会的风俗习惯、人们的情感生活及其与自然的关系。

传播中华优秀传统文化不仅是向世界展示中华民族的辉煌历史和文化底蕴，更是为全球文明进步提供了中国的智慧和力量。未来，随着中华文化在全球的影响力持续增强，相信它将为推动全球的和平、发展和繁荣做出更大的贡献。

第二章　高校德育教育概述

德育作为高等教育不可或缺的一环，其重要性不仅体现在对大学生的个人成长与成才具有深远影响，更关乎党和国家高素质人才储备的战略布局。习近平总书记曾明确指出，青年的素质和本领，直接关系到实现中华民族伟大复兴中国梦的进程。他们承载着祖国的未来、民族的希望，肩负着党和人民赋予的崇高历史使命。因此，深入实施高校德育工作，是培育具备坚定理想信念、高尚道德情操、扎实专业知识的中国特色社会主义事业建设者和接班人的基石，也是高等教育践行"四个服务"宗旨，即为人民服务、为中国共产党治国理政服务、为巩固和发展中国特色社会主义制度服务、为改革开放和社会主义现代化建设服务的关键所在。本章就对习近平总书记关于大学生德育的重要论述进行深入学习和研究，了解立德树人的基本思路与时代使命，分析大学生德育教育的背景与思想渊源、主要内容、基本特征与时代价值，旨在精准把握时代变迁对高校德育工作提出的新期待，更加坚定地贯彻党的教育方针，持续推动高校德育工作的创新与发展，为祖国的繁荣富强培养德智体美劳全面发展的杰出人才。

第一节　立德树人的基本思路与时代使命

习近平总书记关于立德树人的重要论述在坚守马克思主义指导地位的前提下，全面且坚定不移地贯彻党的教育方针，同时不断深化并强化理想信念教育与社会主义核心价值观教育，体现了鲜明的价值导向性和深刻的辩证哲学思维。此外，该论述紧密围绕"以人民为中心"的核心原则，全面、系统、科学地回应了教育领域的关键问题，即"为谁培养人，培养什么人，怎样培养人"，为当前高校人才培养及青年成长问题的思考提供了深刻的反思与重要的启示。

一、立德树人的基本思路——全面强化价值引领

（一）坚持马克思主义指导地位

习近平总书记在关于立德树人的深刻论述中，立德的核心旨归在于对现实社会"人"的精心塑造，而育人则侧重于在深刻理解人的社会本质基础上，推动个体的自由与全面发展。这一理念与马克思终其一生所追求的崇高目标高度契合，即寻求实现人类解放的途径，致力于每个人的全面而自由的进步。因此，坚定不移地以马克思主义为指导，深入审视并研究高等教育的道德价值合理性，无疑是我们应当坚守的正确方向。在马克思的视野里，教育与人类解放紧密相连。通过教育实践与持续的革新，人类能够挣脱旧有的桎梏，成为推动社会前进的坚实基石。在此过程中，人类的品质将得到升华，理性素养将得到提升，个人潜能得以充分发掘和发挥，从而真正达到自

由人的境界。马克思主义作为经过实践检验的科学世界观和方法论，为我们提供了正确认识世界和改造世界的强大理论武器。

习近平总书记关于立德树人的重要论述，与马克思主义相关理论呈现出紧密而一致的逻辑联系。无论是突出强调"人生价值的实现应以对社会的贡献为基准"，还是积极倡导"注重学生的全面、自由发展"，这些观点均鲜明地体现了这一连贯性。习近平总书记运用具有鲜明中国特色的语言，对马克思主义的内涵进行了深刻而精准的阐释，此举有效促进了人民群众和青年学生对马克思主义相关理论的深入理解与广泛认同。习近平总书记明确指出："要坚持不懈传播马克思主义科学理论，抓好马克思主义理论教育，为学生一生的成长奠定科学的思想基础。"[①]因此，在立德树人的实践中，高校应当坚定不移地强化马克思主义理论教育。教育者应引导学生深入理解和领会马克思所倡导的"每个人的自由发展与一切人的自由发展互为条件"的理念，并借助科学、合理的教育方式，全面挖掘和提升学生的综合素质与潜能。同时，在全面贯彻落实党的教育方针的基础上，高校应将马克思主义理论作为德育工作的根本指导原则，尊重教育发展的规律，准确把握教育发展的阶段性特征，以实现教育领域的全面、协调、可持续发展。这一长期而坚定的努力将确保马克思主义的指导地位贯穿于人才培养的始终，进一步坚定广大师生对马克思主义和中国共产党的信仰，从而巩固高校在社会主义意识形态领域中的前沿阵地地位。

（二）坚持党对教育工作的领导

自中国共产党诞生之日起，便坚定不移地承担起中华民族的中流砥柱和精神支柱的角色。在烽火连天的革命时期，以及波澜壮阔的建设与改革时期，乃至现今步入建设中国特色社会主义的新阶段，共产党人始终保持着冲锋在前的姿态，无畏牺牲，引领全国各族人民实现了从站起来、富起来到强

---

① 把思想政治工作贯穿教育教学全过程开创我国高等教育事业发展新局面[N]. 人民日报，2016-12-09.

第二章　高校德育教育概述

起来的历史性跨越，极大地激发了中华民族迈向伟大复兴的坚定信念和雄心壮志。习近平总书记深刻指出，中国特色社会主义最鲜明的特质在于坚持党的领导，这是实现一切宏伟蓝图的根本保证。在应对新时代挑战的过程中，教育领域出现的功利化倾向，如"教书不育人"和"重智轻德"等偏颇观念，对德育工作的健康发展构成了严重威胁。鉴于此，坚定不移地坚持党对各项工作的全面领导，深入贯彻党的教育方针，并以其为立德树人的行动指南，是构建人民满意教育的必由之路和切实有效的策略。中国共产党的教育方针一贯将"德"置于教育之核心，旨在培养德智体美劳全面发展的社会主义建设者和接班人。自党的十七大明确提出"育人为本、德育为先"的教育理念，至党的十八大将"立德树人"确立为教育的根本任务，这一系列重要论述不仅彰显了党在新时代对教育方针的深化与发展，更体现了中国共产党教育理念的时代创新。将立德树人的地位提升至"全面发展"的核心，是中国共产党紧跟时代步伐，积极应对新时代人才需求变化的具体体现，更是推动教育事业高质量发展的关键举措。

习近平总书记关于立德树人的重要论述深刻体现了党对教育工作的全面领导，为高等教育事业的发展指明了方向。他强调"要坚持把立德树人作为中心环节，把思想政治工作贯穿教育教学全过程，实现全员育人、全程育人、全方位育人"[1]，这一论述不仅突出了立德树人在教育中的核心地位，也明确了思想政治工作在教育中的贯穿性和系统性。同时，习近平总书记还明确指出，"办好中国特色高等教育，必须坚持中国共产党的领导，党必须牢牢掌握对高校的领导权"[2]，这进一步强调了党在高校工作中的领导核心作用。在高校落实立德树人的实践中，必须始终不渝地遵循总书记的这些重要要求，确保教育工作始终同党中央保持高度一致，同向发力。

---

[1] 把思想政治工作贯穿教育教学全过程开创我国高等教育事业发展新局面[N]. 人民日报，2016-12-09.
[2] 把思想政治工作贯穿教育教学全过程开创我国高等教育事业发展新局面[N]. 人民日报，2016-12-09.

（三）坚持强化理想信念教育

习近平总书记关于立德树人的重要论述确实始终贯穿着对强化理想信念教育的坚持。

首先，他强调青年一代要坚定理想信念，这是因为青年时期是树立正确价值观和人生观的关键时期，而坚定的理想信念能够引导青年走向正确的人生道路，为他们的未来发展奠定坚实的基础。[①]习近平总书记的这番话不仅强调了理想信念教育的重要性，还提醒我们要注重引导青年树立远大理想、坚定信念。只有通过不断地教育和引导，才能让青年们真正明白人生的价值和意义，从而为实现中华民族伟大复兴的中国梦贡献自己的力量。

在今日这个和平繁荣的时代背景下，青年学生如同沐浴在温暖的阳光下，享受着前所未有的物质滋养。然而，正是这份丰盈的滋养，加上未曾历经严格革命教育的洗礼，使许多青年学生相较于前辈们，缺少了那份历经艰难困苦所铸就的奋斗经历。这种经历的缺失在一定程度上导致了他们心中那份为了理想而坚持不懈的信念的淡化。对于新时代的青年而言，他们面临的最大挑战并非物质的匮乏，而是精神的空虚。正如古人云："人无精神不立，国无精神不强。"在物质条件日益丰富的今天，精神的空虚和理想信念的缺失如同一把无形的剑，时刻威胁着青年学生的内心世界。缺乏坚定的理想信念不仅会导致他们在面对困难时产生退缩和逃避的情绪，更会在一定程度上影响他们的人生观、价值观和世界观，带来消极、负面的影响。青年学生作为建设祖国的中坚力量和国家民族发展的希望，他们身上存在的理想信念弱化、淡化等问题，已经引起了社会的广泛重视和关注。为了帮助他们走出"精神的迷宫"，找到正确的方向，我们必须加快落实习近平总书记关于立德树人的重要论述，在全社会特别是高校中积极开展理想信念教育。这种教育并非空洞的说教，而是需要结合实际，通过生动的案例、丰富的数据和深入的实证研究，引导青年学生深入了解国家的历史、文化和现实，认识到自己

---

① 中共中央文献研究室. 习近平关于青少年和共青团工作论述摘编[M]. 北京：中央文献出版社，2017：48.

肩负的责任和使命。同时，我们还需要加强对学生心理健康的关注和引导，帮助他们树立正确的世界观、人生观和价值观，培养坚定的理想信念和积极向上的人生态度。

其次，习近平总书记为青年一代坚定理想信念指明了清晰的方向。他深刻认识到，当代青年学生不仅生逢其时，享受着国家繁荣富强带来的机遇，同时也重任在肩，承担着实现中华民族伟大复兴中国梦的历史使命。总书记强调，这种"重任在肩"是青年自我选择的结果，是对个人价值和社会责任的深刻认识。在理想信念的树立上，习近平总书记指出，青年学生应该把为国家富强的奋斗放在首位，将个人生活的享乐追求置于其后。这种将国家利益置于个人利益之上的精神，是青年学生完成时代和社会赋予重任的重要前提。通过树立坚定的理想信念，青年学生能够更加清晰地认识到自己的历史使命和社会责任，从而更加自觉地投身到实现中华民族伟大复兴的伟大事业中去。在与各界优秀青年代表座谈时，习近平总书记进一步强调了青年一代有理想、有担当对于国家和民族未来的重要性。他指出，中国梦不仅是全体中华儿女的共同梦想，更是青年一代的梦想。通过用中国梦来号召和引领青年学生，总书记成功地将个人的梦想与国家的梦想紧密相连，激发了青年学生的爱国热情和奋斗精神。

（四）坚持培育社会主义核心价值观

社会主义核心价值观作为汇聚中国人民共同价值追求的集中体现，深刻反映了新时代的中国精神，是引领社会大众特别是青年学生道德行为的基本准则。习近平总书记关于立德树人的重要论述，始终强调社会主义核心价值观教育的核心地位，其在社会中发挥了积极的思想引领、价值导向和激励感染作用，对于推动社会文明进步具有重要意义。

习近平总书记深刻指出，"核心价值观实乃一种德行之体现，既为个体之德，亦为宏大之德，即国家之德、社会之德。"由此可见，深入培育社会主义核心价值观，是实施立德树人教育实践的必然需求。习近平总书记更以生动的比喻，将核心价值观喻为人生之"首粒纽扣"，若此纽扣未能准确扣好，则后续努力恐将难以发挥实效。

习近平总书记关于立德树人的重要论述，既强调了学生对核心价值观的理论认知，也明确了将其培养为模范践行者的目标，这为我国高等教育事业的发展指明了方向。在理论认知层面，习近平总书记指出高校应通过多种舆论宣传方式加强价值引导，这不仅能够帮助学生了解核心价值观的基本内容，还能引导他们深入思考其背后的意义和价值。同时，教师在课堂上将专业知识教学与核心价值观培育有机融合，使学生在学习专业知识的同时，也能深刻理解并认同核心价值观，这种教学方式对于培养学生的综合素质和道德情操具有重要意义。在实践层面，习近平总书记强调了将青年学生培养成为社会主义核心价值观的模范践行者的重要性。高校应充分利用各种时机和场合，如营造良好的校园文化氛围、组织各类实践活动等，为学生搭建践行核心价值观的平台。这些实践活动不仅能够让学生在实践中感受和理解核心价值观的内涵，还能培养他们的社会责任感和担当精神。通过这些实践，学生将核心价值观内化为自己的信念和准则，成为自觉践行的模范。

二、立德树人的时代使命——解答教育的根本问题

（一）回答好"为谁培养人"，确定育人指向

习近平总书记曾鲜明地阐述了教育"为谁培养人"的四维目标，明确指出教育应"为人民服务，为中国共产党的治国理政服务，为巩固和发展中国特色社会主义制度服务，为改革开放和社会主义现代化建设服务"[①]。这一阐述清晰界定了立德树人工作中育人的根本方向。

首先，为人民服务是立德树人的根本宗旨。高校作为培养未来社会主义建设者和接班人的重要阵地，必须始终以学生为中心，关注学生的全面发展，努力办好人民满意的教育。这要求教育工作者不仅要传授知识，更要注重培养学生的道德品质、社会责任感和创新能力，使他们成为有理想、有道

---

① 吴晓果. 高校教师对"为谁培养人"的认同研究[D]. 长沙：湖南大学，2018：2.

德、有文化、有纪律的社会主义建设者和接班人。

其次，立德树人工作必须为中国共产党治国理政服务。在当前复杂多变的国际形势下，各种思潮相互激荡，高校作为思想文化的重要阵地，必须坚决抵制历史虚无主义等错误思潮的侵蚀，加强对学生党史国史的教育，帮助他们树立正确的历史观、国家观和民族观。同时，还要积极引导学生树立并坚定文化自信，为巩固和发展中国特色社会主义制度提供坚实的思想保证。

再次，立德树人工作要为巩固和发展中国特色社会主义制度服务。中国特色社会主义制度是中国共产党和中国人民的伟大创造，具有鲜明的中国特色和显著的优势。高校作为人才培养和科学研究的重要机构，必须立足国情，融通中外，积极探索符合中国实际的教育模式和人才培养体系，为巩固和发展中国特色社会主义制度提供有力的人才支撑和智力支持。

最后，立德树人工作要为改革开放和社会主义现代化建设服务。当前，中国正处于全面深化改革开放、加快推进社会主义现代化建设的关键时期。高校作为科技创新和社会服务的重要力量，必须紧密围绕党和国家的工作大局，培养出一批批勇于担当、敢于创新、善于作为的时代新人。他们将成为啃改革开放"硬骨头"的支柱力量，为建设社会主义现代化强国贡献自己的力量。

（二）回答好"培养什么人"，彰显立德内涵

关于教育的培养目标，其核心在于紧密结合社会发展的具体实际进行精准定位。自新中国成立以来，我们始终围绕国家建设的实际需求，致力于培养"建设人才"，以满足国家发展的迫切需要。在全面建设社会主义阶段，我们着重培养"劳动人才"，以推动社会生产力的持续增长。进入20世纪80年代，我们明确提出了培养"'四有'新人"的目标，旨在培育具备全面素质的公民，为社会的和谐稳定提供坚实的人才支撑。特别是自党的十八大以来，我们进一步明确教育目标，致力于培养"社会主义建设者和接班人"，以确保中国特色社会主义事业的传承与发展。回顾新中国成立70年的历程，中国共产党在"培养什么人"的问题上，虽历经风雨，但始终坚守清

晰的价值导向。我们始终根据不同时代的政治经济发展背景，制定相应的教育方针，以服务于当时的社会发展需求。当前，中国教育发展正面临诸多新挑战和新需求，这不仅体现在对高素质人才数量的迫切需求上，更体现在对教育内部系统进行深度优化，以培育更多具备高尚品德的优秀人才上。党的十九大已明确指出，我们要致力于"培养德智体美劳全面发展的社会主义建设者和接班人"，以推动教育事业的高质量发展。习近平总书记关于立德树人的重要论述为我们解答当前高等教育普遍关注的"何为德智体美劳全面发展"及"何为社会主义建设者和接班人"这两个问题，提供了重要的思想指引和深刻启示。

　　关于"德智体美劳全面发展"的核心理念，其定义一直受到广泛关注并存在多元解读。一方面，该理念旨在促进人的全面素质与潜能的提升，涵盖个性、气质、情感等心理层面的发展；另一方面，它亦强调劳动能力、社会关系与个体素质的综合性增强。习近平总书记的相关论述对此进行了系统而深入的解读。首先，德育在人的全面发展中占据核心地位，它如同指引之光，引领个体向全面发展目标迈进。只有以丰富的道德性为基础，学校的精神生活方能转化为实质的教育力量，从而推动人的全面发展。其次，智育在培养人们认识世界与改造世界的知识与能力方面发挥着关键作用。品德的培育并非空中楼阁，它离不开科学知识与生活经验的支撑。学生须通过教育获取专业知识与技术能力，从而在生活中塑造良好的品德，为个人的未来发展奠定坚实基础。再次，体育不仅关注强化人的体魄，更致力于锤炼人的意志，培养高尚的体育道德。通过体育活动，个体在提升身体素质的同时，亦能培养出坚韧不拔的品格与积极向上的精神风貌。习近平总书记在全国教育大会上强调"树立健康第一的教育理念"，旨在通过体育锻炼强健体魄、完善人格、磨炼意志。从次，美育工作致力于提升人们感受美、理解美和评价美的能力。习近平总书记在中央美术学院百年校庆上明确指出，美育工作必须坚守立德树人根本任务，深入扎根时代生活，积极促进青年一代身心健康的全面发展。最后，劳动教育作为人类社会生活的基本实践活动，其重要性极为显著。中共中央、国务院于2020年3月发布《关于全面加强新时代大中小学劳动教育的意见》，针对当前部分青年学生劳动意识与劳动习惯不足的情况，强调了劳动教育的育人功能，旨在培育学生的劳动精神、劳动价值观念和劳动技能，以实现知行合一和全面发展的目标。

关于"社会主义建设者和接班人"的界定，习近平总书记提出，合格的社会主义建设者和接班人应具备"四个意识"和"四个自信"。在当前全球化与本土化相互交织的复杂环境中，坚定社会主义理想与共产主义信仰的青年力量显得尤为重要。面对多元经济文化的冲击与挑战，青年一代必须筑牢社会主义核心价值观的根基，以确保在激荡的时代潮流中保持清醒的头脑，准确把握大局，避免迷失方向。具体而言，青年学生应牢固树立"政治意识、大局意识、核心意识、看齐意识"，坚定对中国特色社会主义道路、理论、制度、文化的自信，坚信中国未来发展的光明前景。同时，习近平总书记在重要讲话中强调，青年学生在追求个人美好生活和实现自我价值的过程中，必须牢记社会使命，主动承担时代责任。这要求青年学生根据时代发展的需要，不断提升个人道德修养，完善知识结构，增强专业能力，实现自我全面发展，并积极承担社会责任，追求个人价值与社会价值的和谐统一，投身于建设社会主义的伟大事业之中。

（三）回答好"怎样培养人"，明晰树人路径

"如何有效地培育人才"是教育工作者在执行立德树人及其他相关使命时所运用的理论策略，其核心在于深入研究如何精准地"奠定"道德根基，"塑造"人格典范。这一问题的解决对于确保教育目标和价值的实质性实现具有决定性的影响。习近平总书记明确指出："开展思想政治教育工作需遵循'三大规律'，并持续提升工作能力和水平，以培养出符合要求的社会主义建设者和接班人。"①

首先，严格遵循教书育人的客观规律，以增强立德树人的自觉性。习近平总书记曾明确指出，立德树人的理念应当全面融入思想道德教育、文化知识教育以及社会实践教育的各个环节。因此，高校在立德树人的具体实践

---

① 习近平在全国高校思想政治工作会议上强调：把思想政治工作贯穿教育教学全过程，开创我国高等教育事业发展新局面[N]. 人民日报，2016-12-09.

中，应深刻把握立德树人与各类课程的内在联系，实现深度融合。不论是专兼职辅导员、思政课教师，还是其他专业课教师，都应将学生道德修养的培育置于重要位置，确保在各类课程的教学活动中贯穿"立德"教育。同时，教师在传授科学文化知识之余，还需密切关注学生的思想动态，推动学生个人能力、道德品质等综合素质的全面发展。

其次，严格遵循思想政治工作的规律，以强化立德树人的有效性。习近平总书记强调，我们必须着力解决思想政治工作与日常教学工作相脱节的问题，实现思想道德工作与专业知识教学的有机结合，以学生为本，科学引导学生，实施精准教育。此外，我们还应切实解决教师"口头说"与"实际做"不一致的问题，鼓励思政工作者在教育教学中坚持知行合一，努力提升思想政治工作的时代感与实效性。

最后，遵循学生成长的规律，以确保立德树人的针对性。习近平总书记多次强调，教师应致力于提升学生的综合素质，培养学生的综合能力和创新思维。面对21世纪学生活跃的思维、强烈的独立性和敢于质疑的精神，传统的灌输式教育已不再适用。学校应根据学生的个性特点，实施差异化教育，以学生为中心，关注学生的成长需求，引导学生形成正确的人生观念，提升其综合素质，从而确保立德树人工作的有效实施。

第二节　高校德育教育的背景与思想渊源

在宏伟的时代背景下，孕育了深远的思想。习近平总书记关于大学生德育的系列重要论述不仅承载着鲜明的时代特色，而且蕴含着丰富的理论底蕴。深入探究这一系列论述提出的时代背景及其理论根源，是推进后续研究工作的必要前提。

第二章 高校德育教育概述

一、高校德育教育的背景

习近平总书记关于大学生德育的重要论述是在一个具有鲜明时代特征的背景下提出的。这一论述的提出既是对中国特色社会主义进入新时代的深刻回应,也是对全球发展趋势和国际人才竞争加剧的敏锐洞察。

(一)国内背景

时代孕育思想之精髓,实践铸就理论之基石。习近平总书记关于大学生德育的重要论述,在我国改革开放深化、全面建成小康社会、实现"两个一百年"奋斗目标和中华民族伟大复兴中国梦的关键时刻、中国特色社会主义新时代的背景下应运而生。这一论述深刻体现了对我国教育根本问题的全面思考,明确界定了我国教育的育人目标、育人方式及育人宗旨,即"培养什么人""怎样培养人"以及"为谁培养人"。

新时代是一个充满希望与挑战的时期,它要求我们不仅要有对未来的美好憧憬,更要有面对困难和挑战的勇气和智慧。在这个时代背景下,加强大学生德育工作显得尤为重要,因为它直接关系国家的未来和民族的复兴。首先,面对意识形态领域的复杂斗争和国家安全的新情况,我们必须坚守马克思主义在意识形态领域的指导地位,加强对大学生的思想政治教育,引导他们树立正确的世界观、人生观和价值观。同时,要注重培养学生的国家安全意识,让他们认识到维护国家安全是每个人的责任和义务。其次,针对党的建设方面存在的薄弱环节和面临的挑战,我们要继续推进全面从严治党,加强党的自身建设,提高党的长期执政能力。作为大学生,应该积极参与党的建设和发展中,通过学习和实践不断提升自己的政治素质和思想觉悟。最后,公民的思想道德和精神文明建设也是新时代的重要任务。我们要加强社会主义核心价值观的培育和践行,倡导积极向上的社会风气,抵制奢靡之风和官僚主义等不良作风。大学生作为社会的未来和希望,更应该以身作则,树立正确的道德观念和价值追求。针对高校大学生在物质生活水平提升的同时出现的精神品质问题,如拜金主义、享乐主义等盛行现象,我们需要通过加强德育教育来引导学生树立正确的消费观和人生观。高校应该注重培养学生的综合素质和创新能力,让他们在实现个人价值的同时也为社会做出贡献。

(二)国际背景

当今世界正处于百年未有之大变局,以及习近平总书记关于大学生德育的重要论述深刻揭示了当前国际环境的复杂性和我国教育工作面临的挑战与机遇。在这个时代背景下,加强大学生德育工作不仅具有深远的战略意义,也是实现中华民族伟大复兴的必然要求。习近平总书记关于大学生德育的重要论述,为我们做好新时期的德育工作提供了科学理论指导。这一论述站在历史与现实、中国与世界以及建设中国特色社会主义现代化教育强国的战略高度,深刻阐述了德育工作的重要性、目标任务和基本要求。它强调要牢固树立立德树人的教育理念,把培养德智体美劳全面发展的社会主义建设者和接班人作为根本任务;要注重培养学生的社会责任感、创新精神和实践能力;要加强党对德育工作的领导,确保德育工作的正确方向。面对新时代的新要求,我们要不断创新德育理念和方法,注重学生的主体性和参与性,采用多种形式和手段开展德育工作,如利用网络平台开展在线德育课程、组织社会实践活动等,让学生在实践中体验和感悟德育的力量。

首先,经济全球化持续深入,国际格局持续演变。在此背景下,西方的多元文化价值观大量涌入我国,民众在接触并吸收各种思想观念的同时,也可能不慎接受了某些消极的价值取向,这对大学生的健康发展构成了特殊挑战。尽管当今世界的主流依然是"和平发展",但"和平演变"的现象仍旧不容忽视。经济全球化为"和平演变"以及国外多元价值观的渗透提供了更为隐蔽和高效的途径。对于广大青年,尤其是高校大学生而言,他们正处于价值观塑造与稳固的重要阶段,鉴于他们尚未达到充分的理性和成熟度,往往难以精确辨识西方文化影响的双重性,从而可能受到西方价值观的影响,形成过于倾向国外的心理,进而削弱对本国文化和价值观的认同。

其次,我们正置身于一个以信息化为显著特征的时代,网络的普遍应用在为日常生活、教育和职业活动带来便利的同时,也伴随着不良冗余信息和扭曲价值观念可能快速扩散的挑战。大学生群体对网络的依赖程度高，他们容易受到网络中多元信息、社会思潮及各种价值观的影响，这为某些西方国家创造了可乘之机。这些国家利用网络信息传播的高效、广泛和影响力，有意散播有损中国形象的言论，极力推广以西方为主导的意识形态，试图诱导中国青年追求被他们定义的"个人主义和自由放纵"，这与我国重视集体、轻视个人的价值观产生冲突。这种现象可能会导致广大的青年大学生在思想和价值观上产生困惑和方向感的丧失。

在新的时代背景下，承认并深入理解外部环境对大学生思想观念的冲击，有助于我们更精准地理解青年的价值取向。这将使我们能够采取有力的策略，教育并指导他们正确地甄别和理解外来文化，塑造正确的世界观、人生观和价值观。这样的过程将进一步提升他们的道德修养，促使他们努力成为符合时代发展需求的优秀青年。

二、高校德育教育的思想渊源

习近平总书记关于大学生德育的重要论述，系马克思主义德育理论在中国本土化的最新理论成果。这一成果并非无本之木，而是基于对马克思主义经典作家及中国共产党历代领导人德育思想精髓的深入借鉴与吸收，同时紧密结合时代发展的需要，充分反映社会主义人才素质要求，经过精心构建而成。此外，该理论成果也广泛吸纳了中国传统文化中蕴含的丰富且优秀的德育思想，为其形成奠定了坚实的思想基础。

（一）马克思主义经典作家的德育思想

马克思、恩格斯被公认为是马克思主义理论的奠基人。他们不仅深入剖析了社会的经济结构和历史发展，更在德育领域提出了独到而深刻的见解。他们提出的社会主义德育理论，不仅具有明确的德育目的，还蕴含了科学的德育原则和丰富的德育内容，为后世的德育思想提供了坚实的理论基础。

1.德育目标

马克思和恩格斯将培养全面发展的新型人类设定为社会主义道德教育的核心目标,他们专注于研究人类自由而全面发展的理论及其实现的必要条件,以此作为教育的根本原则。在马克思的理论框架内,人的全面发展涵盖了个体活动的多样性、社会关系的复杂性,以及全面实现的素质和个人价值,还包括了个体特性的充分发展。①我们坚持倡导采用科学适宜的教育方法,以激发每个人的内在潜能,进而促进其全面而均衡的发展。在崭新的历史背景之下,列宁同志紧密结合俄国社会主义时代的实际需求,将"培养实现共产主义事业的新一代"确立为德育的首要任务。他明确强调:"为巩固和推进社会主义事业的伟大征程而奋斗,这是共产主义道德的核心基石。"②在列宁的德育理论体系中,他对于思想品德教育在塑造共产主义接班人过程中所发挥的关键作用,给予了高度的重视和认可。

2.德育原则

马克思恩格斯主张的德育应遵循的主要原则是"一切从实际出发,理论联系实际,通过实践认识客观规律,并依此行事"③。他们坚决反对本本主义和教条主义,坚信实践是检验真理的唯一标准。马克思恩格斯明确指出,"一步实际行动胜过一打纲领","正确的理论必须与具体情境相结合,并依据现有条件进行阐释和发展"。④此外,在德育的实践中,他们特别强调避免空洞的说教方式,而是坚持以科学理论为基石,与政治运动紧密结合,并高度注重教育者的自我提升,即教育者必先接受教育。列宁基于培养共产主义新人的宏伟目标,提出了相应的德育指导原则。他坚定地认为,社会主义和共产主义是不容动摇的信仰,人们应当树立共产主义远大理想,坚守共产主义必将胜利的坚定信念。列宁还明确指出,科学理论、先进知识和文化不会自行在人们心中生根发芽,而是需要外部的持续宣传和教育来推动。在1902年所

---

① 马克思恩格斯选集:第4卷[M].北京:人民教育出版社,1995:123.
② 列宁选集:第4卷[M].北京:人民出版社,1972:355.
③ 王荣德.现代德育论[M].北京:中国社会科学出版社,2016:72.
④ 马克思恩格斯全集:第27卷[M].北京:人民教育出版社,1972:433.

著的《怎么办？》一书中，他针对当时德国机会主义者鼓吹的错误观点，即"工人阶级运动可以自发产生科学社会主义"，进行了系统的批驳，并详细阐述了新兴无产阶级政党的基本思想原则，进一步提出了"灌输"理论。①

3. 德育内容

马克思和恩格斯对共产主义理论、爱国主义以及集体主义教育的价值给予了高度的重视。他们坚定地认为，树立共产主义理想信念，深入理解和接受共产主义理论，是实现共产主义社会的必要先决条件。同时，他们也强调了在国家面临危机时，人们应当倾尽所能，以全身心的投入和不懈的努力，抵御外来侵略，坚决捍卫自己的国家和家园。②在阐述相关理念时，他们明确阐明了集体利益与个人利益之间的辩证关系。尽管集体利益在优先性上占据主导地位，但这并不意味着对个人利益的否定。相反，这二者之间是相互依存、相互促进的，并非相互排斥。只有在积极融入集体，并为集体利益作出贡献的同时，个人方能实现其自身利益，从而获取更为广阔且全面的发展机会。

列宁则对社会公德与纪律教育的重要性给予了高度的重视。他主张国家应当积极推广并深化相关教育，为人们提供必要的教育条件，使他们在学习和实践中学会如何有效地管理国家。列宁认为，这种教育方式对于推动向共产主义过渡的进程具有显著的积极作用，有助于人们更好地遵守公共秩序和规章制度，进而提升全社会的道德水准。同时，列宁对纪律教育的要求也异常严格和明确，他特别强调了青年作为纪律教育的重点对象，需要通过教育引导他们成为守纪律、有教养的典范，最终成长为坚定的共产主义者。

（二）中国共产党历代领导人的德育思想

德育作为培养优秀人才的核心基石，不仅对一个政党、一个国家，更是对于一个民族的未来发展具有举足轻重的意义。在中国，这一理念尤其得到

---

① 何思禹. 习近平德育思想研究[D]. 哈尔滨：哈尔滨工程大学，2015：15.
② 王荣德. 现代德育论[M]. 北京：中国社会科学出版社，2006：73.

了深刻的体现和重视。中国共产党的历代领导人深知德育对于塑造人才、推动社会进步的重要性，因此学校德育工作始终被置于战略地位。特别是在大学生德育的培养上，他们倾注了大量的心血和智慧，将其作为社会主义事业发展的关键环节，致力于培养具有高尚品德和坚定信念的社会主义接班人。

1.德育地位

在中国革命与社会主义建设的伟大征程中，广大青年始终扮演着举足轻重的角色，为革命的成功、国家的昌盛与民族的振兴贡献了卓越力量。鉴于青年在中国社会进步中不可或缺的历史地位，毛泽东同志对青年在革命与建设中的积极作用给予了极高的评价，并特别强调青年教育的重要性。他明确指出："我们的教育方针，旨在促进受教育者在德育、智育、体育等多个维度上实现均衡发展，以培养具备社会主义觉悟、文化素养的劳动者为目标。"[①]在深入贯彻这一指导思想的进程中，邓小平同志明确提出了"三好"和"又红又专"的教育理念，作为教育领域的重要指导原则。他在继承毛泽东同志德育思想精髓的基础上，对青少年教育工作给予了特别的重视，并将青少年群体确立为德育工作的核心关注对象。此外，江泽民同志亦曾强调："各级各类学校必须构建健全的文化知识传授体系，同时，更应将德育置于教育工作的核心地位，作为首要任务予以推进。"[②]胡锦涛同志则从人才培养的战略角度出发，首次强调了"坚持育人为本、德育为先"的教育理念，并将"立德树人"确立为教育的根本任务，致力于培养德智体美全面发展的社会主义建设者和接班人。[③]

2.德育目标

德育的目标始终与社会进步的需求保持同步，适时调整以适应时代变迁，确保为国家培育出符合时代要求的杰出人才。中国共产党历代领导集体均从党和国家的长远稳定发展、繁荣富强的战略高度出发，为我国人才培养

---

① 毛泽东著作选读：下册[M].北京：人民出版社，1986：781.
② 江泽民.在庆祝中华人民共和国成立四十周年大会上的讲话[M].北京：人民出版社，1989：21.
③ 王宝鑫.新时代青年马克思主义者培养研究[D].长春：东北师范大学，2018：5.

第二章 高校德育教育概述

提供了明确的指导原则。毛泽东同志凭借其卓越的战略眼光，提出了"又红又专"的德育目标，强调我国教育应致力于培养既坚守无产阶级世界观，又具备专业知识和技能的复合型人才。自党的十一届三中全会以来，我国迈入了社会主义现代化建设的新纪元，面对国家对于人才的迫切需求，邓小平同志在深入分析社会形势的基础上，提出了"四有新人"的德育目标，明确要求全体国民应当树立崇高理想、遵循道德规范、充实文化素养和遵守纪律秩序，以此培养出能够担当起社会主义改革和建设重任的新一代人才。[①]在德育目标战略层面，江泽民同志首次将"立德树人"的理念提升至"以德治国"的战略高度。胡锦涛同志领导的党中央进一步强调了德育工作的重要性，坚持"以人为本""德育为先"和"全方位育人"的原则，将我国德育建设推向了一个全新的发展阶段。

3.德育原则

党的历代领导人在不同历史时期对于青年德育原则的深刻思考和阐述，不仅为当时的教育事业提供了重要指导，也为新时期习近平总书记关于大学生德育原则的提出奠定了坚实的理论基础和丰富的实践经验。毛泽东同志关于青年德育原则的思想，特别是理论联系实际、积极引导与说服教育、团结—批评—团结以及经常性原则，强调了德育工作的实践性和长期性，以及对学生主体性的尊重。[②]这些原则在新时期依然具有强大的生命力，提醒我们在进行大学生德育时，要注重将理论知识与现实生活紧密结合，通过积极地引导和说服，促进学生的自我反思和成长，同时保持教育的连续性和稳定性。邓小平同志关于集体主义原则的阐述，进一步明确了个人与集体之间的辩证关系，强调了社会主义道德建设中集体主义的重要性。这一原则在新时期依然具有重要意义，它要求我们在培养大学生时，要注重培养他们的集体意识和团队精神，使他们能够在实现个人价值的同时，也为集体和社会做出贡献。江泽民同志坚持与时俱进的发展理念，将为人民服务作为社会主义道德观的核心，进一步丰富了德育的内涵。他强调的集体主义原则，不仅是对

---

① 邓小平文选：第3卷[M]. 北京：人民出版社，1993：110.
② 毛泽东选集：第3卷[M]. 北京：人民出版社，1991：817.

传统道德观念的继承和发展，也是对新时代社会需求的积极回应。这一理念要求我们在进行大学生德育时，要注重培养学生的社会责任感和使命感，使他们能够自觉地将个人的成长与社会的进步紧密联系在一起。胡锦涛同志提出的"以人为本"的思想政治工作理念，更是将德育工作的关注点从传统的"以事为本"转向了"以人为本"。[①]这一理念要求我们在进行大学生德育时，要充分考虑学生的个性化需求和发展特点，尊重他们的主体地位和选择权利，通过更加人性化、个性化的教育方式和方法，促进学生的全面发展。

4.德育内容

德育的任务与目标对德育内容的设定具有决定性的指导意义，而德育的内容则成为德育任务与目标在实际教育过程中的具体体现。在中国共产党的领导下，历代领导人在青年德育领域提出了一系列丰富而深邃的指导思想，这些思想为我国在不同发展阶段培养与社会需求相匹配的人才提供了科学且精准的方向。这些思想的主要内容包括以下几个方面。

（1）马克思主义理论教育

马克思主义作为我们立党立国的根本指导思想，其在中国共产党发展历程中的重要性不言而喻。历代党的领导人都深刻认识到马克思主义理论的伟大力量和时代价值，始终不渝地坚持和弘扬这一优良传统。毛泽东同志作为党的第一代领导人，他深知青年大学生是国家和民族的未来，因此特别强调他们要认真学习马克思主义的世界观、人生观和价值观。[②]毛泽东同志认为，只有掌握了马克思主义这一科学理论，才能坚定正确的政治方向和政治立场，才能全心全意为人民服务，实现个人价值与社会价值的统一。党的十一届三中全会以来，邓小平同志在新的历史条件下，继续强调马克思主义理论教育的重要性。他明确指出，马克思主义理论不是教条，而是行动的指南。邓小平同志强调，全党特别是青年大学生要深入学习马克思主义，但学习要精，要管用，即要将理论与实际相结合，用理论指导实践，解决实际问题。

---

① 姜华宣等.中国共产党重要会议纪事（1921—2006）[M].北京：中央文献出版社，2006：1031.

② 邓小平文选：第3卷[M].北京：人民出版社，1993：146.

第二章 高校德育教育概述

江泽民同志在继承前人思想的基础上,进一步强调了坚持马克思主义基本原理的重要性。他明确指出,任何时候都要坚持马克思主义的基本原理,一切否定和放弃马克思主义的言行都是错误的,都必须坚决反对。[①]江泽民同志强调,只有坚持马克思主义的指导地位,才能确保党和国家事业的正确方向。胡锦涛同志作为党的领导人,也始终坚持马克思主义在中国共产党的指导地位。他号召全党要将马克思主义基本原理同我国具体实际和时代特征紧密结合起来,不断为丰富和发展马克思主义做出新的贡献。胡锦涛同志的这一思想不仅体现了党对马克思主义理论的深刻理解和高度认同,也展现了党在推进中国特色社会主义事业中的创新精神和时代担当。

(2)理想信念教育

理想是引领人生航程的指南针,信念则是人们对实现理想所抱有的坚定不移的认识。崇高理想与坚定信念的完美结合,深刻体现了中国共产党人内在的精神特质,同时也是共产党人战胜一切困难,夺取最终胜利的关键所在。

毛泽东同志从青年时期就树立了推翻三座大山、建立新中国的崇高理想。这一理想如同明灯照亮了他及无数革命者前行的道路。在长征途中,面对极端恶劣的自然环境和敌人的围追堵截,正是对理想信念的执着追求,支撑着他们克服重重困难,最终取得了胜利。新中国成立后,毛泽东同志继续强调理想信念的重要性,他深知这是凝聚人心、推动社会进步的重要力量。邓小平同志则将马克思主义和共产主义信念视为中国共产党战胜一切困难、夺取胜利的真正优势。在新的历史时期,他敏锐地意识到加强理想信念教育的重要性。他提出的"四有新人"标准中,"有理想"被放在了首位,这充分体现了他对理想信念教育的重视。邓小平同志认为,只有坚定了理想信念,人们才能在复杂多变的国内外环境中保持清醒的头脑,坚定不移地走中国特色社会主义道路。[②]江泽民同志在深入继承毛泽东同志、邓小平同志关于理想信念教育的重要思想精髓后,面对社会发展的新时期,明确且强调地

---

① 江泽民文选:第3卷[M].北京:人民出版社,2006:337.
② 邓小平文选:第3卷[M].北京:人民出版社,1993:190.

指出："理想信念教育，作为党的思想政治工作的核心组成部分，具有举足轻重的地位。"[①]他郑重呼吁全社会务必重视并强化青年理想信念教育，以培养具备远大理想和坚定信念的杰出青年。胡锦涛同志坚持并传承中国共产党关爱青年、重视青年的优良传统，对广大青年寄予了深厚的期望。在纪念"五四运动"80周年大会上，他明确指出："青年始终是我们社会中最为积极、最为活跃、最具生机与活力的一部分力量。我们所取得的全部事业成就，始终离不开一代又一代青年的英勇奋斗与不懈努力。"[②]胡锦涛同志对广大青年所给予的极高赞誉，不仅彰显了对他们的深切关怀，更体现了对他们能力的充分信赖。在2000年6月，他再次以恳切的言辞向少年儿童提出殷切期望，希望他们能够"树立崇高的理想；培养优良的品德；掌握坚实的本领；锻造强健的体魄。"显然，中国共产党历代领导人在治国理政的过程中，始终秉持着重视青年、关爱青年、依靠青年的优良传统，这一传统得到了充分的体现与贯彻。

（3）爱国主义教育

爱国情操作为个人道德素养的基石，在老一辈革命家身上得到了深刻的体现。他们深厚的爱国情怀、坚定的强国意志以及无私的报国行动，均成为新时代开展爱国主义教育的生动典范。

毛泽东同志展现出了坚定不移的爱国情感和报国志向，他勇于将这些情感转化为具体的行动。在战火纷飞、敌强我弱的革命战争年代，他始终坚守爱国心，毫不动摇，领导中国共产党人英勇奋斗，驱逐外敌。而在革命建设时期，面对国内一片废墟、内忧外患的严峻局面，他依旧铭记报国之志，鼓励人民通过接受鲜活生动的历史教育，将爱国主义精神深深烙印于每个人的思想和行动中。他号召广大青年积极响应党的号召，投身于国家最需要的地方，勇于承担国家建设的重大责任。邓小平同志则以"我是中国人民的儿子"为座右铭，表达了他对祖国和人民的深厚情感。这种情感驱动着他为国

---

① 江泽民文选：第3卷[M]. 人民出版社，2006：89.
② 胡锦涛文选：第1卷[M]. 人民出版社，2016：364.

第二章　高校德育教育概述

家的发展和人民的幸福不懈奋斗，成为新时代爱国主义精神的杰出代表。[①]此表述质朴而深刻，充分展现了他对伟大祖国深厚且持久的热爱。他特别强调，青年一代作为德育教育的核心受众，是实施爱国主义教育的重中之重。邓小平同志对广大青年寄予厚望，期望他们能够准确理解历史与现实的交织，通过深入研究近现代史、参观各类展览馆等方式，深入体会中华民族历经的艰辛与持续的努力，从而培育出坚定的爱国情感和崇高的道德品质。在1997年出版的《学习江泽民同志关于爱国主义的论述》一书中，江泽民同志针对不同群体的爱国主义教育思想进行了详尽的阐述，尤其强调了青年爱国情感的培养与教育的重要性。随后，胡锦涛同志基于中国教育现状，对青年德育提出了独到且深刻的见解，他明确指出了实现全员育人、全方位育人、全过程育人的教育目标。[②]进一步地，胡锦涛同志提出了"以热爱祖国为荣，以危害祖国为耻"的教育理念，这一理念对于广大青年爱国意识的培养具有极其重要的价值。尽管不同历史时期的青年德育内容可能有所侧重，但马克思主义教育、理想信念教育和爱国主义教育始终是德育教育中的核心和不变的主题。

习近平总书记始终在中国共产党的领导下秉持历代领导人关于培育社会主义人才、推动人的全面发展的指导思想。基于全面建设社会主义现代化国家和实现中华民族伟大复兴中国梦的战略考量，我们严格遵循高校育人规律和大学生成长成才的规律，对我国教育的根本问题进行了深入而严谨的阐释，为新时期大学生德育赋予了更为丰富的内涵，并寄予了更为崇高的期望。

（三）中国优秀传统德育思想

中华优秀传统文化作为先人赋予的宝贵财富，是中华民族的价值根基和文化象征，独特且不可复制。[③]在新时代背景下，习近平总书记对传统文

[①] 邓小平文集（1949—1974）[M]. 人民出版社，2014：1.
[②] 王荣德. 现代德育论[M]. 北京：中国社会科学出版社，2016：84.
[③] 涂成林. 优秀传统文化：价值之源、民族之根和安全之本[N]. 光明日报，2017-05-08（15）.

化中蕴含的优秀德育思想给予了高度重视,他明确指出:"中华优秀传统文化已深植于中华民族的基因之中,潜移默化地塑造着国人的思维与行为模式。"①因此,传承和弘扬这一优秀传统文化是我们充分利用中华民族丰富的精神财富,以文化人、以文明人的核心举措。

1.传统文化中明德修身思想是习近平崇德之源

传统文化历来倡导"从善如登,从恶如崩"的原则,强调个体应当追求"止于至善"的境界。在这种理念指导下,人们应当坚守内心信念,做到慎独、慎初、慎微,守护内心那一片纯净之地。同时,传统文化也倡导"穷则独善其身,达则兼善天下"的价值观,以及"修身齐家治国平天下"的人生理想,鼓励人们以君子的标准自我要求,追求成为圣贤的崇高境界。这种对美好品德和崇高精神的追求,对于引导人们形成个人良好品德具有重要意义。

习近平总书记明确指出:"抛弃传统、丢掉根本,就等于割断了自己的精神命脉。"②中华优秀传统文化是中华民族的精神支柱和命脉,我们必须在继承中坚持不忘本来,方能实现创新与发展。在纪念"五四运动"100周年大会上,习近平总书记强调了立德修身的重要性,他强调:"人无德不立,品德是为人之本。止于至善,是中华民族始终不变的人格追求。"③这是对广大青年学生的深切教导和嘱托,表明立德修身是成人成事的基础,需要立志高远,更要立足平时,严于私德,方能守好公德、明于大德。

2.古人尚志精神是习近平理想信念观的重要来源

尚志是一个永恒且重要的主题。古人所崇尚的志向与品格不仅体现了他们的精神追求,更为后人留下了丰富的精神财富。这些崇高的精神品质激励着一代又一代有志之士不断奋发努力、自强不息、锐意进取。在新时代背景下,这种尚志的精神依然具有重要意义。习近平总书记提出的理想信念观在

---

① 习近平谈治国理政[M].北京:外文出版社,2014:170.
② 习近平.把培育和弘扬社会主义核心价值观作为凝魂聚气强基固本的基础工程[N].人民日报,2014-02-26(01).
③ 习近平.在纪念五四运动100周年大会上的讲话[N].人民日报,2019-05-01(02).

第二章 高校德育教育概述

很大程度上也受到了古人尚志精神的启发。这种信念坚定、志向远大的精神是推动社会进步、国家富强、民族振兴的重要力量。

据古代先贤所述，苏轼认为："建立伟业之人，不仅需具备超凡的才能，更需有坚定不移的毅力。"(《晁错论》)朱熹强调"所有学习都应以树立远大志向为先"(《朱子语录》)。荀子曾言："未登高山，难以知天之高远；未临深渊，无从感知地之厚重。"(《荀子·劝学》)曹操在《步出夏门行·龟虽寿》中表达："即使老马伏在马厩中，其志向仍在于千里之外；勇猛之士至暮年，壮志仍未消减。"文天祥在《过零丁洋》中高声疾呼："自古以来谁能免于一死，唯有留下赤诚之心照亮历史。"他以此昭示了其以身许国的无畏决心。王守仁同样指出："无志向者，世间无一事可成。"这些论述均彰显了古人对于崇高理想的追求、坚定信念的秉持以及面对困难时的无畏精神。

自党的十八大以来，习近平总书记对理想信念在实现"两个一百年"奋斗目标和中华民族伟大复兴的中国梦中所占据的重要地位给予了高度重视。在多次讲话、会议及学校考察中，他特别鼓励党员干部，特别是广大青年学生，要深入学习并领会古人尚志故事中所蕴含的深刻精神内核。他多次引用古人的名言警句，关于追求崇高理想、立志高远的尚志之语，以此激励广大青年学生。在北京大学师生座谈会上，习近平总书记引用《礼记·学记》中的"玉不琢，不成器；人不学，不知道"之语，强调了大学生应追求真理，学习真学问，锻炼真实本领。而在纪念"五四运动"100周年大会上，他又引用王阳明《教条示龙场诸生》中的"立志而圣则圣矣，立志而贤则贤矣"之句，着重强调了青年大学生应立志高远、信念坚定。习近平总书记明确指出，实现"两个一百年"奋斗目标已迫在眉睫，实现中华民族伟大复兴的中国梦近在眼前。伟大目标的实现和伟大事业的完成，迫切需要立志高远、锐意进取的一代又一代青年持续不断地努力和奋斗。

3.优秀传统文化是社会主义核心价值观的"价值之源"

在中国共产党的十八大报告中，首次鲜明地提出了"三个倡导"的理念。这一理念从国家、社会以及个人三个维度，全面阐述了我国14亿民众共同秉持的价值共识。这个广泛认同的价值共识可追溯至中华传统文化中所蕴含的珍贵精神特质和高尚价值追求，它们是塑造这个共识的"活水之源"。

从国家宏观层面分析，国家的繁荣富强、民主进步、文明昌盛、和谐稳定，是国家长治久安、民心所向的坚实基础。荀子曾精辟地指出："君者，舟也；庶人者，水也。水能载舟，亦能覆舟。"习近平总书记始终坚守"民为邦本、本固邦宁"的治国理念，他号召全党坚守初心，矢志不渝地为中华民族的伟大复兴、中国人民的幸福安康而努力奋斗，将他对人民的深厚情感深深烙印在祖国的每一寸土地上。同时，他还强调为官者需秉持"其身正，不令而行；其身不正，虽令不从"的高尚品质，要求广大干部以人民利益为首要考量，率先垂范，真正践行心系人民、情系人民、利为民所谋的宗旨，切实解决人民群众最关心、最直接、最现实的利益问题。

从社会层面来看，"自由、平等、公正、法治"确实是中华民族长期以来追求社会治理的崇高价值追求，也是衡量一个社会是否繁荣发展、和谐稳定的重要标准。这些价值理念不仅体现了现代社会的普遍追求，也深深植根于中华民族的传统文化之中。中华民族传统文化中蕴含着丰富的社会治理思想，这些思想在历史长河中不断演化和完善，为后人提供了宝贵的智慧资源。古人在社会治理方面强调的仁爱、公正、和谐等理念，与现代社会所倡导的"自由、平等、公正、法治"有着深刻的内在联系。

在审视个体层面时，古人历来秉持"先天下之忧而忧，后天下之乐而乐"的崇高志向，追求"专心致志以事其业，乐群者，乐于取益以辅其仁也"的敬业精神，恪守"人无信不立"（《论语·颜渊》）的人生信条，以及坚守"仁者爱人"（《孟子·离娄下》）的核心价值观。这些均为古人对当时社会价值观的深刻理解和体现，同时也构成了社会主义核心价值观的宝贵源泉。在新时代的大背景下，习近平总书记对广大青年大学生寄予了深厚的期望，强调他们应怀有深厚的爱国情感，忠诚于祖国和人民。他明确指出："爱国，是人类情感中最深沉、最持久的部分，是立德之基石，立功之根本。"此外，他还倡导青年大学生要"学会勤俭、学会感恩、学会助人、学会谦让、学会宽容、学会自省、学会自律、学会担当社会责任。"这不仅是对青年一代的深情寄语，更是对古人优秀传统德育思想的传承与发扬。

在新时代的宏大背景下，习近平总书记坚定不移地秉持将优秀传统文化中的德育精髓与当前高校立德树人核心目标相融合的方针，致力于运用经典且卓越的传统德育理念，教育和激励广大青年学子树立崇高的道德风尚，锤炼坚韧的个人品行。他强调，应以完善自我人格、追求高远志向为目标，不负青春韶华，砥砺奋进，共同书写新时代的青春篇章。

第三节　新时代高校德育教育的主要内容

习近平总书记站在我国未来发展和国家工作全局的战略高度，深刻洞察了新时代青年成长的心路轨迹。他专门针对青年德育问题，围绕实现中国梦的宏伟目标，自觉践行社会主义核心价值观，积极培育中国精神，并深入开展世界观、人生观、价值观的"三观"教育。基于习近平总书记的论述，在新时代，高校德育教育的核心架构包含多个维度，其中基础部分着重于以下几个方面：以构筑中国梦想为根基的理想信念教育，旨在激发学生的爱国情怀与远大志向；以社会主义核心价值观为引领的价值体系教育，培养学生正确的价值取向和道德观念；以弘扬中国精神为依托的精神支柱教育，旨在铸就学生坚定的民族自豪感和文化自信心；以"世界观、人生观、价值观"为框架的思想教育，引导学生形成科学的世界认知和积极的人生态度；以"明大德、守公德、严私德"为准则的道德教育，强调学生应恪守道德规范，塑造高尚品德；以法治观念为核心的社会意识教育，旨在培养学生的法治思维和法治素养，为构建法治社会贡献力量。

一、以中国梦为主题的理想信念教育

（一）树立远大理想

随着社会的不断演进和繁荣，时代更迭未曾止息，每一辈青年都肩负着特有的使命与可能性。当下,我国青年发展的主要集中于推动中华民族的伟大复兴事业。习近平总书记深刻指出:"青年人的崇高理想和坚定信念,是国家与民族坚不可摧的奋进动力。青年志存高远,方能激发其内在的奋进潜力,使青春岁月不再如无舵之舟般漂泊不定。"[1]青年承载着崇高的理想和坚定的信念,作为国家持续稳健发展的重要支柱,应积极主动为国家的建设与发展贡献青春力量。然而,随着社会的深刻变革,国际局势的复杂多变,以及国内深化改革与实现"两个一百年"奋斗目标的紧迫性,引导青年为实现中国梦及国家和民族的崇高理想而奋斗,已成为青年德育工作的重中之重。一般而言,缺乏明确目标的人往往难以展现充沛的活力,进而削弱其社会价值。长此以往,若无精神信念的支撑,个体将逐渐失去生活的动力和方向,导致生活的无意义。因此,唯有那些目标坚定、信念明确的青年,才能为自身的发展设定清晰的方向,并获取持续发展的内在动力。青年时期作为人生发展的关键阶段,同时也是最为美好的时光,树立远大的理想对每一位青年而言都具有不可忽视的重要性。

(二)坚定理想信念

青年人一旦确立了远大的理想,便应当矢志不渝,坚守自己的理想信念。随着改革开放的持续深化,新兴思潮在我国广泛传播,对本土文化产生深远影响,对青年的世界观、人生观、价值观造成一定冲击,使他们在多元文化背景中面临多种价值观的交织与碰撞。习近平总书记曾明确指出:"我们的教育旨在帮助青年养成正确的人生观与价值观,树立崇高的理想信念,并积累丰富的知识,以实现青年德才兼备的目标。"[2]在新时期,我们更应强调青年理想信念的培育,使其明确未来的发展方向和目标。青年人是实现中华民族伟大复兴的重要力量,习近平总书记强调,在人生旅途中,只有坚定远大理想,方能成就一番伟业。缺乏信念,如同失去灵魂,生活将失去意

---

[1] 习近平谈治国理政:第3卷[M].北京:外文出版社,2020:334.
[2] 习近平总书记在北京海淀民族小学重要讲话[N].人民日报,2014-5-30(02).

义。因此，广大青年应积极响应党的号召，坚守正确的信念，站在人民的立场上，致力于推动中国的稳定发展。我国当代青年的首要任务是努力学习，不仅要深入书本，也要向他人学习，与时俱进，明确人生目标，培养坚定的意志，为实现中华民族的伟大复兴贡献青春力量。

（三）领会中国梦

中国梦这一汇聚了民众共同愿景的宏伟蓝图，承载着引领时代的标杆作用。为确保其全面实现，我们必须将其确立为全体人民共同的责任与使命。习近平总书记曾强调："中国梦是全体人民的共同追求，更是青年一代应当矢志不渝追求的崇高理想，它必须与中国人民对美好生活的热切期盼相结合，才能取得最终的胜利。"[1]本论述深刻揭示了青年应当秉持的理想信念，并激励青年深入领会并践行中国梦的核心理念。青年一代承载着民族复兴的崇高历史责任，必须以中国梦为坚实基石，构建宏伟的理想信念体系，为全民族的中国梦实现贡献青春的智慧和力量。因此，将中国梦的教育有机融入青年德育工作中，确保中国梦的实现成为青年德育教学的核心内容，是当前教育工作的重要任务。习近平总书记明确指出，千百年来，中华民族的共同追求即实现民族复兴。青年一代应当树立正确的世界观、人生观和价值观，铭记历史赋予的使命，将中国梦作为个人的崇高理想，并持之以恒地为之努力奋斗。新时代青年的梦想，是实现中国梦的坚实基础。他们应在坚定理想与信念的指引下，为中华民族的伟大复兴贡献青春之力。青年应当深刻认识到自身发展对于民族复兴的重要意义，更应将个人理想转化为实实在在的行动，不断提高个人能力和素质，以实际行动回报祖国，用坚定的理想信念引领自己创造有意义的人生。具体而言，青年应秉持坚定的信念，做到以下几点：一是忠诚于祖国和人民，始终坚守爱国情怀；二是胸怀远大志向，在新时代的征程中奋勇拼搏；三是追求真理，勤奋学习，不断提升个人综合素质；四是积极投身实践，通过实际行动检验真理，为国家和人民作出积极贡献。

---

[1] 习近平谈治国理政：第2卷[M]. 北京：外文出版社，2017：30.

二、以社会主义核心价值观为主题的价值体系教育

随着时代的不断演进与发展，青年德育的内容亦得到了同步的深化与完善。社会主义核心价值观作为全体中国人民共同的价值追求与根本利益之所在，其内涵涵盖社会价值观、民族价值观和个体价值观，全面彰显了社会的共同追求，并深刻揭示了民族精神的精髓。因此，每一位中国公民都应自觉践行，将其深刻内化于心，自觉外化于日常行动之中。

对于当代中国的青年而言，将中国特色社会主义核心价值观融入其日常生活，并持之以恒地践行，是一项至关重要且紧迫的任务。习近平总书记明确指出，价值观的养成在青少年阶段尤为关键，这一时期是各种思想交汇碰撞的重要阶段，更是践行正确理念的黄金时期。我们必须高度重视并紧抓这一关键过程，因为社会的发展与青少年的价值取向紧密相连，强化其正确的世界观、人生观、价值观的培育，具有极其重要的意义与必要性。

（一）建设富强、民主、文明、和谐的国家

习近平总书记对于富强与民主的内涵，进行了全面且深入的阐释。首先，富强不仅追求国家经济的繁荣昌盛，更致力于提升全民族的竞争力，将历史中的挫折转化为持续前进的动力，确保中国在全球舞台上保持稳固的地位。其次，民主是基于对马克思主义民主观的继承与深化发展，其精髓在于确保人民当家做主的基本权利得以充分实现。同时，我们坚持将人民代表大会制度与民主集中制紧密结合，作为实现民主目标的根本途径。最后，为了促进人与社会、自然的和谐共生，我们必须致力于构建一个文明、和谐的新型社会。

在我国悠久的历史长河中，知识与修养始终占据着崇高的地位，修身治国与知行合一更是被奉为圭臬。从客观视角审视，精神追求乃人之本，身心修养则是个人成长的必由之路，对于提升个体的综合素质具有不可或缺的作用。在社会层面上，我们强调齐家之道，这直接体现了社会进步所必需的多元条件。而在国家层面，我们则聚焦于治国理念，这些需求也直

第二章 高校德育教育概述

观地映射出国家发展所需的各项要素。我国通过社会主义核心价值观，将个人、社会与国家的需求紧密相连，充分展现了社会主义本质的统一性，既传承了中华民族丰富的文化积淀，又广泛吸纳了国际社会的文明精髓。自古以来，我国便对青年一代寄予厚望，期望他们立德修身，厚德载物，具备高尚的道德品质与积极向上的时代精神。习近平总书记明确指出，青年时期是人生中最为激昂的乐章，是成长道路上最为磨砺且最为精彩的阶段。当前，青年一代肩负着民族复兴的伟大使命，需要坚韧不拔地奋斗，始终保持蓬勃的朝气，勇于挑战，坚定地站在党和人民的立场上，紧跟时代步伐，不断提升自我，在追求中国梦的征程中砥砺前行，不负青春韶华。在探讨当代青年的特征时，习近平总书记从发展与辩证的视角进行了深刻剖析，这对于国家未来的发展战略具有重要意义。他强调，青年群体最具创造力，但同时也最具不确定性。当前，我国已迈入社会主义新时代，青年一代面临着前所未有的挑战与机遇，其价值观易受到多元思想的冲击。然而，在社会主义建设的伟大征程中，青年群体发挥着举足轻重的作用，他们承载着国家发展的希望，肩负着历史的使命与责任，对我国未来的走向具有深远的影响。因此，我们必须高度重视青年思想政治教育，特别是青年德育，共同推动青年德育工作的深入开展。

（二）维护自由、平等、公正、法治的社会

马克思郑重强调，任何阶级均应当享有自由的权利，此乃自然人固有的天赋权益，也是共产主义社会的终极目标所在。中国矢志不渝地发展生产力，通过物质资源的累积，不断满足民众的物质与精神需求，旨在实现这一崇高的社会理想。平等作为在保障他人合法权益的前提下形成的基本原则，它作为一项基本法律权利，深刻体现了社会主义的核心理念，既包含物质层面的平等，也涵盖精神层面的平等。当前阶段所指的平等并非绝对的等同，而是基于按劳分配原则下的相对均衡状态。公正即公平正义，是通过权利的公平、规则的公平以及机会的公平共同构建的社会体系所展现的，这需要政府在其中发挥公正裁决的职能，以正面的社会力量推动社会主义主流价值的形成。法治则是国家治理的基石，是我们实现制度化管理的重要手段，它涵

盖了科学立法、严格执法、公正司法、全民守法的全面要求。

道德水准的优劣是衡量国家、社会及个人发展的重要标尺。青年作为国家与社会的中流砥柱，其思想道德素质及其发展态势对于塑造社会的道德风尚具有显著的示范效应，进而对党和国家的未来发展轨迹产生深远影响。因此，加强青年德育教育，提升国民的综合素质与精神风貌，显得尤为重要。青年的精神风貌实则为国家文明素养的直观展现。当前，我国正处于发展的战略机遇期，当代青年肩负着推动历史前行的重大使命。他们的道德认知、情感倾向及道德实践，对于构筑全社会的价值观基石和促进道德建设的全面进步具有不可或缺的作用。无论是道德行为的践履、情感认知的深化还是基本思想修养的提升，都是青年必须长期关注和不断努力的方向。习近平总书记曾明确指出，青年一代是实现中华民族伟大复兴中国梦的中坚力量，是推动社会现代化进程的重要实践者与引领者。他进一步指出："青年应从自身做起，将正确的价值理念内化于心、外化于行，并带动整个社会共同践行。"[1]这确切地表明个人的道德素质是青年建立优秀精神面貌的基础，提升社会责任感，以及积极推崇和实践社会正能量，对青年的全面发展具有决定性的影响。同时，提倡和践行良好的社会风尚至关重要。

（三）培育爱国、敬业、诚信、友善的公民

习近平总书记关于爱国、敬业、诚信的论述，深刻揭示了这些价值观在当代社会的重要性和深远意义，特别是对于当代青年的成长和发展具有重要的指导作用。首先，关于爱国，习近平总书记强调要从学习爱国主义精神开始，这是对青年一代的殷切期望。爱国主义精神是中华民族的精神核心，是推动国家发展、民族振兴的强大动力。通过加强爱国主义教育，可以增强当代青年的国家意识、民族自豪感和责任感，激励他们为实现中华民族伟大复兴的中国梦贡献青春力量。其次，关于敬业，习近平总书记指出这是每个青年都应当具备的职业道德要求。敬业不仅是对工作的一种尊重和热爱，更是

---

[1] 习近平谈治国理政：第1卷[M]. 北京：外文出版社，2014：172.

一种人生态度和价值追求。在当今社会，青年一代面临着激烈的竞争和多元的选择，只有具备敬业精神，才能在职场上立足并取得成功。同时，敬业也是推动社会进步和发展的重要力量，只有每个人都尽心尽力地做好自己的工作，才能共同推动社会的进步和发展。最后，关于诚信，习近平总书记强调这是自古以来就备受推崇的优良美德。诚信是人际交往的基石，是社会和谐稳定的保障。在当今社会，诚信缺失已经成为一个不容忽视的问题，加强诚信教育和诚信制度建设显得尤为重要。通过强化诚信教育，可以培养当代青年的诚信意识和道德观念；通过完善诚信制度，可以规范社会行为，维护社会公平正义。同时，诚信友善也是建立良好人际关系的重要前提，只有以诚待人、友善相处，才能促进社会和谐、家庭和睦。

三、以中国精神为主题的精神支柱教育

作为一个伟大的国家和民族，坚定的梦想是其前行的动力。我国所怀抱的最大梦想，即复兴梦，正是建立在坚实的中国精神之上。中国精神融合了爱国精神和创新精神，构成了实现这一梦想不可或缺的基石。通过培育和弘扬中国精神，我们不仅能够增强整个中华民族的凝聚力，还能够激发每一位中国国民的文化自信。中国精神不仅是兴国之魂，更是青年德育的坚实支撑。在任何时刻，我们都应当坚守和传承这一宝贵的精神财富，而青年一代更是其传承和发扬的重要力量。因此，我们必须确保中国精神代代相传，不断焕发出新的生机与活力。

（一）民族精神是青年德育的沃壤

习近平总书记郑重指出，中华文明乃是民众历经千辛万苦、持之以恒之奋斗所铸就，其深远影响渗透于当代人的价值观之中。伟大的民族精神实乃中华民族长期思想文化之积淀与演进，这些崇高的精神理念源于中华儿女的共同智慧与创造，也需由他们代代相传，发扬光大。

中华优秀传统文化与高校德育教育的融合与创新研究

1. 发扬伟大创造精神

数千年的中华文明，其辉煌成就源于历代华夏子孙的不懈努力和持续创新。在这悠久的历史进程中，我们的民族不仅展示了非凡的创造力，还孕育了众多引人注目的历史壮举。当前，我国正处在现代化建设的关键时期，唯有坚定地秉持人才培育、创新驱动和以发展为根本的原则，才能实现将中国建设为现代化强国的宏大愿景。[1]我国正坚定不移地推动产业结构的优化升级，致力于实现从"中国制造"到"中国创造"的飞跃。面对当前国际竞争日趋激烈的态势，唯有深化改革、不断推动发展，方能赢得更多的竞争优势。作为社会建设的中坚力量，青年一代承载着推动时代创新发展的重大使命。创新创造的核心在于挖掘和释放个体的潜力与价值，这不仅是青年群体最鲜明的时代印记，更是他们追求创造力和创新性的目标所在。习近平总书记曾强调，机遇永远青睐有准备的人，而停滞不前者终将错失良机。创新创造已成为当今时代的主流发展趋势，各国均将培养创新型人才作为重要任务。因此，中国当代青年应顺应全球创新创造的发展大势，勇于挑战自我，持续追求卓越，敢于成为引领时代潮流的先锋。他们应树立坚定的价值观，肩负起民族和国家的崇高使命，在充满创造活力的世界中砥砺前行，在变革的浪潮中保持坚定，与世界共进步，共创辉煌未来。

创新与创造本质上源于内在的动力，当代青年应不断弘扬并深化这一重要特质。在国家发展的广阔背景下，青年应增强创新思维，塑造宏观视野和前瞻性，视推动革新为终身责任。创新要求在已有的基础上寻求进步和超越，这一过程必然伴随着挑战和困难。因此，中国青年需坚决树立无畏艰难的信念，果断投身于创新与创造的实践中。面对各种复杂问题，"要用逢山开路、遇河架桥的意志，为创新创造百折不挠、勇往直前。"[2]青少年必须以坚定不移的决心来战胜创新道路上的挑战，不断维系和激发创新的活力。同时，应积极参与全球范围内的青年团体的思想对话，实现互学互鉴，互补不足，从而为塑造新一代青年的创新精神营造有利的环境。此外，中国青年应

---

[1] "三个第一"为建设社会主义现代化强国指明方向[N]. 经济日报，2018-03-09.
[2] 十八大以来重要文献选编（上）[M]. 北京：中央文献出版社，2014：279.

第二章 高校德育教育概述

强化与全球各国青年的交流互动,通过思维的交锋催生创新与创造的火花。

2.发扬伟大奋斗精神

"广大青年要培养奋斗精神,做到理想坚定,信念执着,不怕困难,勇于开拓,顽强拼搏,永不气馁。"[1]中华民族的深厚传统文化对华夏儿女的精神特质形成了深远影响。其中,艰苦奋斗被视为中华民族的崇高美德,它铸就了人民坚忍不拔、勇往直前的品格特质。历经世事变迁,中华民族从困苦中奋起,实现了从贫弱到国泰民安的壮丽蜕变,这一历程凝聚了历代人民的持续奋斗与不懈努力。美好的生活源于个人的持续奋斗,青年群体正置身于挥洒汗水、砥砺前行的关键阶段,应倍加珍视光阴,脚踏实地,将宏伟的理想化为实际行动,以坚毅不屈的拼搏精神,共同擘画未来的辉煌篇章。

当前,我国正处于改革与转型的关键时期,青年一代肩负着重要的历史使命。他们应当保持定力,坚守初心,坚决抵御不良社会风气的侵蚀。国家的发展离不开众多优秀人才的基层奉献,因此我国青年应以坚韧不拔的毅力,无论在哪个领域,都应坚持"哪里需要,哪里扎根"的原则,从基层做起,勇克艰苦环境,以踏实肯干的姿态,用对祖国的深厚情感回馈国家的培养。

随着时代的进步与发展,当代青年不仅被期待展现出艰苦奋斗的精神,更需发挥创造力与创新能力。习近平总书记已向广大青年明确指出,当代中国青年正处于实现中华民族伟大复兴的中国梦的伟大征程中,这既是人生难得的机遇,也是人生宝贵的际遇。当前,我国正处于稳定发展的阶段,为当代青年提供了优越的生活环境和丰富的发展机遇。因此,青年一代应当紧紧把握这一历史机遇,脚踏实地,不断磨砺与提升自我,坚定信念,以实现个人价值与社会价值的共同提升。

3.发扬伟大团结精神

团结精神始终是我国社会主义核心价值观的核心理念,它作为中华民族

---

[1] 习近平在北京大学师生座谈会上的讲话[N]. 人民日报,2018-05-03(02).

传统美德的瑰宝，对于构建和谐社会具有不可或缺的作用。自我国改革开放以来，取得的举世瞩目成就，无不源于全国人民的共同努力和不懈奋斗，这充分凸显了团结精神作为中华民族优秀精神的卓越价值。我们深知凝聚力量、团结协作是推动国家持续向前发展的关键所在。缺乏团结精神的国家，必将导致人心涣散、社会失序。在当前物质条件相对丰富的背景下，我们更应坚定不移地弘扬和发展伟大的团结精神。这需要我们培养理解和包容的胸怀，倾听他人的声音，相互激励与支持。在和谐的社会环境中，万物蓬勃生长，为青年一代提供了广阔的舞台和丰富的机遇。青年们应把握时代脉搏，紧抓机遇，奋勇前行，在追逐梦想的道路上不懈努力。在现实生活中，我们都是梦想的追求者。在这个时代，个人梦想与国家梦想紧密相连，实现中国梦就是实现每个人的梦想和理想。因此，广大青年应具备坚韧不拔、吃苦耐劳的精神品质，在追逐梦想的过程中，始终秉持团结精神，牢记初心使命，以国家利益和人民利益为重，持续奋斗，为实现中华民族的伟大复兴贡献青春力量。

（二）时代精神是青年德育的养分

时代精神作为民族与国家发展的核心精髓，深刻映射出国家历史演进的脉络与民族独特的品质，同时凸显了国家社会风貌与民族精神的核心要义。作为构成中国精神的重要基石，时代精神为中国精神注入了深厚的滋养。在当前时代背景下，青年一代作为积极投身于实现中国梦伟大实践的先锋力量，他们不仅承载着新时代的鲜明风采，更是中国时代精神的直接传承者与实践者。因此，青年的德育培育工作，必须紧密围绕时代精神的引领与支持，以确保其健康、有序、有效地进行。

1.培育青年的创业精神

培育创业精神是当代精神特质的关键构成，时代进步为青年道德教育奠定了必要的基础。广大青年应把握这一时代特征，主动塑造创业精神，以此为目标来追求和实现个人的愿景。习近平总书记曾强调："青年是社会中最具活力和创造力的群体，应走在创新创造的前列。"①青年人的青春阶段应当充满无憾，他们应当珍视每一刻，积极积累知识和技能，以适应时代的快速发展，持续强化自身的价值观。我国的现代青年在塑造创业精神时，应保持实事求是、稳健务实的立场，从日常生活的各个方面着手，采取积极行动，将推动国家和社会的整体进步视为己任。青年应以本职工作为基石，全力以赴地执行每一项任务。同时，应从小事做起，通过持续地努力，不断自我提升，以实现个人的价值。他们需要具备应对挑战的坚韧和毅力，不惧艰难的环境，选择在基层和一线地区锻炼自我，以突破困境，增强实际操作能力。此外，青年还应勇于奋斗，不怕失败，利用丰富的社会经验进行自我反思，寻找新的路径，勇于创新创业，开辟属于自己的广阔天地。在这个过程中，青年自身的角色至关重要，他们是创新创业的主力军。只有在巩固创业基础的同时，不断提高文化素养和业务能力，以坚定的创业决心克服创业中遇到的困难和挑战，才能更有效地提升创业效能，为国家和社会的昌盛发展注入青春活力。

2.培育青年的创新精神

青年群体，作为国家未来的支柱与民族希望的承载者，其蕴含的创新精神与实践能力，是国家创新体系不可或缺的核心动力。习近平总书记深刻洞察到这一点，他强调，在培养青年科技人才的过程中，必须遵循人才成长的自然法则与科研活动的内在逻辑，确保每位青年都能在其擅长的领域内茁壮成长。这要求我们不仅要提供专业技能的深度培训，更要激发他们的创新思维，使他们成为引领科技进步的先锋。同时，习近平总书记指出："强化创新能力，坚持贯彻创新理念，在自主创新道路上坚定不移地走下去。"②青年一代应当肩负起这一历史使命，勇于探索未知，敢于挑战现状，以不懈的努力和坚定的信念，在自主创新的道路上不断前行。他们应当时刻保持一颗创新的心，敏锐捕捉时代赋予的机遇，用智慧和汗水书写属于自己的辉煌篇章。习近平总书记的寄语激励着每一位青年：无论身处何种环境，都要坚定

① 习近平谈治国理政：第3卷[M].北京：外文出版社，2020：336.
② 习近平谈治国理政：第3卷[M].北京：外文出版社，2020：248.

对未来的信心，相信自己的潜力与价值。只有这样，才能在人生的道路上不断磨砺自己，培育出更加坚韧不拔的创新精神，为国家的繁荣富强贡献自己的青春与智慧。

3.培育青年的工匠精神

在青年德育的塑造过程中，培养青年的工匠精神具有不可或缺的重要性。广大青年应主动将个人的青春热情投身于国家发展之中，运用自身丰富的理论知识，为实现中华民族的伟大复兴贡献青春力量。青年时期作为人生最为宝贵的阶段，应科学规划时间，积极投身于创新创业的浪潮中，以不懈的努力和辛勤的汗水，铸就个人发展的美好未来。对于乡村青年而言，他们应当积极投身于农业现代化建设的进程，全力支持并积极参与乡村振兴政策的实施，以实际行动助力乡村振兴，展现青年的责任和担当。企业青年应主动承担各类工作任务，充分发挥自身的创新能力，推动产业结构的优化升级。科研青年应持续投入科研活动，攻坚克难，解决制约我国发展的科研难题，推动科学技术的不断进步。机关青年则需不断提升服务社会和人民的能力，切实履行好为人民服务的职责，以实际行动践行"人民公仆"的宗旨。此外，青年应积极投身社会实践，将所学理论知识与实际工作相结合，充分发挥社会作为青年成长的第二课堂作用，不断拓宽视野，积累宝贵的社会经验。同时，高校青年也应积极参与山区支教、志愿者活动等社会服务，将知识传递给更多需要的人，展现高校青年服务社会的风采和决心，同时提升我国整体的文化水平，彰显高校青年报效祖国的崇高情怀。

四、以"三观"为主题的思想教育

习近平总书记深刻指出："抓住青少年价值观形成的关键时期，就是引导青少年扣好人生第一粒扣子。"[①]在青少年成长的漫长道路中，价值观的塑造占据着举足轻重的地位，对于塑造其世界观、价值观和人生观具有决定性

---

① 习近平谈治国理政：第3卷[M]. 北京：外文出版社，2020：313.

的意义。因此，在青年德育的培养进程中，确立正确的世界观、价值观和人生观显得尤为重要。青年应当从自我做起，从细节之处入手，积极构建健康向上的三观体系，并以此为基础，持续为实现中华民族伟大复兴的中国梦贡献青春的智慧与力量。

（一）世界观是青年德育的根本所在

狭义的世界观侧重于探究基础性的哲学问题，而广义的观念则包括对个体与社会之间复杂关系的透彻理解。世界观本质上是个体在特定的自然和社会环境中所形成的认知框架。其理解的过程需要对这些关系有深刻且精确的洞察力。青年人的认知发展要求他们从形式逻辑过渡到辩证思维，以剖析各种联系的本质，揭示隐藏在表象之下的真理，从而构建出准确的理解框架。因此，培养青年人的世界观就是促进他们形成一种能够正确解读世界的辩证视角。在社会中，青年人接触并吸收多元的知识，随着社会经验的积累，他们会从辩证的角度更深入地探索人与世界的关系。通过辨别和评估价值观念的正确性，他们能建立起健康的信念体系，这将进一步引导他们走向正确的人生道路。因此，青年人世界观的形成与其社会化的进程紧密相连，正确的世界观对于他们形成对社会发展准确理解的能力至关重要。然而，青年世界观的构建主要源于自我意识的不断成熟，同时，这种世界观又反过来促进青年人自我意识的平衡发展，激发他们积极参与社会，通过构建自我社会观，形成正确的理论导向和实践检验，他们在持续的思考和分析中不断走向成熟。

（二）价值观是青年德育的灵魂所在

首先，我们应当矢志不渝地致力于培育契合社会需求的道德品质。德育工作的核心在于满足个体在思想道德品质上的内在需求，进而培育个体的内在道德修养。德育教育应聚焦于青年群体，以社会价值观为导向，因为价值观不仅是个人全面发展的基石，更是社会规范个体行为、指引发展方向的重要参照。个人只有在树立正确的价值观基础上，方能实现健康、良性的发展。习近平总书记曾深刻指出,理想信念如同人生的总开关,是系统问题的核心所在。而正确价值观的树立则是决定这一总开关的关键因素。

其次,我们必须积极培养符合社会需求的人才。作为具有独特理性的生物,青年德育工作的目标应聚焦于现实生活中的每一个个体,引导他们深刻认识德育的价值,促使他们的人生在有意义、有价值的道路上与国家、民族的伟大复兴紧密相连,成为国家的未来和希望。在当前社会转型的关键阶段,面对外来文化的冲击,青年的价值观正面临严峻考验。因此,我们需要在复杂多变的社会环境中,引导青年深入思考、冷静应对,激发他们的潜能,树立符合社会需求的正确价值观,以实现个人价值。

最后,我们应当着重培育青年的理想信念。理想是青年奋斗的不竭动力,只有拥有坚定的理想,青年才能勇往直前、奋力拼搏。习近平总书记在青年价值观培养过程中,特别强调了理想的重要性。理想的实现需要个人的持之以恒和不懈努力,因为人只有依靠理想才能勇往直前,否则将失去生活的意义。作为青年成长道路上的指引灯塔,理想融合了社会理想与个人理想,每个人都应为实现理想贡献自己的力量。因此,树立正确的社会价值观是确保个人理想与社会理想共同朝着正确方向发展的关键所在。

(三) 人生观是青年德育的必备条件

广大青年应坚定不移地确立并坚守个人的信念与理想,明确其发展方向,并持之以恒地为之奋斗。理想应成为青年人生目标的基石,引领其个人成长与发展的方向。缺乏理想与信念将使当代青年失去精神支柱,因此构建远大的理想抱负和明确的人生目标,是青年实现自我发展的基石。中国梦,作为全中国人民的共同追求,当代青年应始终将其作为崇高的奋斗目标。中国特色社会主义道路是我们党艰辛探索得出的实现中国梦的正确道路,因此中国青年应始终坚守此道路,作为工作和生活的精神支柱,并基于此设定人生理想和目标,通过不懈地奋斗与努力,实现这些目标。

青年应秉持严肃和端正的人生态度。理想的实现需要坚实的步伐,而非轻易可得,它要求青年通过艰苦的奋斗和不懈的努力去争取。因此,青年应端正态度,脚踏实地,为实现自己的理想而奋发向前。我们的国家和民族之所以能从贫弱走向繁荣，正是依靠了一代又一代人的不懈努力和顽强拼搏，也离不开中华民族不屈不挠的奋斗精神。梦想虽遥远，但实现梦想的起点却始于脚下。因此，广大青年应展现锲而不舍的精神，端正态度，为实现自己的理想而付出辛勤的努力。

五、以"三德"为主题的道德教育

德育在青年教育中占据核心地位，是构建完整人格、稳固社会根基的关键。青年的品德塑造应包含对国家的崇高责任、对社会的公正原则以及对个人的自我修养，通过深化道德教育来引导青年明确生活目标，坚定地在社会中立足，以此实现个人的价值实现。道德品质的强弱直接影响着国家的兴衰、社会的进步以及个人的成长轨迹。作为社会的新鲜血液，青年的思想道德素质及其发展状况对整体社会道德风气产生显著影响，并对党和国家的未来产生深远影响。因此，我们必须高度重视青年德育教育工作，以提升国家的整体素质和精神风貌。习近平总书记强调："一个人只有明大德、守公德、严私德，方能才尽其用。"[1]青年能否成为国家之栋梁，其根本在于其品德修养的锤炼，特别是道德认知与践行能力的塑造。青年一代应当深切体会大德的价值，坚守公德的基本准则，以严格自律为私德的保障。他们的道德认知深度、情感认同的坚定及道德行为的表率性，将对社会道德的发展方向及价值观的构建产生深远影响。习近平总书记明确指出青年是民族的未来寄托，社会的坚实支柱。青年个人的修养至关重要，应以积极正面的精神风貌和坚定的社会责任感投身于时代潮流，自觉担当起弘扬社会正能量的重任，积极倡导并践行优良的社会风尚。

---

[1] 习近平谈治国理政：第1卷[M]. 北京：外文出版社，2014：173.

（一）培养青年明国家大德

道德建设是国家稳固与民族振兴的基石。国无德则不立，道德不仅是国家实现可持续发展的根本保障，也是民族屹立于世界舞台的核心力量。道德作为国家发展和民族振兴的重要标志，其培育与传承显得尤为重要。而青年一代作为推动国家进步与民族复兴的中坚力量，更需牢固树立大德思想。习近平总书记指出："爱国主义是社会主义核心价值观中最本质也是最核心的内容。"[1]在此社会主义核心价值观的引领下，青年一代的大德集中体现为对祖国的深情厚爱，对民族未来的责任担当，以及为国家繁荣富强、社会和谐稳定所做出的积极贡献。这种大德不仅是对个人品德的锤炼，更是对国家和民族命运的高度认同与责任担当。从国家层面来看，社会主义核心价值观明确提出了"富强、民主、文明、和谐"的奋斗目标。这一目标的实现离不开每一位青年对国家的忠诚与热爱，对民族命运的深切关注与责任担当。此外，习近平总书记还强调明大德就要有坚定的信仰。中华民族历史悠久，信仰坚定，我们的信仰就是坚持社会主义道路。作为中华民族的新生力量，青年一代更应坚定信仰，以实际行动践行社会主义核心价值观，为实现中华民族伟大复兴的中国梦贡献青春力量。

习近平总书记明确指出，明大德的核心在于确立个人坚定的社会理想信念，这一理想信念是衡量其道德水准的重要标杆。他着重强调，自改革开放以来，民族复兴始终是我国发展的核心追求与终极目标。他进一步指出，国家的繁荣稳定是支撑个人发展的坚实基石，因此民族复兴的伟大征程不仅依赖于国家的整体力量，更是凝聚了中华民族和全体人民的共同梦想与期盼。他鼓励当代青年要怀揣个人梦想，坚信机遇平等，深刻理解努力与成功之间的必然联系，只有持续不懈地奋斗，个人才能不断接近并实现自己的梦想。同时，为实现中国梦，我们需要广泛提升全民的参与度和宣传力度，引导广大人民群众特别是青年一代，自觉接受并秉持崇高理想，坚定信念，不断增

---

[1] 习近平主持中共中央政治局第二十九次集体学习[EB/OL]. http://cpc.people.com.cn/n1/2015/1230/c64094-27996756.html，2015-12-30.

强民族认同感和国家自豪感，共同为国家、社会以及个人的发展而不懈奋斗。青年一代应将个人的理想与社会主义现代化建设的伟大实践紧密结合，为实现中华民族伟大复兴的中国梦贡献青春力量。

此外，习近平总书记还强调明大德意味着要明辨大是大非，始终忠诚于国家和人民。他特别指出，各级党员干部必须牢固树立全心全意为人民服务的根本宗旨。然而，面对社会的快速发展和外来思想的冲击，新时代青年在国家观念和国民身份认同上确实存在不足。因此，青年一代应着力提高明辨是非的能力，深化国家观念的培养。特别是在涉及国家根本利益和重大原则的问题上，青年一代应旗帜鲜明，坚定不移地践行全心全意为人民服务的宗旨，始终保持坚定的政治立场和清醒的政治头脑。

（二）培养青年守社会公德

社会公德作为衡量社会思想素养和道德品质的普遍尺度，对于青年一代的培育具有举足轻重的意义。习近平总书记所倡导的"自由、平等、公正、法治"八字方针不仅体现了社会主义核心价值观的基本要求，更是国家文明进步与时俱进的显著标志，深刻揭示了当代社会的核心价值追求。在迈向社会主义和谐社会的伟大征程中，社会公德构筑了不可或缺的精神基石。

党的十九大明确指出，民法普及工作是当前必须坚定不移推进的重要任务，它是法治社会建设的基础工程。在全面加强法律普及的过程中，我们不仅要注重法治内容的强化，更要抓紧实施法治教育，这是德育教育工作的重要一环。法治理念必须深入人心，只有每一位公民的法治意识得到显著提升，才能从根本上塑造全社会的良好风尚。

习近平总书记强调全民法治教育是一项长期且艰巨的任务。因此，我们必须有条不紊、持之以恒地推进全民普法活动，以此树立法律的崇高权威，培育公民坚定的法律意识，将法律精神内化于心、外化于行，使法律成为公民日常行为的准则。在青年一代的工作中，自觉践行法治精神，并积极深入群众开展法治宣传教育活动，具有特殊重要的意义。青年应当借助人民群众喜闻乐见的形式，如新媒体节目、社区法治竞赛等，激发民众学习法律的热情，提升法律意识。同时，以强化国民公德为核心，引导国民树立正确的价值观念，对于损害公共利益的行为，青年应当勇于监督、敢于直言。此外，弘扬公正与平等的价值观念，营造平等公正公开的法治环境，也是青年一代肩负的重要使命。

（三）培养青年严公民私德

个人行为深受私德之深刻影响，其中，尽忠职守与与人为善乃私德之坚实基石。道德建设作为社会建设之核心要素，必须持续加强思想品德、职业修养、社会公德以及传统美德的构建工作。习近平总书记对个人品德的培养给予了高度关注，特别是针对青年一代，提出了明确的要求和期望。他强调："党的领导作用应得到充分发挥，倡导全民参与道德建设，通过机制构建、文化宣传、舆论引导等手段，助力民众树立正确的价值观念，进而转化为自觉行动。"[①]

由此可见，习近平总书记对个人品德培养的重要性有着深邃的洞察。因此，全社会应当凝聚共识，协同发力，通过教育途径，如利用媒体广泛传播核心价值观念，使之成为民众的精神寄托，并引导民众将其转化为自觉行动。

在个人层面，习近平总书记强调青年应不断锤炼自我，培育崇高品德，弘扬与传承中华优秀传统文化，积极投身社会建设，以实际行动贡献社会，成为新时代的有为青年。在职业道德教育领域，他提出广大青年教师需引导学生正确认知中国和世界，加强思想政治教育，不断提升专业素养，为学生树立典范，以期全面提高学生的综合素养，实现全面发展。

在家庭方面，习近平总书记指出应持续强化家风建设，因为家庭是国家繁荣、社会和谐以及民族振兴的基石，是思想政治教育的前沿阵地，也是社会的重要组成部分，社会风气的塑造与家庭紧密相连。个人品德作为社会道

---

① 习近平. 决胜全面建成小康社会夺取新时代中国特色社会主义伟大胜利——在中国共产党第十九次全国代表大会上的报告[M]. 北京：人民出版社，2017：125.

德体系的基石,其培育对于提升社会公德具有举足轻重的意义。鉴于青年人的思想观念深受家庭影响,构建良好的家风同样是德育工作的核心环节,对于构建健康的社会道德秩序具有深远的现实意义。

六、以法治观念为主题的法治意识教育

我国始终秉持法治作为治国的根本,法治构成了社会管理的基石,同时也是指导青年行为的重要准则。中华民族的复兴和社会主义的全面发展,均离不开法治的强有力支撑。青年应树立坚定的法治观念,遵循法治精神开展各项活动,以确保其行为对国家和社会的持续进步产生积极的推动作用。

(一)培育青年的法治意识

中国特色社会主义的稳健发展,法治作为其不可或缺的基石,始终贯穿于其全过程,依法治国更是其根本要求和关键保障。法治国家的建设不仅对于维护国家长治久安具有决定性意义,更是保障人民群众过上幸福生活的重要基石。因此,近年来,我国政府对法治建设的重视程度前所未有,坚持德治为本、法治为纲,积极致力于提升民众的法治素养。

在这一背景下,习近平总书记高度重视青年群体的法治观念普及,强调培养他们依法维护社会秩序的思维方式,以此不断深化青年的法治意识。党的十八届四中全会对依法治国的战略部署进行了明确和深化,要求加大普法力度,全面提升法治意识,持续推进法治的构建与完善。

习近平总书记全面分析了青年的发展特征,站在党和国家发展的战略高度,提出了将法治教育融入青年德育工作的新理念。青年作为社会的未来和希望,应当深入学习法律、严格遵守法律、积极捍卫法律,这是每一个社会成员都应具备的基本法治素养。

（二）培育青年的法治素养

法治素养的培育必须根植于青少年从小的优质教育之中。习近平总书记强调："针对教育问题，我们必须坚定不移地推进法治教育，从学前教育阶段即着手法治教育工作，持续完善精神文明体系，深化青少年对法治的理解，切实增强其规则意识。"[1]在当前的新时代环境中，提升青年的法治素质显得至关重要。青年作为国家未来发展的关键力量，同时也是社会主义建设的关键角色。他们的法治素质直接影响着未来社会公民的法治水平和规则意识。因此，加强青年的法治教育，提升其规则意识，是青年法治教育的根本任务。我们必须确保法治观念在青年心中深深植根，使其成为他们人生旅途中的重要财富。如果青年群体缺乏足够的法治素养和正确的规则意识，将严重制约他们的全面发展。法治素养应贯穿于青年生活的各个方面，如同国家有法律、家庭有规矩，企业需遵循规章制度，学校应遵守校规校纪。在培养青年法治素养的过程中，我们需要逐步推进，从遵守家规校规开始，逐渐培养他们遵守社会规范和法律法规的习惯。唯有坚定的规则意识和正确的法治素养，青年才能真正尊重并遵守规章制度，遵纪守法，共同营造和谐美好的社会秩序。

（三）培育青年的法治思维

法治思维指的是个体在日常生活与工作中，对法律法规的精准理解与有效运用，以及善于以法治思维、法律知识和法律手段为导向，对各类问题进行深入洞察、科学分析与妥善处理。从根本上看，法治建设是建立在德治基石之上的，二者相辅相成，共同促进法治社会的繁荣与进步。然而，随着时代的变迁和西方文化的冲击，加之青年群体自身存在的一些问题，他们在运用法律手段解决问题与保护自身权益方面的意识明显不足。因此，当代青年应积极培养融合法治与德治的法治思维。在面对自身或他人权益问题时，青

---

[1] 习近平. 加快建设社会主义法治国家[EB/OL]. http://theory.people.com.cn/n/2015/0105/c83846-26323829.html，2014-10-23.

年应以法律为判断标准，自觉采用法律手段与方法解决问题，从而成为遵法守法、德法兼备的现代公民。

在2017年5月4日五四青年节之际，习近平总书记深刻指出，青年时期是人生中最宝贵的阶段，如同园林中树木繁盛的盛期，更是培养科学思维与方法的关键时期。当前，社会矛盾日益凸显，利益观念呈现多元化，这对青年处理问题的能力提出了更高要求。青年唯有熟练掌握法治思维与问题处理方法，方能有效化解社会矛盾，维护社会稳定，推动社会向前发展。青年法治教育工作应聚焦于法治思维与法治能力的强化培养。单纯具备法治素养而缺乏法治思维，将对我国法治建设的深入发展构成制约。当前，应以习近平法治思想为指导，广泛宣传并深入培养青年的法治思维，帮助他们树立遵纪守法的社会观念，引导他们在面对问题时能够主动寻求法律途径解决，从而推动我国法治建设水平不断迈上新台阶。

第四节　新时代高校德育教育的基本特征与时代价值

党的十八大以来，习近平总书记高度重视并深刻推进了我国新时代的德育建设，这一举措不仅是对马克思主义德育观的继承与发展，更是深深植根于中华优秀传统文化的沃土之中。他站在国内外发展的广阔视野上，以非凡的理论勇气和政治智慧，精准把握了时代脉搏和实践需求，同时也敏锐捕捉到了人民群众对于德育工作的新期待。在这一背景下，习近平总书记提出了一系列关于德育的新思想、新观点和新论断，这些理论成果全面而深刻地阐述了德育在新时代的重要地位、明确的目标指向、丰富的内容体系以及创新的方法路径，从而构建起了一个内涵丰富、逻辑严密、系统完整的科学理论体系——新时代德育观。这一德育观具有鲜明的时代特征。它紧密结合新时代中国特色社会主义的伟大实践，将德育工作置于实现中华民族伟大复兴中国梦的战略高度来审视和推动，体现了强烈的时代责任感和使命感。同时，它也积极回应了全球化、信息化等时代背景下对德育工作提出的新挑战和新要求，展现了开放包容、与时俱进的鲜明特色。更为重要的是，新时代德育观具有重大的时代价值。它不仅为新时代德育工作指明了方向、提供了根本遵循，也为培养担当民族复兴大任的时代新人、推动社会全面进步和人的全面发展提供了强大的精神动力和道德支撑。在这一德育观的引领下，我国德育工作将不断焕发新的生机与活力，为实现中华民族伟大复兴的中国梦注入更加坚实的道德力量。

一、新时代高校德育教育的基本特征

新时代德育观作为新时代指导我国德育建设的科学理论，确实展现了鲜明的新时代中国特色，并可以概括出四个基本特征——鲜明的意识形态性、强大的思想引领性、高度的时代耦合性以及系统的内在统一性，这四大特征共同构成了其科学严谨的理论架构和实践指导价值。

（一）鲜明的意识形态性

所谓意识形态性，是指根植于特定经济基础之上，鲜明体现某一阶级或社会集团利益诉求与思想观念的特性。新时代德育观的焦点直接或间接映射了无产阶级的观念意志与利益追求，因而自然蕴含着鲜明的意识形态性烙印。这一意识形态性不仅是一个科学的范畴，更在新时代的国家构建、社会治理及个人成长中日益凸显其重要性。

（二）强大的思想引领力

新时代德育观以其深邃的洞察力和强大的思想引领性，为国民道德建设树立了新的标杆。这一德育观不仅关乎个体的品德塑造与成长轨迹，更深刻

第二章 高校德育教育概述

影响着社会的和谐稳定、国家的繁荣昌盛以及民族的伟大复兴。同样地,一个国家和民族之所以充满希望与未来,正是因为其民众普遍拥有并践行崇高的道德观念;同样,一个人或一个社会能够展现出高素质与持续进步,也离不开崇高道德观的滋养与引导。

习近平总书记关于新时代德育教育的阐述充分体现了其作为时代精神灯塔的引领作用。马克思主义理论教育作为德育的基石,通过深入人心的理论武装,帮助人们构建起科学的世界观、人生观和价值观,确保思想航向的正确无误。共产主义理想信念教育则如同精神灯塔,照亮前行的道路,激发人们对美好未来的坚定信念,为国家和社会的发展注入不竭动力。社会主义核心价值观教育作为新时代的"大德"教育,不仅凝聚了国家、社会、个人三个层面的价值共识,更以其强大的思想引领力,引导全社会形成积极向上的道德风尚。同时,中华传统美德教育在传承与创新中焕发新生,既保留了传统文化的精髓,又赋予了新的时代意义,提升了人们的道德境界和文明素养。中国革命道德教育和社会主义先进道德教育则分别从历史传承和时代要求两个维度出发,弘扬了革命先辈们的光辉精神和高尚品质,强调了全心全意为人民服务和集体主义原则的重要性。这些教育内容相互融合、相互补充,共同构成了新时代德育观的丰富内涵,引领着人们在追求个人梦想的同时,不忘社会责任与民族担当。

(三)高度的时代耦合性

新时代德育观作为时代精神的集中体现,其生命力和价值在于它与时代脉搏的紧密相连和高度契合。正如历史长河中任何璀璨的思想观点一样,新时代德育观也是在不断变化的时代与实践的土壤中孕育和成长的。它深刻把握了时代的主题与历史的任务,紧密贴合了国家的发展需要和人民的深切期盼,是新时代背景下德育理论与实践创新的结晶。[1]这一德育观不仅继承了

---

[1] 习近平.青年要自觉践行社会主义核心价值观——在北京大学师生座谈会上的讲话[N].人民日报,2014-05-05(2).

马克思主义经典作家关于德育的深邃思想，还发展了中国共产党历代领导人关于德育的重要论述，同时汲取了中华优秀传统文化和革命文化中的德育精髓，形成了具有深厚历史底蕴和丰富德育资源的理论体系。这种对历史的尊重和传承，使新时代德育观在继承中创新，在创新中发展，始终保持着与时代发展同频共振的活力。更为重要的是，新时代德育观不是僵化的教条，而是鲜活的实践指南。它紧密关注新时代中国特色社会主义的发展实际，积极回应德育领域面临的新情况、新问题，为新时代条件下我国德育工作的深入推进提供了科学的理论指导和行动方案。这种与时代紧密结合、与实践相互促进的特质，正是新时代德育观高度时代耦合性的生动体现。

（四）系统的内在统一性

习近平总书记在学校思想政治理论课教师座谈会上的重要论述深刻揭示了德育与智育、体育、美育、劳动教育之间的内在联系与统一性，为我们理解新时代教育目标提供了全面而深刻的视角。

首先，德育的独特性在于其根本性和引领性。立德树人是教育的根本任务，德育作为其中的核心环节，不仅关乎个体的道德品质与人格塑造，更是整个教育体系的灵魂和方向。它通过对社会伦理规则的内化，引导个体形成正确的世界观、人生观和价值观，为人的全面发展奠定坚实的道德基础。在这个过程中，德育的独特性体现在它超越了单纯的知识传授或技能训练，直指人心，塑造灵魂，使人在复杂多变的社会环境中保持清醒的头脑和高尚的品德。

其次，德育与其他各育之间的融通性体现了教育的整体性和系统性。在新时代背景下，教育不再是单一维度的培养过程，而是需要德智体美劳全面发展的综合性教育。这五种教育形式相互依存、相互促进，共同构成了一个有机整体。德育作为其中的核心和灵魂，与其他各育之间存在着紧密的联系和互动。例如，智育为德育提供了丰富的知识基础和理性思维能力，有助于个体更好地理解和内化社会伦理规则；体育则通过锻炼身体、增强体质，为德育提供了健康的身心基础；美育通过培养审美能力和创造力，丰富了德育的内涵和形式；劳动教育则通过实践活动，使个体在劳动中体验价值、锤炼品德，实现知行合一。

第二章 高校德育教育概述

二、新时代高校德育教育的时代价值

习近平总书记关于大学生德育的重要论述具有深远的时代价值，不仅在理论上有所创新和发展，还在实践中为大学生道德教育和高校德育工作提供了重要的指导。在理论上，这一论述充实了马克思主义德育理论，体现了中国特色社会主义进入新时代后的德育教育新理念和新要求。它丰富了习近平新时代中国特色社会主义思想，为新时代的大学生德育教育提供了理论基础和行动指南。同时，它也创新了高校思想政治工作理论，强调了德育在高校思想政治教育中的重要地位，提出了新形势下高校德育工作的新任务和新方法。在实践中，习近平总书记关于大学生德育的论述为大学生道德实践指明了方向。大学生作为国家的未来和希望，他们的道德品质直接关系社会的进步和发展。因此，通过加强德育，可以引导他们树立正确的世界观、人生观和价值观，培养他们的社会责任感和公民意识。同时，这一论述也为高校德育工作提供了行动纲领，帮助高校教育工作者更好地理解和把握德育的目标、内容和方法，从而提高德育工作的针对性和实效性。此外，它还促进了新时代的精神文明建设，通过提升大学生的道德素养，推动形成良好的社会风尚和文化氛围。

（一）理论价值

1.充实了马克思主义德育理论

习近平总书记关于大学生德育的重要论述是马克思主义德育理论在新时代背景下既一脉相承又与时俱进的典范。这一论述不仅深刻继承了马克思主义经典作家以及中国共产党历代领导人的德育思想，还紧密结合新时代的特点和要求，进行了创新和发展，极大地充实了马克思主义德育理论的内涵。

首先，习近平总书记关于"立德树人"的论述明确指出了我国教育事业的根本任务和目的，即培养担当民族复兴大任的时代新人。这一论述将立德树人的理念贯穿于教育的各层次、各领域、各环节，强调了全员、全方位、全过程育人的重要性。特别是将思想政治理论课作为落实立德树人根本任务的关键课程，凸显了其在大学生德育中的核心地位。①

其次，习近平总书记提出的"构建德智体美劳全面培养的教育体系"，是对马克思主义德育理论的又一重要发展。这一体系强调了学生综合能力和创新思维的培养，注重学生的身心健康、审美素养和劳动精神。这一论述不仅符合新时代对人才培养的全面要求，也为高校德育工作提供了新的思路和方向。

最后，习近平总书记关于"加强师德师风建设"的论述进一步强调了教师在德育工作中的关键作用。他指出教师是人类灵魂的工程师，必须具备良好的师德师风，才能承担起立德树人的重任。这一论述对广大教师提出了更高的政治信仰、家国情怀、专业素养和人格魅力等方面的要求，为高校教师队伍的建设提供了重要的指导。②

2.丰富了习近平新时代中国特色社会主义思想

习近平新时代中国特色社会主义思想中大学生德育的重要论述，深刻揭示了其在国家发展、社会进步以及青年成长成才中的关键作用。这一论述不仅是对"坚持和发展什么样的中国特色社会主义，如何坚持和发展中国特色社会主义"这一时代课题的凝练回答，也是新时代治国理政新理念、新思想、新战略的重要组成部分。

"九个坚持"的提出为新时代教育工作指明了方向，特别是对大学生德育工作提出了更高要求。它要求我们在教育实践中，始终坚持正确的政治方向和育人导向，努力培养德智体美劳全面发展的社会主义建设者和接班人。同时，习近平总书记强调青年人的理想追求应与中华民族伟大复兴的中国梦紧密结合起来，这一论述激励广大青年大学生将个人梦想融入国家发展大局之中，以实际行动为实现中国梦贡献青春力量。③此外，习近平总书记

---

① 习近平在全国教育大会上强调：坚持中国特色社会主义教育发展道路培养德智体美劳全面发展的社会主义建设者和接班人[N].人民日报，2018-09-11（1）.

② 习近平在全国教育大会上强调：坚持中国特色社会主义教育发展道路培养德智体美劳全面发展的社会主义建设者和接班人[N].人民日报，2018-09-11（1）.

③ 习近平在北京大学师生座谈会上的讲话[M].北京：人民出版社，2018：11.

第二章　高校德育教育概述

关于大学生德育的重要论述还符合中国特色社会主义制度"五位一体"总体布局和"四个全面"战略部署的要求。它强调德育在党凝心聚力、团结带领人民实现中华民族伟大复兴中的重要作用，同时也突出了大学生作为未来民族建设生力军的重要地位。通过将德育与大学生成长成才相结合，可以激发出巨大的创造力和发展潜力，为国家和社会的长远发展提供有力的人才保障。

（二）实践价值

1.为高校德育工作提供行动纲领

高校德育工作长期面临瓶颈，存在一系列亟待解决的问题与困境。首先，当前高校普遍存在重智育轻德育的倾向，学生和学校主要聚焦于专业课程成绩及教学质量，因其对就业具有直接影响。而思政课虽为必修，却常被视作形式，教师与学生之间形成了避免严格要求的默契。其次，理想信念教育不足，改革开放后人才外流现象显著。部分人过分崇尚国外，视留学为移民途径，形成了一种认为国外优于国内的错误观念，导致高端人才流失。再次，校内德育工作主要由少数部门和专职教师负责，且局限于课堂教学。这一现象归因于高校评价体系偏重科研和资金，使一线教师忙于科研、项目申报和论文发表，无暇顾及学生德育。最后，高校育人目标不够清晰，政治站位有待提高。排行榜的多样性导致高校在培养目标上缺乏明确方向，给政治工作带来挑战。

习近平总书记关于大学生德育的重要论述为高等院校的德育实践确立了明确的行动纲领和指导原则。首先，其强调我国教育的核心使命在于"立德树人"，即我们的人才培育目标应当追求"德才兼备，以德为先"的崇高标准。这一论述明确了德育在人才培养中的核心地位，凸显了道德素质对于个体全面发展的重要性。其次，论述还强调了教育的服务宗旨，即"坚持教育为人民服务、为中国共产党治国理政服务、为巩固和发展中国特色社会主义制度服务、为改革开放和社会主义现代化建设服务。"这一宗旨明确了教育工作的方向和目标，要求我们在德育工作中，始终坚持以人民为中心的发展思想，为国家的长治久安和社会主义事业的蓬勃发展提供坚实的人才保障和道德支撑。[①]再次，应"纠正不合理的教育评估导向，彻底消除过度依赖分数、升学率、文凭、论文和头衔的弊端，从根源上解决教育评价的导向问题"[②]。我们致力于整合各类课程与专业，贯穿学生学习的全过程，从课内到课外，从理论到实践，全方位推进育人工作。最后，我们要明确教育的崇高目标，即培养出在德智体美劳各方面全面发展的社会主义建设者和接班人，为高校德育工作确立了行动指南。[③]

2.促进了新时代的精神文明建设

习近平总书记关于大学生德育的深刻阐述构成了新时代精神文明建设的核心内容，显著地推动了新时代精神文明建设的进程。道德建设作为精神文明建设的关键环节，其重要性不言而喻。《新时代公民道德实施纲要》明确指出，学校是公民道德建设的重要前沿阵地，应将立德树人理念贯穿于学校教育的各个环节。同时，纲要也强调了对重点群体的针对性引导，其中青少年群体尤为重要，特别是作为未来国家建设核心力量的大学生群体。此外，习近平总书记亦指出："高校思想政治工作表面看似针对学生，实则深远影响着一代青年的思想观念、价值取向和精神状态。"[④]据此可以得出结论，加强大学生的道德教育工作对推动新时代的精神文明建设具有重大影响。

在抗击新型冠状病毒疫情的最前沿，"90后"及"00后"群体以其坚定的信念和无畏的勇气，塑造了时代的道德典范。2020年春节期间，疫情席卷中国，许多年轻的一代，尽管年纪轻轻，却毅然承担起重任，成为抗疫斗争的中坚力量。他们的青春在奋斗中闪耀，以实际行动展现了青春的亮丽色彩。面对疫情的挑战，广大"90后"和"00后"勇立潮头，敢于担当，积极

[①] 习近平主持召开学校思想政治理论课教师座谈会强调用新时代中国特色会主义思想铸魂育人贯彻党的教育方针落实立德树人根本任务[N]. 人民日报，2019-03-19.

[②] 习近平在全国教育大会上强调：坚持中国特色社会主义教育发展道路培养德智体美劳全面发展的社会主义建设者和接班人[N]. 人民日报，2018-09-11（1）.

[③] 习近平在全国教育大会上强调：坚持中国特色社会主义教育发展道路培养德智体美劳全面发展的社会主义建设者和接班人[N]. 人民日报，2018-09-11（1）.

[④] 习近平在全国高校思想政治工作会议上强调：把思想政治工作贯穿教育教学全过程开创我国高等教育事业发展新局面[N]. 人民日报，2016-12-09.

进取，无私奉献。北京航空航天大学的余汉明同学在寒假期间主动请缨成为志愿者，他表示，"我们是承载希望的一代"。同样，100多万湖北高校的学子在寒假期间，无论线上线下，都竭尽所能为社会贡献力量，他们坚信"团结如一团火，分散如满天星"。在这场无声的战争中，这些在校或已毕业的大学生们，他们将道德认知、道德修养和道德实践紧密结合，传递出强大的正能量。他们以身作则，坚韧不拔，用实际行动向全国人民证明了"青年一代有理想、有本领、有担当，国家就有前途，民族就有希望"的真谛。[①]。

[①] 青年有担当　民族有希望[N]. 人民日报，2017-10-23.

第三章　中华优秀传统文化与高校德育教育融合的坚实基础

　　中华优秀传统文化与高校德育教育的融合不仅有着深厚的历史底蕴，更有着坚实的现实基础。随着时代的发展，高校德育教育越来越注重学生的全面发展和品德培养，而中华优秀传统文化则为此提供了宝贵的资源。一方面，中华优秀传统文化所蕴含的"仁爱""诚信""正义"等核心价值观，与高校德育教育的目标高度契合。这些价值观不仅是中华民族的精神支柱，也是现代社会所需的重要品质。通过学习和传承这些价值观，可以帮助学生树立正确的世界观、人生观和价值观，培养他们的道德情操和社会责任感。另一方面，中华优秀传统文化的传承方式也为高校德育教育提供了有益的借鉴。传统的师徒传承、家族教育等方式注重言传身教、身体力行，这种教育方式对于培养学生的品德和行为习惯具有重要的作用。高校可以将这些传统的教育方式与现代教育手段相结合，通过组织各种形式的实践活动、志愿服务等，让学生在实践中体验和感悟中华优秀传统文化的魅力，从而更加深入地理解和接受德育教育。

第一节 当前中华优秀传统文化与高校德育教育融合的症结所在

一、中华优秀传统文化在大学生德育中的缺失

在璀璨的中华文明长河中,我们拥有着深厚且丰富的传统文化,其中蕴含着诸多宝贵的思想观念、人文精神以及道德规范。这些文化瑰宝是我们民族的根与魂,是推动社会文明进步的不竭动力。然而,随着时代的快速发展,如何在坚守传统文化精髓的同时,结合时代要求进行创新,使之焕发出新的生机与活力,成为摆在我们面前的一项重要课题。

中华优秀传统文化蕴含的思想观念如"仁爱""诚信"等,早已深深烙印在我们的民族精神中。这些思想观念不仅是我们为人处世的基本准则,更是推动社会和谐稳定的重要力量。同时,传统文化中的人文精神,如"以人为本""天人合一"等,强调了对人的尊重与关怀,以及对自然与社会的和谐共处。这些精神理念对于培养大学生的思想政治素质和人文情怀具有重要意义。然而,在当前社会背景下,一些大学生在道德观念方面出现了偏差,甚至出现了道德沦丧的现象。因此,加强传统文化与德育的有机融合,对于提升大学生的道德素质具有至关重要的作用。

(一)大学生缺乏对传统文化与德育关系的正确认识

1.大学生德育缺乏对文化教育的重视

在高等教育的发展历程中,德育始终占据着举足轻重的地位。然而,长

期以来，我国高校的德育体系在结构上却存在着不容忽视的偏失。从课程内容建构的层面来看，政治理论一直占据主导地位，这一点无疑在培养学生的政治觉悟和爱国情怀上起到了关键作用。然而，这种过度强调政治教育的同时却严重忽视了文化内容的融入，尤其是对中国传统文化的深度挖掘和传承。然而，在高校的德育课程中，我们却鲜少见到对中国传统文化相关教育内容的涉及。这种只重视政治教育而忽略文化教育的德育模式，不仅无法全面培养学生的道德品质和人文素养，而且其教育效果也难以持久。正如古人云："教育之道，德为先。"在缺乏文化底蕴的德育中，学生难以真正领会道德的真谛，更难以在实践中践行道德。

近年来，随着国家对优秀传统文化教育的重视，高校德育开始发生了一些变化。一些高校开始尝试在德育课程中融入中国传统文化的元素，通过引导学生学习经典文献、体验传统文化活动等方式，培养学生的道德品质和人文素养。然而，从整体上看，高校德育仍然存在着重政治而轻文化的现象。

2.大学生德育缺乏对思想教育的重视

随着市场经济的迅猛发展，市场竞争日益激烈，这种竞争态势不仅局限于企业之间，甚至已经渗透到高等教育领域。在这种环境下，高校教育为了迎合市场需求，产生了明显的功利性倾向。不少高校在课程设置上过分强调专业技能的培养，将大量的教学资源投入与就业直接相关的专业课程，从而忽略了对大学生文化素养的培育。其中，中国传统文化的教育更是受到了严重忽视。

中国传统文化蕴含着丰富的道德观、价值观，对于培养大学生的道德品质和人文精神至关重要。然而，在现实中，我们却看到一些高校虽然开设了如《大学语文》《中国传统文化概论》等选修课，但这些课程往往被视为"软性课程"，没有得到足够的重视。高校管理者往往将目光聚焦在就业率、科研成果等硬性指标上，而未能真正意识到优秀传统文化教育对于人才培养的长远意义。

事实上，中华优秀传统文化教育的效果并非一蹴而就，它需要长期的积累与沉淀。然而，由于市场经济下高校对眼前利益的追求，这种需要长期投

第三章 中华优秀传统文化与高校德育教育融合的坚实基础

入的教育形式往往难以得到重视。在这样的背景下，高校德育出现了重智不重德、重技能轻思想的趋势。不少大学生在专业技能上表现出色，但在道德品质和人文精神方面却显得尤为欠缺。这种现状不仅影响了大学生的全面发展，也对我国社会的道德风尚产生了不良影响。

（二）大学生缺乏对中国传统文化的正确认识

1.缺乏对中国传统文化价值的深刻认知

在当代中国，尽管我们拥有悠久而丰富的民族文化，但令人遗憾的是，相当一部分民众对于中国民族文化的价值缺乏正确或深入的认识。在全球化的浪潮下，西方文化的冲击如同洪流般汹涌而至，使许多人在面对外来文化的绚烂多彩时，开始对中国传统文化产生怀疑和动摇。这种文化自信的缺失使中国传统文化在民众心中的地位逐渐下降，仅有少数思想家和学者坚守阵地，致力于研究和传承发展中国传统文化。

新中国成立以来，随着社会的迅猛发展和深刻变革，国内外因素交织，对传统文化的传承与发展构成了显著制约。特别是改革开放后，西方文化的涌入加剧了这一态势，导致传统文化在我国民众中的影响力逐渐减弱。20世纪90年代，出现了一个值得深思的现象，即外国学者对中国传统文化的兴趣竟超越了国内民众。他们深入钻研，探索其深邃的哲理和独特魅力，而反观国内，传统典籍却鲜有人问津，这无疑是文化领域的一大遗憾。

在此背景下，越来越多的中国人开始认识到传统文化的价值，并积极挖掘其精髓，推动优秀传统文化的传承与发展。然而，我们仍需正视一个严峻的现实：不少青年在追求物质享受的过程中，忽视了精神建设的重要性，过度沉迷于物质世界，逐渐远离了中华优秀传统文化。与此同时，相较于中国传统文化，他们似乎更易被西方文化吸引，但往往未能深入理解其本质与内涵。更为担忧的是，当代大学生作为社会的新生力量，其对传统文化的态度亦令人忧虑。在"西化"思潮的影响下，他们的价值取向趋于单一化，功利心态成为显著特征。他们不再追求精神层面的丰富和成长，而是更多地关注金钱和权力。他们的偶像不再是伟大的历史人物，而是转向影视明星和富豪；他们的职业追求也不再是科学家、教师、医生等，而是将能够获得更多金钱和权力的职业视为理想。

2.缺乏对中国传统美德的继承和发展

在中华民族悠久的历史长河中,孕育了丰富的传统文化,其中的中华民族传统美德更是精髓所在,是我们的民族在历史长河中积淀的宝贵财富。然而,面对当今社会,我们不得不承认,一些大学生在思想道德品质上,尚未完全继承和发扬这些优秀的品德,他们的行为与他们所承载的期望相去甚远。著名学者、清华大学的张岂之教授在一次访谈中指出,"中国大学生的学业成绩往往出色,但他们在团队合作和待人接物的礼貌上有所欠缺。"[①]这并非个例,而是反映出一个普遍存在的问题。

当代大学生在一定程度上缺乏集体主义精神,他们过于强调自我,将个人利益置于社会和集体利益之上。在物质与精神的关系处理上,他们往往过于追求眼前的实际利益,而忽视了对远大理想的追求。更令人担忧的是,诚信意识在一些大学生中淡漠,他们可能在考试中作弊、抄袭论文,甚至在申请特困生补助或助学贷款时撒谎,这些行为严重损害了他们的信誉。因此,教育部门、学校以及社会应共同努力,通过教育引导,帮助大学生树立正确的价值观,培养他们的集体主义精神、公德意识、诚信意识,使他们真正成为社会的栋梁之材,传承和发扬中华民族的优秀传统美德。

3.缺乏对中国传统文化内涵的深刻理解

在当今日益全球化的背景下,大学生们面临着前所未有的文化冲击。以饮食文化为例,当代大学生对西餐、咖啡等外来文化产物产生了浓厚兴趣,而对传统的中餐、茶道等却鲜少问津。这种对西方文化的盲目崇拜不仅忽略了中华民族几千年来的文化积淀,也导致了大学生对中国传统文化的忽视和淡漠。当前很多大学生对中国历史上的代表人物和重大事件知之甚少。他们很少阅读"四书五经""经史子集"等经典著作,对中华文化的精髓缺乏深入的理解和体会。这种文化断层的现象不仅影响了大学生对中国传统文化的认同感,也限制了他们的人文素养和综合素质的提升。它不仅关乎个人的道

---

① 范绪锋.立足本土拥抱世界[N].中国教育报,2002-01-05(002).

德修养和品格塑造，也影响着一个人的思维方式和创新能力。因此，加强人文素质培养是大学生全面成长和发展的必然要求。

二、中华优秀传统文化在大学生德育中缺失的成因

（一）传统文化与现代文化之间存在冲突

1. 网络新兴文化与优秀传统文化的冲突

近年来，网络已深入我们生活的方方面面，特别是受到广大大学生的热烈追捧。这一变革不仅极大地推动了网络文化的兴起，也为其提供了肥沃的土壤。网络文化以其新颖、多变、个性化的特点，恰好契合了大学生求新求异求变的心理，从而在社会中广泛传播。

首先，网络语言对传统语言文字的冲击。诸如"有木有啊""886"等网络用语，被戏称为"火星文"，这些语言形式因其独特性和个性化，在大学生群体中迅速流行。然而，这种语言的随意性和非规范性，导致怪字、错字、别字层出不穷，给大学生对严谨规范的传统语言文字的学习与掌握带来了极大的困扰。一些学生在作文中甚至使用这些"火星文"，让语文老师感到无从下手。

其次，网络中的搞怪行为也对经典文化形象造成了歪曲。例如，一些网络用户热衷于对古诗词进行改编，创造出一些令人啼笑皆非的"网络版"古诗词。这些改编的古诗词虽然在表面上产生了一些奇特的效果，但实际上却严重影响了大学生对古诗词的正确理解和学习。这些搞怪行为不仅破坏了古诗词的原有意境和美感，还可能导致大学生对古诗词产生误解和偏见。

面对网络文化的双重影响，我们如何发挥好网络平台的作用，为大学生创设一个适宜其成长发展的绿色环境？首先，我们需要加强网络文化的监管和管理，过滤掉网络中的社会不良文化垃圾，宣传传播正能量。其次，我们需要加强对大学生的网络素养教育，引导他们正确使用网络，理性看待网络文化。同时，我们还需要加强对传统文化的传承和弘扬，让大学生在接触网络文化的同时，也能够深入了解和热爱传统文化。

2.大众流行文化与优秀传统文化的冲突

在快速发展的现代工业社会与消费社会交织的背景下，大众文化这一独特的文化形态应运而生，并日渐成为时代的显著标志。大众文化，顾名思义是一种以大众传媒为媒介，面向城市大众广泛传播的一种新型文化形态。它的特点在于其复制化、模式化、批量化、类像化、平面化和普及化，通过电视、互联网、社交媒体等渠道，迅速覆盖社会的各个角落。

作为一种日常性的消费文化，大众文化在物质主义盛行的今天显得尤为突出。这种文化的兴起无疑对当代大学生群体产生了深远的影响。消费主义与物质主义思潮在年轻一代中悄然蔓延，他们开始更倾向于追求物质的满足与外在的炫耀，而逐渐忽视了中华优秀传统文化的精神内涵。在"利与义""物质与精神"等核心问题上，他们往往会毫不犹豫地选择前者，这种价值观的扭曲不仅让他们在追求物质的过程中感到空虚和迷茫，更在内心深处承受着难以言表的痛苦。

3.不良文化与优秀传统文化的冲突

在全球化与信息化交织的当下，当代大学生正面临着前所未有的挑战与机遇。他们成长在一个信息爆炸、文化交融的时代，身处一个多元化、复杂化的社会。这种环境无疑为他们的个性张扬提供了土壤，使他们的世界观、价值观日趋多元化，但同时也伴随着反叛与对抗的心态。

新媒体平台的快速发展为不良文化的传播提供了新的渠道。微博、微信、论坛等平台已经成为大学生获取信息、交流思想的重要场所。然而，在这些平台上，不良文化也得以迅速传播。由于网络监管存在漏洞，大学生在利用这些平台时很容易接触到不良文化，从而对他们的精神生活造成严重的负面影响。这种虚拟的公共空间虽然满足了青少年自我实现的需求，但也为他们接触不良文化提供了便利。因此，我们必须高度重视这一问题，加强对大学生的思想引导和文化教育。一方面，要建立健全教育制度，为大学生提供一个良好的成长环境；另一方面，要加强网络监管，防止不良文化的传播。同时，还要加强对大学生的思想教育和道德教育，帮助他们树立正确的世界观、人生观和价值观，增强他们的辨识能力和抵御能力。只有这样，我们才能确保大学生在全球化、信息化的背景下健康成长，为我国的未来发展

第三章　中华优秀传统文化与高校德育教育融合的坚实基础

贡献自己的力量。

4.西方文化与优秀传统文化的冲突

随着改革开放的浪潮滚滚向前，我国与世界的联系日益紧密，经济全球化的趋势使我国参与国际市场的程度不断加深。然而，值得注意的是，这种接轨更多地体现在经济层面，而在文化领域，我们面临的是一种单向的接轨现象，即我们更多的是在接受外来的文化输入，而本土文化的输出却相对较少。这一现象在全球化的大背景下引发了深刻的思考。

全球化不仅带来了经济的繁荣，也带来了人们思想观念和行为方式的巨大变化。在复杂多变的国内外形势下，大学生身处于一个思想观念、价值取向和生活方式多元交织的环境中。其中，不乏一些腐朽落后、消极不健康的元素，它们如同暗流涌动，悄然影响着大学生的健康成长。

特别是自20世纪90年代以来，西方强国为了稳固自身在多元世界格局中的地位，利用其在经济、文化、军事等方面的优势，大力推行"文化霸权主义"。他们通过商品消费、影视作品、科技产品等载体进行文化渗透，试图让其他国家的人民接受并认同资本主义文化。这种文化渗透不仅改变了人们的生活方式，更在潜移默化中影响着人们的思想观念。

（二）融入工作的体系化水平有待提高

在当今社会，我国众多高校纷纷将优秀传统文化纳入德育体系中，意在通过这一举措来培养具备高尚品德和深厚文化底蕴的新时代大学生。然而，在深入观察当前的教育实践后，我们不难发现一个亟待解决的问题：优秀传统文化教育并未能紧密地与大学生日常生活相融合，导致其提升基本素养的效果并不显著。这主要是因为当前优秀传统文化融入德育的方法和途径存在偏差，从而导致了优秀传统文化与大学生生活实际的疏离。

首先，让我们深入剖析当前的优秀传统文化教育模式。不少高校过于倚重课堂教育，将其作为传播优秀传统文化的主要途径。诚然，课堂教育是传授知识、理论的重要阵地，但过分依赖课堂而忽视课堂外的教育途径，必然导致"课上"教育与"课下"教育的断裂。在这种模式下，大学生往往只能在课堂上接触到优秀传统文化,而无法在日常生活中感受到其魅力,更难以将其内化为自己的行为准则。

为了改变这一现状,我们需要打破传统的教育模式,实现优秀传统文化教育的"课下"延伸。具体而言,我们可以通过组织各类文化活动、社团实践等方式,将优秀传统文化融入大学生的日常生活中。例如,可以举办诗词朗诵会、书法比赛等文化活动,让大学生在亲身参与中感受到传统文化的魅力;也可以开展以优秀传统文化为主题的社团活动,如汉服社、茶文化社等,让大学生在互动交流中加深对传统文化的理解和认同。通过这些活动,优秀传统文化将不再是遥不可及的理论知识,而是成为大学生生活中不可或缺的一部分。

其次,当前优秀传统文化教育过于注重理论教育,而忽视实践教育的重要性。理论教育是基础,但实践教育同样不可或缺。实践教育不仅能够加深大学生对理论知识的理解,还能够培养他们的实践能力和创新精神。因此,我们应该在优秀传统文化教育中加强实践教育的比重,让大学生在实践中感受到传统文化的价值和意义。

具体而言,我们可以组织大学生参与各种传统文化实践活动,如参观历史博物馆、文化遗产地等,让他们亲身感受传统文化的历史底蕴和独特魅力;也可以开展传统文化创新实践活动,如利用传统文化元素设计产品、举办创意比赛等,让大学生在实践中挖掘传统文化的现代价值。通过这些实践活动,大学生不仅能够深入理解传统文化的内涵和精髓,还能够在实践中将其与现代生活相结合,形成自己独特的文化视野和创新能力。

第二节　中华优秀传统文化与高校德育教育融合的必要性与可行性

人类的活动无一不是在特定的文化背景下展开，德育这一过程自然也不例外。因而，文化的内在性自然而然地构成了德育的核心特质之一。从本质上讲，德育的真谛与核心在于为民族和国家铸造坚实的思想基石，以及提供灵魂得以安居与滋养的庇护所。

一、德育自身发展的内在要求

在当今社会，德育的重要性愈发凸显，它不仅是塑造个体品格的基石，更是推动社会和谐发展的关键力量。而要实现德育的深入发展，我们必须充分汲取中华优秀传统文化的营养，尊重并创造性地继承和发展这一宝贵财富。这不仅是实现马克思主义中国化的重要基础，更是推动我国德育事业不断前进、充分发挥其作用的必由之路。

我们党通过长期的历史实践深刻认识到，德育是一项长期持续的事业，它关乎每一个人的成长和国家的未来。德育的根本目标在于提高受教育者的思想道德素质，促进人的全面自由发展，从而为中国特色社会主义建设提供坚实的道德支撑。这种全面自由发展不仅仅体现在科技、经济等方面，更包括文化素养的提升。因此，在开展德育工作时，我们必须将文化作为一个至关重要的方面来加以重视。然而，从我国德育的发展现状来看我们不难发现，政治性一直是我国德育的重点，而文化性在一定程度上被忽略了。这种忽视导致了德育资源的单一性和教育形式的呆板性，使得德育普遍表现为政策、文化和说教，缺乏生动性和吸引力。实际上，通过增加德育的文化含量，我们可以极大地丰富其内容和形式，使其更加贴近受教育者的实际需求，提高德育的针对性和实效性。

当前，我国德育存在的文化性缺失问题日益凸显，这不仅导致教育资源日益减少，还在一定程度上削弱了德育的育人功能。为了解决这一问题，我们必须重新审视中华优秀传统文化的价值，将其与德育紧密结合，共同推动德育事业的发展。

中国传统文化是一种崇德型文化，它在漫长的历史长河中孕育出了"文化化人"和"文化育德"的优良传统。这一传统使中国传统文化成为宝贵的德育资源。在中华优秀传统文化中，我们可以找到许多关于德育的智慧和理念，如"仁爱""诚信""公正"等，这些都可以为现代德育提供有力的思想支撑。同时，中华优秀传统文化还蕴含着丰富的教育资源。通过挖掘和利用这些资源，我们可以设计出更多富有文化内涵和时代价值的德育课程和活动，使受教育者在参与中感受文化的魅力，提高文化素养和道德水平。此外，中华优秀传统文化的传承和发展也是实现中华民族伟大复兴的重要任务之一。通过将中华优秀传统文化与德育相结合，我们不仅可以推动德育事业的发展，还可以促进中华文化的传播和世界文化的交流互鉴，增强民族自豪感和文化自信心。因此，我们必须充分认识到中华优秀传统文化在德育中的重要地位和作用，将其作为德育的重要资源加以利用和发展。同时，我们也要结合中国发展实际和人民需求，创造性地继承和发展中华优秀传统文化，推动德育事业不断前进，为实现中华民族伟大复兴的中国梦贡献力量。

二、拓宽德育渠道的要求

将博大精深的传统文化融入德育体系，既是对现有的教育内容的充实与拓展，也开辟了德育实践的新途径。中国源远流长的传统文化倡导个体的品德修养与自我约束，这与德育的目标不谋而合。在高校中推行这种修身教育能有力地激发大学生的自我教育主动性，实现从单纯依赖外部力量向内外部

第三章　中华优秀传统文化与高校德育教育融合的坚实基础

力量并重的转变，从而增强德育的实效性和感染力，更好地推动其目标的实现。

（一）道德践履

践履这个古老的词汇承载着中国传统文化的精髓，它强调的不仅是理论的认知，更是行动的实践。在浩如烟海的中国传统文化中，道德修养的实践被视为检验其价值的试金石。古人深谙此道，他们的智慧结晶在历代先贤的教诲中得以体现，为我们提供了宝贵的启示。

孔子曾以生动的比喻阐述了践履的重要性："不能正其身，如正人何？"他强调，一个人自身的行为是否正直，直接影响到他能否引领他人走上正道。接着，他又进一步指出，"其身正，不令而行；其身不正，虽令不从。"这不仅是对个人修养的要求，更是对领导者责任的深刻揭示。孔子的观点强调实践道德就是将道德内化为行为，使之成为生活的一部分。

荀子的观点则更加强调实践在获取知识过程中的关键作用。他提出："不闻不若闻之，闻之不若见之，见之不若知之，知之不若行之。"这是一步步递进的过程，强调了从感官体验到理解，再到实际行动的转变。荀子认为，只有通过实践，知识才能真正转化为个人的能力，否则知识仅停留在表面，无法发挥其应有的价值。

陆游的名句"纸上得来终觉浅，绝知此事要躬行"，更是深入人心。他提醒我们，理论学习的成果必须通过实践来验证和深化。这与南宋理学家朱熹的"博学之、审问之、慎思之、明辨之、笃行之"的方法论相呼应，其中的"笃行"正是对坚定实践精神的强调。

到了明代，王阳明提出了"知行合一"的命题，他主张知与行是不可分割的。在他看来，真正的"知"不仅在于理解，更在于行动，只有将知识付诸实践，才能达到真正的"知"。这种观点对后世影响深远，它强调了道德践履的主动性和实践性，使道德教育更加注重内在的转化和外在的体现。

（二）省察克治

"省察"一词主要指自我审查和自我反省的过程，其目的是能尽早识别并纠正个人行为和思维模式中的缺陷及不妥之处。在此基础上，可以采取适当的措施进行修正和改进。"克治"是指自我修正，它是建立在审查的基础上，致力于实现自我提升和完善。

1.自省

"自省"在当今大学生的道德教育中占据着至关重要的地位，它强调的是个体对自我行为和思想的深度反思，以期去除不良，弘扬美德。这一理念鼓励大学生在日常生活中，不断审视自己的内心世界，剔除那些可能侵蚀道德品质的杂质，如自私、贪婪、懒惰等，同时珍视并强化自身的善良、诚实、宽容等美德。

自省的过程实际上是一个自我净化和自我提升的过程。它要求我们以诚实、勇敢的态度面对自我，不回避错误，不掩饰缺点，敢于自我批评，勇于改正错误。正如古代圣贤孔子所言："内自省"，他强调每日要多次反省自身，是否在为人处世中做到了尽忠尽责，是否对他人做到了诚实守信。这种自我反省的精神是对他人的尊重，也是对自我道德责任的坚守。

孟子提出的"反求诸己"思想进一步深化了自省的内涵。它不仅要求我们在行为上进行自我审查，更要在思想深处挖掘问题的根源，从自我内心寻找问题的解决之道。这种自我反思的能力有助于我们更深入地理解自我，更准确地把握自己的优点和不足，从而做出更明智的决策，实现更全面的自我发展。

在现代社会，自省同样被视为一种重要的自我管理技巧。心理学研究发现经常进行自我反省的人，往往具有更强的自我意识，更能有效地管理自己的情绪和行为，他们的心理健康状况和人际关系通常也更为良好。因此，自省不仅是儒家传统文化的瑰宝，也是现代人提升自我素质，实现个人成长的重要途径。

2.内察

"内察"是一种源自"自省"的道德修养方法，它不仅要求我们深入剖析自我，洞察内心，更要求我们以一种更为深刻和严谨的态度面对自身的错误。这种自我审视的实践源于自省，但又超越了自省的范畴，它要求我们对错误有更深的理解，更严格的对待。正如古人所言："知人者智，自知者明；胜人者有力，自胜者强。"能够勇敢面对并改正自身错误的人才是真正的智者和强者。

改正错误的关键在于勇气，需要我们有勇气承认错误，有勇气面对可能带来的不适或困扰。孔子的教诲"过则勿惮改"深入人心，它鼓励我们不要畏惧改正错误，而应以正直的态度去面对。错误是人生的一部分，没有人能够完全避免犯错。然而，如果对错误视而不见，甚至逃避、掩饰错误，那么错误就会成为阻碍我们成长的绊脚石。"人非圣贤，孰能无过？过而能改，善莫大焉。"这不仅是对错误的宽容，更是对自我提升的期许。

颜回的"不贰过"就是这种精神的典范，他勇于面对错误，及时改正，从而避免了同样的错误再次发生。这种对待错误的态度使他能够从错误中汲取教训，不断提升自我。因此，改正错误不仅是道德修养的重要环节，也是一种有效的学习方法，它能帮助我们更好地理解自我，提升自我。

同时，一个人对待错误的态度，也是衡量其品行的重要标准。正如子贡所言："君子之过也，如日月之食焉；过也，人皆见之；更也，人皆仰之。"君子的错误如同日食月食，虽然短暂遮蔽了光芒，但当他们改正错误时，人们依然会仰望他们的光辉。相反，子夏则说："小人之过也必文。"小人会试图掩饰自己的错误，不愿面对和改正。这两种截然不同的态度揭示了人的品质高低。

（三）慎独

"慎独"一词源自我国古代儒家的道德修养理论，其内涵深邃，意蕴丰富。"莫见乎隐，莫显乎微，故君子慎其独也"，这句古语揭示了慎独的真谛，即在无人监督的独处时刻，一个人应保持自我约束，保持敬畏之心，如同面对深渊、踏足薄冰，始终警惕自己的言行，以免有悖道德的念头或行为出现。慎独强调的是一种内在的自我修养，一种在细微处、隐秘处都能坚守道德原则的品质。

道德品质的形成并非一朝一夕，而是在日常生活的点滴中积累而成。高尚的道德品质往往在人独处时更能显现，因为此时没有外在的约束，只有内心的自律才能引导人的行为。正如古人所说，"君子慎独"，真正的君子即使在无人注意的时刻，也能保持自我约束，不放纵自我，始终保持高尚的品质。在现代社会，随着社会主义市场经济的发展，大学生在追求专业知识和技能的同时，往往忽视了道德品质的培养。他们可能在竞争的压力下，过于追求功利，而忽视了内在道德品质的塑造，这种现象对他们的全面发展构成了阻碍。

因此，大学生需要深入理解和实践慎独的道德理念，从细微处、隐秘处做起，严格要求自己，树立正确的价值观，以客观、公正的态度去辨别是非、善恶、美丑，以此塑造符合社会要求的完美人格。同时，我们也应将传统文化中的道德修养理念融入当代的德育中，借鉴古代先贤的智慧，如儒家的道德修养理论，结合现代社会的实际情况，进行合理的取舍和创新，以马克思主义为理论指导，将优秀传统文化与现代社会的道德要求相结合，丰富和创新大学生的德育途径和方法。

三、在大学生中培育和践行社会主义核心价值观的要求

社会主义核心价值观的演进与完善同样有赖于中华优秀传统文化的有力支撑。社会主义核心价值观在深度融合现代社会发展实际的同时，也是对中华优秀传统文化的继承与创新。

（一）从宏观层面看

中华民族自古以来便深深根植着"民本"的核心理念，这一思想在我国5000年的历史文化长河中熠熠生辉，成为我们民族智慧的瑰宝。《尚书·五子之歌》中，古人智慧地提出："民惟邦本，本固邦宁。"这句话深刻揭示了人民与国家之间的紧密联系——人民是国家之根本，国家的稳固与安宁建立在人民生活的富足与安康之上。

当我们深入探究这一思想时，不难发现它与社会主义核心价值观所倡导

的"富强"和"民主"有着高度的契合。富强不仅是经济上的繁荣，更是人民生活质量的全面提升；民主则是确保人民在国家和社会事务中享有充分的参与权和决策权。二者都体现了对人民利益的深切关怀，是"民本"思想在现代社会的具体体现和升华。

在中华传统文化中，"天人合一"和"和而不同"的思想，同样是对"民本"思想的重要补充。"天人合一"强调了人类与自然界的和谐统一，提醒我们在追求社会发展和经济增长的同时，不能忽视对自然环境的保护。我们应该遵循自然规律，维护人与自然的和谐共处，构建人类社会和自然环境的和谐关系。这种思想在现代社会依然具有深远的意义，它提醒我们在面对环境问题时，要采取可持续发展的战略，确保人类与自然能够和谐共生。而"和而不同"则强调了在人际交往中，我们应该在坚持自己立场的同时，尊重他人的差异，建立和谐友善的人际关系。这种思想在当今社会依然具有重要的指导意义。在全球化的大背景下，不同文化、不同价值观之间的碰撞和融合成为常态。我们应该以开放的心态接纳这些差异，通过对话和交流，增进相互理解，建立自由、民主、平等的人际交往关系，从而实现人与人之间的和谐共处。

（二）从微观层面看

"己所不欲，勿施于人。"这句古训源自孔子的智慧，它深刻地揭示了人际交往中的一条黄金法则：我们在行为举止时，应当时刻关注他人的感受，避免将自己不愿意承受的事务强加给别人。这种尊重他人的思想不仅是中华传统美德的体现，更是构建和谐社会的基石。

在孟子的哲学体系中，这一理念也得到了深刻的阐释和发挥。孟子在《孟子·滕文公上》中提出了"出入相友，守望相助"的观点。这八个字简洁而深刻地表达了人们应该彼此关心、相互扶持的理念。在当代社会中，只有当每个人都能为身边的人提供力所能及的帮助，这个社会才能充满温暖和和谐。

孟子在《孟子·梁惠王上》中又进一步阐述了他的仁爱思想："老吾老以及人之老，幼吾幼以及人之幼。"这句话告诉我们在对待老人和孩子时，我们不仅要关心自己的亲人，更要将这种关爱扩展到与自己无血缘关系的老人和孩子身上。这种博爱的情怀体现了中华文化的博大和深邃。

　　这些强调博爱的论述都是中华优秀传统文化的重要组成部分。它们以"和谐"为特色，倡导人与人之间的和睦相处，追求社会的和谐稳定。这种和谐的理念不仅体现在人与人之间的交往中，也体现在人与自然的和谐相处中。在当代社会，我们仍然需要这种和谐的理念来指导我们的行为。我们要致力于构建一个民主法治、公平正义、诚信友爱、充满活力、安定有序、人与自然和谐相处的社会主义和谐社会。在这个社会中，每个人都应该尊重他人的权利，关心他人的感受，为社会的和谐稳定贡献自己的力量。例如，在公共场所，我们应该遵守公共秩序，不随意插队、不大声喧哗，以免影响到他人的正常生活；在家庭中，我们应该关心老人的生活，尊重孩子的意愿，营造一个温馨和谐的家庭氛围；在工作中，我们应该诚实守信，尊重他人的劳动成果，共同营造一个积极向上的工作氛围。

第三节　中华优秀传统文化"践履习行"与高校德育教育途径的建设

一、在大众传媒中加强优秀传统文化的舆论导向功能

（一）发挥优秀传统文化的引领功能

　　据司马迁所述："众口铄金，积毁销骨。"自古以来，舆论在人类社会的运作中扮演着至关重要的角色。东汉末年，张角凭借符水治疗疾病，这一行为在当今看来或许显得荒诞不经，然而在那个时代，却深受民众追捧。其原因在于人们普遍认为符水具有疗疾之效，一旦某人因饮用符水而康复，消

第三章　中华优秀传统文化与高校德育教育融合的坚实基础

息便会迅速扩散，由一传十、十传百，最终导致大量民众将符水视作神奇的灵丹妙药。出身农民的张角，也因此一跃成为人们心中的"天公将军"和"大贤良师"，充分展示了舆论的影响力。

1.发挥优秀传统文化在传统媒体中的引领作用

随着时代的飞速发展，科技革命如同一道道光束，照亮了人类文明的前进道路。第一次科技革命，蒸汽机的轰鸣开启了工业化的序幕；第二次科技革命，电力的广泛应用让社会生产力得到了质的飞跃；而到了第三次科技革命，网络技术的兴起，更是为人类的生活带来了前所未有的便利和变革。特别是对于传媒行业来说，网络的迅猛发展无疑是一场开天辟地的改变，引领了传媒方式的新潮流。

在这场变革中，传统媒体与网络媒体两大派别泾渭分明。传统媒体即相对于网络媒体而言的其他媒体，主要包括广播、电视、报纸与书籍等。它们虽然面临着网络媒体的巨大冲击，但仍然保持着一定的市场份额和影响力。其中的原因，除了传统媒体自身的品牌效应和受众基础外，更在于其所承载的权威性与严谨性。

为什么人们会有这样一种观感：传统媒体比新媒体更加严谨呢？这背后离不开优秀传统文化的深厚底蕴。传统文化是中华民族几千年来的瑰宝，它包含了中华民族的思想观念、道德规范、生活方式等多个方面。这些文化元素在历史的长河中不断沉淀、积累，形成了独特的文化魅力。而传统媒体作为传统文化的主要传播渠道，自然也继承了这种文化魅力。

"传"字在传统文化中寓意着世代相传，它如同一条永不止息的河流，在岁月的长河中冲刷着各种文化元素。在这个过程中，流于表面的东西往往会被冲走，而能留下来的必定是经过了时间和主流观念的双重过滤。这些留下来的文化元素虽然不能全盘肯定，但必定具有一定的合理性和价值。因此，能够成为传统的文化必定是经过了长时间的积累和沉淀，具有一定的权威性和严谨性。

在新媒体出现之前，传统媒体与传统文化就已经"配合默契"了。它们之间的这种默契不仅仅是因为它们都承载着文化信息，更是因为它们在传播方式、内容选择、价值观念等方面有着高度的一致性。传统媒体通过广播、电视、报纸等渠道,将传统文化中的经典著作、历史故事、道德观念等内容传递给受众,让受众在潜移默化中接受和认同这些文化元素。同时,传统媒体也通过自身的权威性和严谨性,为传统文化的传播提供了有力的保障。

例如,当我们想要读一本《诗经》时,我们首先想到的是去书店买一本包装得古色古香的线装版;当我们想要听一段评书时,我们会自然而然地打开收音机;当我们想要了解早间新闻时,电视成为我们的首选。这些传统媒体的传播方式和内容选择都与我们对传统文化的认知和接受方式高度契合。因此,我们可以说传统媒体与传统文化之间有着一种天然的联系和默契。

2.发挥优秀传统文化在新媒体中的引领作用

在信息爆炸的时代,网络以其海量的信息、实时的更新速度,成为人们获取知识、了解世界的首选途径。无论是新闻报道、学术研究,还是日常生活中的点滴琐事,都能在网络上找到答案。然而,随着网络的普及,信息的可信度问题也日益凸显。网络上的信息往往未经严谨的审核和核实,炒作、谣言、片面观点等现象层出不穷,这无疑削弱了网络信息的权威性和可信度。这正是新媒体相较于传统媒体,如报纸、电视、广播等,所存在的明显短板。传统媒体通常有严格的编辑流程和事实核查机制,确保信息的准确性和公正性。

尽管网络信息的可信度问题值得我们警惕,但人们对于新鲜事物的热情和好奇心并不会因此消退。5G网络的普及更是将我们带入了一个"内容为王"的时代。在这个时代,信息的价值不再仅仅是其数量,更重要的是其质量,是其能否提供深度、独特、有价值的内容。这就需要我们对网络信息进行筛选和判断,寻找那些真正有价值、有深度的内容。

在这样的背景下,传统文化的价值开始被更多人重新认识。传统文化是历史的积淀,是民族的瑰宝,它蕴含着先人们的智慧和经验,对人们的世界观、人生观、价值观有着深远的影响。相比于西方传入的快餐文化,人们对于本土的、熟悉的传统文化有着更高的认同感和归属感。例如,中国传统文化中的孝道、礼仪、中医理论等都在现代社会中得到了新的诠释和应用,深受人们的喜爱和推崇。

以中医为例,随着网络的普及,越来越多的人开始关注中医的养生理念和治疗方法。例如,"天人合一"的观念,强调人与自然的和谐共处,这在

第三章　中华优秀传统文化与高校德育教育融合的坚实基础

现代社会的健康生活方式中得到了广泛的体现。又如，针灸、中药等治疗方法，也在现代医学中找到了其科学依据，被越来越多的人接受和应用。这些都表明传统文化借助网络这一现代传播手段，不仅可以得到有效的传承，还能在新的时代背景下焕发出新的活力。

（二）规范优秀传统文化的传播渠道

1.规范大众传媒的价值取向

在如今飞速发展的社会，大众传媒行业无疑成为文化传播的先锋军，其所营造的文化环境也愈发显得开放而多元。在这个信息爆炸的时代，大众传媒不仅扮演着信息传递的桥梁角色，更是价值观塑造的重要平台。

大众传媒应在社会主义核心价值观的指引下提升自身的媒介素养和文化操守，成为一个解读传统文化的平台，让更多人了解传统文化的魅力。在这个平台上，传统文化不再是遥不可及的高山，而是触手可及的清泉。通过深入浅出地解读，传统文化得以焕发新的生机。

在具体实践中，大众传媒可以通过多种形式来传播和弘扬传统文化。例如，可以制作以传统文化为主题的纪录片、电视剧、综艺节目等，让人们在娱乐中感受传统文化的魅力。同时，也可以通过社交媒体、短视频等新媒体渠道，以更加生动、直观的方式展示传统文化的魅力。

2.着力打造精品内容，治理文化市场

当我们从宏观的视野审视当今的文化产业不难发现，尽管大众媒体在传播传统文化方面发挥了重要作用，但整个文化氛围仍然存在一些亟待解决的问题。作为拥有悠久历史和独特文化传统的东方民族，我们原本有着自己的伦理道德体系和价值评判系统，这些体系是中华民族的根基，也是我们前行的灯塔。

在我国传统文化中，社会主义核心价值观的培养历来备受重视。古人深谙"润物细无声"的道理，因此他们将积极向上的思想观念巧妙地融入雕塑、建筑以及日常生活用品之中，使人们在日常生活中潜移默化地受到熏陶，将价值观的培养转化为日常的生活实践。

从国家层面来讲，应制定严格的法规政策，对传播不良文化的行为进行法律、行政和经济处罚。同时，还应加大对优秀传统文化的扶持力度，鼓励文化创新和文化产业的健康发展。大众媒体作为文化传播的重要渠道，应承担起相应的社会责任，让传统文化在现代社会中焕发出新的生机。

二、实现优秀传统文化与网络文化的双赢

（一）为传统优秀文化提供承载与传播新平台

1.置身网络平台，融合传统文化

中华民族文明的源泉深邃而悠久，是全球唯一未曾中断的文明体系。从甲骨文的神秘符号，到瓷器的精致艺术，再到诗词的韵律之美，无一不彰显着中华文化的独特魅力和深厚底蕴。这种文化的力量如同璀璨的星辰，穿越时空的长河，照亮了人类文明的历程，也深深影响着世界各地的人们。

近年来，随着互联网技术的飞速发展，全球化的浪潮将中华文化的影响力推向了新的高度。网络技术打破了地域的限制，使不同地域、不同文化背景的人们能够跨越时空，共享中华文化的瑰宝。无论是大陆的京剧、书法，还是港澳台地区的传统节日、民俗艺术，都在网络平台上得到了广泛的传播和交流。这种文化交流的深度和广度是历史上任何时期都无法比拟的。

然而，面对如此丰富的文化资源，我们更需要进行系统地整合和梳理，以更清晰的脉络展现中国传统文化的全貌。这不仅能够增强中华民族的凝聚力和向心力，使全球华人共享文化认同，更能够推动中华文化的创新和发展，使其在现代社会中焕发出新的活力。同时，通过互联网的平台，我们可以借鉴各地域、各文化的特点，实现中华传统文化的融合与创新，进一步提升其在全球文化格局中的地位。

中国传统文化的传播和融合对于中华民族的生存和繁衍具有深远的意义。它能够塑造共同的价值观，增强民族的自信心和自豪感，为社会的和谐稳定提供精神支撑。同时，它也是推动中国社会发展的重要力量，有助于提升国家的文化软实力，促进民族的团结和国家的统一。

2.关注网络气象，复兴伟大文明

在21世纪的今天，随着全球化的步伐不断加快，各种文化交融激荡，我们面临着一个重要的任务，那就是提高对传统文化复兴的重视。这不仅是为了保持文化的多样性和独特性，更是为了在快速变化的世界中寻找我们的根与魂。网络媒体作为现代信息传播的重要载体，无疑在这一过程中扮演着至关重要的角色。

互联网为传统文化的传播提供了前所未有的广阔空间。借助网络媒体，我们可以迅速地将那些深藏在历史长河中的智慧和艺术瑰宝，传递到每一个角落，让千年的文化积淀在瞬间焕发出新的生机。无论是诗词歌赋的优雅，还是书法绘画的韵律，无论是中医养生的智慧，还是传统节日的热闹，都可以通过网络平台，以各种形式生动展现，让大众在接触中感受、在感受中理解、在理解中热爱。

同时，通过网络媒体弘扬传统文化，也有助于加强道德建设。中国传统文化中蕴含的孝道、仁爱、诚信等价值观，是构建和谐社会的基石。例如，通过网络故事、短视频等形式，传播孝顺父母、尊重长者的传统美德，可以潜移默化地影响公众的道德观念，形成良好的社会风气。此外，网络媒体还可以通过互动性强的活动，如在线诗词比赛、传统工艺直播教学等，激发公众对传统文化的兴趣，使其在参与中深化对传统文化的理解，从而在日常生活中更好地践行这些价值观。

然而，我们也应意识到，网络媒体在传播传统文化时，要避免片面化、娱乐化的倾向，要尊重历史，保持文化的原真性。同时，要注重创新，以适应现代人的审美和认知习惯，使传统文化在传承中发展、发展中有传承。

（二）挖掘优秀传统文化在网络文化中的道德潜力

1.弘扬传统文化，加强个人道德修养

网络文化以其无边无际的影响力渗透到现代社会的每一个角落。它带来了信息的爆炸性增长，改变了人们的交流方式，极大地丰富了我们的生活。然而，如同硬币的两面，网络文化的快速发展也滋生了"网络暴力""虚假信息泛滥"等不良现象，这些犹如病毒般侵蚀着网络空间的纯净，对人们的道德观念造成了严重的扭曲。

网络空间的匿名性使一些人在网络上放纵自我，忽视了作为社会成员应承担的责任和义务，导致了社会责任感的淡化。他们随意散播虚假信息，挑起网络争端，破坏了网络环境的和谐。这种行为不仅破坏了网络文化的健康发展，更在现实中混淆了人们的道德判断，使价值标准变得模糊，社会秩序受到挑战。正如《礼记·中庸》所言，"莫见乎隐，莫显乎微，故君子慎其独也"，在网络这个看似隐秘实则透明的世界，每个人都应保持自我约束，坚守诚实守信的道德底线。

诚实守信是我们的文化基因，是维系社会和谐稳定的基石。在互联网时代，我们更应强调和弘扬这一美德，引导网民树立正确的网络伦理观，增强网络诚信意识。通过教育、法规等多方面的努力，让每一个网民都能明白网络并非法外之地，每一个键盘敲击出的文字都应是对自己和他人负责的表达。

因此，净化网络空间，克服网络失范，减少网络污染，防止网络犯罪，这不仅是技术问题，更是道德问题，是每个网民自我修养的提升，也是社会文明进步的体现。只有这样，我们才能构建一个健康、和谐、有序的网络环境，让网络文化真正成为推动社会进步的正能量。

2.发展中国特色，实现国家繁荣富强

随着互联网的普及，网络道德问题已经从一个边缘话题转变为社会公众关注的焦点。在信息爆炸的时代，网络空间成为人们获取知识、交流思想、表达情感的重要平台。然而，随之而来的是网络谣言、网络欺凌、隐私泄露等一系列道德问题，这些问题对社会的和谐稳定构成了挑战。因此，国家在运用科学管理手段和法规约束的同时，亟须挖掘优秀传统文化在网络文化中的道德潜力，构建具有中国特色的社会主义网络文化体系。

目前，我国的网络监督体系尚处于发展阶段，监管力度和效率仍有待提高。借鉴发达国家如美国、日本等在网络安全和网络道德规范方面的成功经验，我国的网络监管者，如公安机关，应强化网络法治建设，对网络不道德行为进行更严格的监管和法规约束，坚决打击网络犯罪，防止不良网络文化

第三章　中华优秀传统文化与高校德育教育融合的坚实基础

对我国深厚民族文化的侵蚀。

此外，中国互联网协会、中国大学生网络协会等社会组织也应发挥积极作用，打造一批以中国传统文化为内核，具有时代特色、高雅品位的网络文化品牌。通过这些平台，让优秀的传统文化在网络空间中得到传播和弘扬，使网络空间成为传统文化与现代文化交融的沃土。

同时，推动传统文化的创新是提升其在网络文化中竞争力的关键。正如古人云："日新月异，不进则退。"传统文化只有与时代同步，与网络文化相融合，才能焕发出新的生命力。我们应鼓励创新思维，利用现代科技手段，如虚拟现实、人工智能等，对传统文化进行创新性解读和表达，使其在网络世界中更具吸引力和影响力。

第四章 中华优秀传统文化与高校德育教育融合的内容形式

传统文化作为一个国家和民族在长期历史演进中逐渐积淀、发展和传承的宝贵财富，它涵盖了物质的、制度的以及精神的各个方面。中国的传统文化尤为博大精深，源远流长，宛如一条绵延不绝的江河，穿越了数千年的时光，仍然激荡着中华民族生生不息。这种文化既是中华文明演化过程中的独特产物，又是对民族特质和风貌的深刻反映，更是历史上各种思想文化、观念形态的集中体现。

中国的传统文化深厚的底蕴和丰富的内涵，让人叹为观止。其中蕴藏着诗词歌赋的韵味，流传着书画艺术的精髓，闪耀着哲学智慧的火花。从孔子、老子等古代先贤的深邃思想，到唐诗宋词的华美篇章，再到明清小说的精彩叙事，这些无一不彰显了中国传统文化的独特魅力和深刻内涵。作为炎黄子孙，我们每一个人都有责任和义务去了解和传承本民族的传统文化。这种传承不仅是对历史的尊重，更是对文化的传承和发扬。当我们深入了解传统文化的精髓和内涵时，我们会更加深刻地理解中华民族的精神风貌和道德追求，也会更加坚定我们的文化自信和民族自豪感。此外，传统文化与道德建设之间存在着密不可分的关系。传统文化中的许多思想观念和道德规范都深深地烙印在人们的内心深处，成为人们行为的准则和精神的支撑。例如，儒家文化中的"仁爱""诚信""忠孝"等思想，不仅影响了人们的道德观念

第四章 中华优秀传统文化与高校德育教育融合的内容形式

和行为方式，也塑造了中华民族独特的道德风尚。这种基于传统文化基础之上的道德实质实际上是一种"文化自觉"和"道德自省"，它使人们能够在现实生活中坚守道德底线，追求高尚品质。在高校德育教育中，我们更要注重传统文化的传承和弘扬。通过引导学生深入学习和理解传统文化中的思想观念和道德规范，可以帮助学生树立正确的价值观和人生观，提高他们的道德素质和综合素质。同时，高校也应该加强对传统文化的研究和挖掘，推动传统文化与现代教育的有机结合，为培养具有高尚品德和创新能力的新时代人才提供有力支持。

第一节 中华优秀传统思想文化与高校德育教育

儒家、道家和法家的思想体系构成了中国历史上的核心文化观念，它们对中国传统文明的塑造作用深远，同时也深深渗透到中华民族历代子孙的思维模式和行为规范之中。此外，这些思想还对社会的政治架构和经济体制产生了深远影响。

一、儒家思想文化与德育

（一）儒家思想的精髓

1.天人合一

"天人合一"是儒家哲学中一个至关重要的概念，它贯穿于儒家思想的各个发展阶段，体现了人与自然、人与宇宙的和谐统一。这一理念的形成与发展可以从孔子的"天命"观、孟子的心性论、董仲舒的"天人感应"说以及宋明的"天人一道"说四个方面进行深入探讨。

孔子的"天命"观是"天人合一"思想的初步体现。孔子认为，天是一种超越人类的客观存在，它赋予世界以秩序和规律。因此，人应当"知天命"，即理解并遵循自然和社会的法则，以此实现人与天的和谐。然而，孔子的观念中，人对天的敬畏更多地体现在对自然规律的尊重，而"天人合一"的具体理论尚未形成。

孟子的心性论进一步发展了"天人合一"的思想。孟子强调人的内心具有先天的善良本性，即"性善论"。他认为，通过自我修养和道德实践，人可以达到"尽心知性，知性知天"的境地，即通过内心的道德实践与天道相契合，实现人与天的合一。这一理论为"天人合一"提供了一条具体的操作路径。

董仲舒的"天人感应"说将"天人合一"推向了一个新的高度。他将阴阳五行的哲学思想与儒家伦理相结合，提出天具有人格化的属性，是宇宙的最高主宰。董仲舒认为，天的意志通过各种自然现象和社会变迁来影响人类，人必须顺应天意，服从社会秩序。然而，这种理论在强化封建统治、抑制人性自由方面表现出一定的局限性。

宋明时期的儒家学者，如张载和王阳明，进一步发展了"天人合一"的理念。他们主张"天人一道"，认为天道与人心是相通的，人的内心本性即天理。王阳明在《传习录》中明确指出，人只需去除私欲，保持内心的纯真，就能与天理合一，实现道德的自我完善和社会的和谐。

2.依仁由礼

在儒家思想的浩瀚宇宙中，"礼"与"仁"如同双子星，交相辉映，共同构筑了儒家道德体系的基石。孔子对西周礼乐文化进行了深入的扬弃，将"礼"这一古老的文化传统赋予了新的内涵；同时，他结合新时代的社会背景，总结并创造了"仁"的理论，使之成为儒家理想人格的核心。

"仁"在儒家思想中不仅是一种道德情感，更是一种深植于内心的精神追求。它源自儒家对春秋战国时期"礼崩乐坏"的深刻反思，认为社会失序的根源在于人心的堕落，失去了仁爱之心。因此，要重建道德秩序、社会秩序，就必须恢复仁心。儒家认为，"仁"的本质就是"爱人"，这种爱不仅是对亲人、朋友的关爱，更是对天下苍生的博大情怀。在具体的道德实践中，

第四章　中华优秀传统文化与高校德育教育融合的内容形式

"仁"又统摄并体现为恭、宽、信、敬、惠、敏、勇等美德,这些美德共同构成了儒家道德体系的核心。

儒家特别强调孝敬父母作为仁爱的根本,认为这是践行仁德的起点。在儒家看来,孝敬父母不仅是个人品德的体现,更是社会和谐的基础。因此,孝在儒家道德体系中占据了至高无上的地位,被视为百德之本、百行之先、众教之源。儒家要求人们对仁德的修养要持之以恒,为了持守仁,甚至可以抛家弃舍、牺牲自我。这种对仁德的追求和坚守体现了儒家思想中对于个体修养和道德完善的极致追求。

与"仁"相对应,"礼"则是儒家思想中的另一个重要概念。它包含了一切社会伦理秩序和道德规范,是行为处世的标准、立国行政的基石。孔子所推崇的"从心所欲不逾矩"的人生理想境界,正是在礼的规范中实现德的自足自由。这种境界的实现需要依靠能动的道德修养和对于礼的深刻理解和践行。依仁由礼,这是儒家实现内圣外王政治信念和道德理想的保证。在今天这个快速发展的时代里,我们依然可以从儒家思想中汲取智慧和力量,以"仁"为内核、以"礼"为规范来指导我们的行为和修养。

(二)儒家思想文化的德育价值

儒家思想不仅深深烙印在中华民族的历史长河中,而且其丰富的哲学思想和道德理念对当代社会尤其是大学生的成长与发展具有深远的影响。

儒家"仁爱"思想在当代大学教育中具有举足轻重的地位,对于培育大学生的集体意识和爱国主义精神具有无可替代的作用。儒家文化深植于中华民族的历史土壤之中,其"仁爱"精神作为修身的核心内容,贯穿于"修身、齐家、治国、平天下"的宏大理念之中。这种以天下利益为重的爱国主义思想,孕育出"先天下之忧而忧,后天下之乐而乐"的崇高理念,彰显了古人对国家和民族的深厚情感。对于当代大学生而言,深入了解儒家思想文化中的爱国精神,能使其更深刻地体会到古人"以天下为己任"的爱国情怀。在全球化的背景下,这种爱国情怀尤为珍贵。它不仅能激发大学生的爱国热情,更能坚定他们为祖国建设、发展和繁荣富强贡献力量的信念和意识。大学生将明白,个人的成长与国家的命运紧密相连,只有将个人才华和力量奉献给祖国，才能实现个人价值与社会价值的双重提升。

儒家的"忠恕"思想对于大学生建立和谐人际关系具有重要的指导意义。儒家以"仁"为基础，提出"忠恕"思想，即"己所不欲，勿施于人"。这一思想要求大学生在人际交往中，设身处地地考虑他人感受和需求，以宽容和包容的心态对待他人。鉴于当前大学生多为独生子女，成长中可能以自我为中心，缺乏宽容与包容的心态，因此通过儒家"仁爱""谦恭礼让"和"严己宽人"的思想来引导和教育大学生，有助于他们逐步培养宽容的心态与包容的胸怀。这种互爱互尊、团结和谐的人际关系不仅有助于大学生个人的成长和发展，更能为社会的和谐稳定贡献一份力量。

儒家的"义利"思想对当代大学生树立正确的价值观具有重要影响。在物质文明高度发达的今天，金钱与名利等诱惑层出不穷。面对这些诱惑，儒家义利观所主张的"以义为上""尚义而不排利"等思想为大学生提供了重要导向。它教导大学生在追求个人利益的同时，坚守道义原则，不为金钱和名利所动摇。同时，儒家"重义轻利"的修身思想也要求大学生在生活和工作中，不仅关注个人利益，更应从集体利益出发，将爱国主义和为人类谋福利的原则视为大义。这种价值观的培养对于大学生形成正确的世界观、人生观和价值观具有重要的推动作用。

儒家思想还强调"诚信"作为"立政之本"与"立人之本"的重要性。诚信是中华民族的传统美德之一，也是儒家伦理的重要规范。对于当代大学生而言，诚信不仅是个人品德的重要组成部分，更是未来职业生涯中不可或缺的素质。然而，受社会转型期消极因素的影响和利益的驱动，部分大学生在诚信方面存在问题。因此，继承和发扬儒家的诚信美德对于加强大学生的诚信道德教育具有重要的现实意义。通过儒家诚信思想的引导和教育，可以帮助大学生树立诚信意识，培养诚信品质，为未来的职业生涯奠定坚实基础。

"慎独内省"和"践履笃行"的思想对于培养当代大学生道德修养和道德实践精神具有重要意义。儒家强调通过"内省""慎独"等反省内求的方法，使大学生能够自我约束、自我反省，建立道德自律，提高个人道德素质。这种自我修养的方法有助于大学生在面对道德困境时坚守原则，不为外物所动摇。同时，儒家的践履笃行与身体力行的实践示范方法也强调了"行"的重要性。它要求大学生在接受道德教育的过程中，将所得道德认识

第四章　中华优秀传统文化与高校德育教育融合的内容形式

转变为道德行为，付诸实践，并将"行"作为检验一种理论正确与否的最高标准。这种思想对培养大学生的道德修养和道德实践精神具有重要的借鉴意义，将引导大学生将道德理念融入日常生活和工作中，形成积极向上的道德风尚，推动社会的文明进步和发展。

逆境"磨志"的思想有助于培养当代大学生自强不息的坚韧品质。儒家认为，逆境是磨炼意志、锤炼品格的最好时机。对于当代大学生而言，他们富有理想、热情浪漫，但往往缺乏吃苦的精神和坚韧不拔的品质。因此，通过儒家的"磨志""自强不息"等修养理论，可以让大学生领略到儒家思想所强调的自我超越意识，培养其不断进取的品质和不屈不挠、顽强奋斗的意志。这种品质对于大学生在未来的职业生涯中面对各种困难和挑战时保持坚韧不拔的精神状态具有重要的现实意义。

二、道家思想文化与德育

（一）道家思想的精髓

1.无为而无不为

老子深邃的哲学思想在《道德经》中得到了充分的体现。其中，"道常无为而无不为"①这句话便是对道家"无为"思想的高度概括。这里的"无为"并非指真正的无所作为，而是强调一种不刻意、不强制、不违背自然规律的行为方式。它代表了道的根本特性，是道家追求人与自然和谐相处的核心理念。

当我们深入剖析"无为"这一概念时，会发现它并非空洞无物的理论，而是有着丰富的内涵和深刻的实践意义。"无为"要求人们摒弃过度的欲望和过度的知识，回归到人最原始、最自然的状态。正如庄子所言："知其不可奈何而安之若命，德之至也。"这种"无为"的态度实际上是一种对命运

---

① 老子.老子[M].汤漳平，王朝华，译注.北京：中华书局，2014：15.

的接受和顺应，是一种超脱世俗纷扰、追求内心宁静的至高境界。

然而，"无为"并非意味着消极放弃或无所作为。相反，它强调的是一种顺应自然、顺应人性、顺应时势世事的行为方式。正如老子所说："人法地，地法天，天法道，道法自然。"这里的"自然"既指自然界的规律，也指人性的本真。因此，"无为"要求我们在尊重自然规律的前提下，充分发挥人的主观能动性，以最小的代价实现最大的效益。

在政治上，"无为而治"则是道家思想的具体实践。它主张统治者应该以"无为"为治国原则，不过度干预民众的生活，不强行推行自己的意志。这种"无为而治"的治国理念，在汉初的黄老之学中得到了充分的体现。当时，秦朝的暴政刚刚结束，天下大乱，民生凋敝，百废待兴。面对这样的社会现实，汉文帝、汉景帝等明君都采用了黄老之学的治国思想，以"无为而治"为指导原则，实行轻徭薄赋、与民休息的政策。这些政策的实施，不仅使汉朝的经济得到了迅速的恢复和发展，也为后来的"文景之治"奠定了坚实的基础。这一切的成就都得益于"无为而治"的治国理念。它让统治者明白了"治大国若烹小鲜"的道理，即治理国家就像烹饪小鱼一样，不能过度翻动和折腾，否则就会破坏其原有的味道和营养。只有顺应自然、顺应人性、顺应时势世事，才能实现国家的长治久安和人民的幸福安康。

2.反者道之动

"反者道之动"是《道德经》中的一句名言，它蕴含着深厚的东方智慧，揭示了世间万物运动变化的规律，展示了道家哲学的辩证思维。这一命题意味着事物的发展并非单一的直线前行，而是充满了相互对立、相互转化的动态过程。

在道家的视角中，世界是由一系列矛盾对立的范畴构成的。庄子强调了对立统一的观念，他列举了死生存亡、穷达富贵、贤与不肖、毁誉、寒暑、安危、祸福、缓急、聚散、内外等，进一步丰富了这一理论。

更为重要的是，道家哲学认为，这些对立面并非固定不变，而是存在着相互转化的可能性。老子提出了"物极必反"的观点，意味着事物发展到极致，往往会向其相反的方向转化。这种转化并非偶然，而是道的运动规律，是万物生生不息、循环往复的动力源泉。因此，老子倡导的是一种动态的、

第四章　中华优秀传统文化与高校德育教育融合的内容形式

变化的视角来看待世界，主张以静制动、以柔克刚、以弱胜强，以应对世间万物的无常变化。

"反者道之动"这一哲学观念不仅是一种理论探讨，更是一种实践智慧。它启示我们面对生活中的矛盾和冲突，应具备长远的眼光，保持内心的平静，以灵活的策略应对复杂多变的环境。这种矛盾方法论对于个人的修身养性，乃至社会的治理，都具有深远的指导意义。

（二）道家思想文化的德育价值

1.基于道家"道法自然""自知者明""心斋坐忘"等思想的自我教育方法

在当今的教育体系中，德育工作者肩负着一项至关重要的任务，那就是培养学生的自我教育能力。这一目标的实现需要在尊重每位学生独特性的同时，激发他们的内在潜能，鼓励他们主动探索、深入思考，以提升自身的心理适应力、社交技巧和道德自律。而古老的道家思想恰恰为我们提供了丰富的自我教育理念。

道家的核心理念之一是"道法自然"，它强调遵循自然的法则，尊重个体的成长规律，提倡培养学生的个性，而非机械地塑造他们。这意味着德育工作应以学生的内在需求为导向，创造一个允许他们自由发展、展现个性的环境。正如《老子》中所言："知人者智，自知者明"，智慧不仅在于了解他人，更在于深入自我认知，理解自我。因此，学生需要学会自我反思，通过自我观察和感悟，以达到对生活智慧的深刻理解，实现"见素抱朴""返璞归真"的境界。

此外，庄子的"心斋坐忘"理论进一步深化了自我教育的内涵。庄子认为，外在的知识是有限的，真正的智慧源于内心的洞察。他提倡通过内观本心，摒弃外界的干扰，以达到对事物本质的洞察。这种"心斋"状态要求人们保持内心的宁静，忘却外在的纷扰，使自我融入宇宙的广阔之中，进行深度的自我体验和反思。尽管道家的这种观点可能忽视了外部环境对个体成长的影响，但它强调个体的主观能动性，与现代教育理念中的尊重学生主体性、激发学生内在动力的理念相吻合。

因此，道家的自我教育思想在当今的德育工作中具有重要的启示意义。它提醒我们，教育不应仅仅是知识的灌输，更应是引导学生自我探索、自我提升的过程。通过借鉴这些古老的智慧，我们可以更好地培养学生的自我教育能力，帮助他们在成长的道路上成为自我引导、自我教育的主体，以更好地适应社会，实现自我价值。

2.基于道家"言传身教"思想的模范教育方法

学校德育工作是塑造学生人格、引导其健康成长的重要环节，而德育工作者的"身教示范"在这一过程中起着至关重要的作用。道家思想中的"不言之教"理念，强调教育者应以自身的行为作为榜样，通过自身的道德品质和行为规范，无声无息地影响和感染学生，使他们在日常生活中自然而然地接受正确的价值观和道德规范。这一理念在古代教育家的实践中得到了广泛的认同和应用，如孔子的"其身正，不令而行；其身不正，虽令不从"，以及俗语中的"身教重于言教""喊破嗓子，不如做出样子"，都是对"不言之教"的生动诠释和实践。

在现代社会，学校德育工作的核心依然是"实践性"，强调通过实际行为和生活体验来培养学生的道德品质。德育工作者的言行举止，就如同一本生动的"现实教材"，他们的每一个举动、每一次选择，都可能在学生心中留下深刻的印象。相比抽象的书本知识，这种"身教"方式更能触动学生的心灵，使他们更直观、更深刻地理解和接受道德规范。

然而，我们也应清醒地认识到，尽管大多数德育工作者都能做到以身作则，但仍有少数人存在不良行为，他们的言行与"身教示范"的原则相悖，甚至可能对学生产生负面影响。因此，我们必须坚决抵制和纠正这些不良现象，积极学习和实践"不言之教"的德育方法，不断提升自身的道德素养和专业能力，以实际行动践行党的"切实加强思想道德建设"的指示精神。

3.基于道家辩证思想的心理健康教育方法

随着社会的快速发展，心理健康教育在学校的德育工作中占据了核心地位。尤其在大学生群体中，心理问题的频繁出现已成为一个不容忽视的现象，不仅影响了学生的个人发展，也对学校教育、家庭和谐以及社会稳定带来了挑战。如何有效应对这一问题，提升心理健康教育的实效性，成为教育研究者们关注的焦点。在这个探索过程中，古老的道家思想提供了一种独特的视角和启示。

道家创始人老子的"祸兮福之所倚，福兮祸之所伏"这一名言蕴含着深刻的辩证哲学，它提醒我们事物的两面性和变化性，强调在面对生活中的矛盾和冲突时，应保持适度的平衡和中庸之道。对于自我观念强烈，易受新鲜事物影响的青年学生来说，这种"度"的把握尤其重要。他们往往在追求新知和探索世界的过程中，因缺乏自控力而陷入困境，甚至可能因冲动行事而铸成大错。因此，道家学说中的"度"不仅是对个体行为的指导，也是对心理健康的有力维护。

此外，老子的"罪莫大于可欲，祸莫大于不知足"这一教诲倡导节制欲望和知足常乐的生活态度。在当前物质生活丰富，诱惑无处不在的环境中，这一思想对于培养学生的自控力、抵制过度消费和享乐主义的诱惑、保持内心的平静和满足感，具有深远的教育意义。它鼓励学生坚守朴素、勤奋的品质，保持吃苦耐劳的民族精神，以此来充实自我，塑造健康的心理状态，树立正确的人生价值观。

同时，老子的"柔弱不争"思想则为我们提供了一种处理人际关系的道德准则。它教导我们要谦逊低调，避免自我中心，不为小事争执，以平和的心态面对生活中的挫折和冲突。这种思想有助于学生掌握社交技巧，增强面对挫折的心理适应能力，以及保持内心平衡的能力，从而在复杂的人际关系中保持自我，实现和谐共处。

4.基于道家"柔弱胜刚强"思想的情感教育方法

在古老的中国哲学中，老子的"柔弱胜刚强"理念为德育工作提供了深刻的启示。这一思想强调教育者在引导和塑造受教育者的过程中，应注重情感的交流与共鸣，而非单纯的权威和强制。具体来说，道家学说中的情感教育策略主要体现在四个方面。

首先，教育者应以真诚的情感和爱心对待每一个受教育者。这不仅意味着要关心他们的学习，更要关注他们的内心世界，用温暖和理解去触动他们的心灵，使他们感受到被尊重和接纳。

其次，耐心是情感教育中的重要品质。教育者需要有足够的时间和耐心去倾听、去理解，即使面对困难和挑战，也要保持冷静和坚持，以期通过持久的努力，达到"水滴石穿"的教育效果。

再次，尊重是建立良好教育关系的基础。教育者应尊重每一名受教育者的个性和尊严，避免任何形式的贬低和伤害，让他们在尊重的环境中建立自我价值观。

最后，适时的引导是情感教育的关键。教育者需要敏锐地洞察受教育者的需求和困惑，适时给予指导和帮助，引导他们走向正确的道路。

然而，现实中的德育工作往往面临诸多挑战。一些教育者忽视了与受教育者的情感联系，缺乏深入的理解和尊重，甚至有的教育者自身在工作中缺乏情感投入，导致受教育者受到心理伤害。因此，深入理解和运用老子、庄子的情感教育理念，以"以人为本"的原则指导德育工作，显得尤为重要。

学校德育工作是一项长期且复杂的任务，需要有耐心和智慧。尽管道家思想中可能存在一些消极因素，但其核心的教育理念在今天的教育环境中仍然具有深远的影响力。它提醒我们，要注重细微之处，通过持续的努力和细致的观察，及时发现并纠正受教育者的不良思想倾向，以防止问题的恶化。

"千里之行，始于足下"和"美成在久"这两句话揭示了事物发展渐进性的道理。在德育工作中，这意味着我们要从小事做起，从日常行为中培养学生的良好品质，通过持续的引导和教育，使他们形成正确的世界观、人生观和价值观。

三、法家思想文化与德育

（一）法家思想的精髓

在古代的政治哲学中，"法治"思想以其独特的视角和深刻的影响力，成为与儒家"礼治"并驾齐驱的重要流派。这一思想主张强化"君法"，即加强君主的权威和中央集权，旨在通过明确的法律来规范社会秩序，实现国

第四章 中华优秀传统文化与高校德育教育融合的内容形式

家的长治久安。法家提出的"法治"理念是在对儒家"人治"思想的深入反思和批判基础上形成的。儒家强调的"礼治",注重道德修养和人文情感,但法家则坚持认为,国家的稳定与发展需要更加客观和公正的法律体系来保障。在法家看来,一个有着健全法律体系并得到有效执行的国家,即使是由能力一般的庸才治理,也能保持其稳定和繁荣。

法家非常重视法律的执行。他们认为,法令是所有人行为的唯一标准,即所谓的"一断于法"。因此,法家提出了"明法、任法、依法、从法"的主张。这意味着法律必须明确无误、公开透明,而且所有人都必须严格遵守法律,法律面前人人平等。此外,法家还强调赏罚分明、信赏必罚。他们认为,只有通过赏罚来兑现法律的承诺,才能树立法律的权威和公信力,从而确保法律的有效执行。"信赏必罚"和"厚赏重罚"是法家法治思想中的两个重要原则。前者强调赏罚要兑现、赏罚要公平,坚决反对"宥过"和"赦刑"的情况出现;后者则强调赏赐和惩罚的力度要足够大,以产生足够的威慑力和激励作用。这些原则都体现了法家"严刑峻法"的鲜明特色,也展示了法家对于法律执行的坚定态度。

在当今社会,我们依然可以从法家的法治思想中汲取智慧和启示。党的十八大报告中提出的新时代中国特色社会主义法治建设的新十六字方针"科学立法、严格执法、公正司法、全民守法",正是对法家法治思想的批判继承和创新发展。这一方针强调法律的科学性、严格性、公正性和普及性,旨在通过完善的法律体系来保障人民的权益、维护社会的稳定和发展。同时,这一方针也体现了对法家法治思想的深刻理解和运用,为我们今天的法治建设提供了重要的指导和借鉴。

(二)法家思想文化的德育价值

目前,我国致力于构建法治社会,法家思想亦可提供宝贵的启示。"法治"理念对现代道德教育的积极影响主要体现在以下几个方面。

1. 放低起点,重视人们的利益需求和社会心理

根据法家的核心理念,我们倡导脚踏实地、务实进取,避免不切实际的

高远目标和空洞言辞。在人性假设上，我们采取"弱假定"视角，即基于人性中可能存在的弱点，制定相应规章制度，以确保每个人都能遵循。反之，若采取"强假定"，即过高估计人性，一旦人们无法达到规章制度的期望，则可能引发道德危机，进而导致社会动荡与灾难。

现代德育的目标设定应兼具远瞻性与实效性，起点应贴近实际，避免过于空泛和理想化。我们需摒弃传统德育中"高、大、空"的弊端，从基础着手，逐步推进，要求全体社会成员立即达到共产主义道德标准是不切实际的，因此我们应分阶段、分层次地培养人们的道德素质。最基础的是确立普遍适用的社会公德，而最高追求则是培养先进分子的共产主义道德素质，后者的实现有赖于前者的普遍确立和深化。

道德教育应紧密围绕人的实际需求和社会环境展开，不应忽视人们的经济生活状况和利益关系。在满足人们合理物质需求的基础上，道德教育才能发挥实效。因此，我们需要转变传统德育中忽视个体利益的倾向，摒弃过分强调道德义务而忽视经济利益的偏见，鼓励人们积极进取、务实创新，将个人利益与国家发展紧密结合，从而激发人们的建设热情和创造力，形成强大的社会凝聚力。

2.建设制度德育，净化社会环境，创设遵纪守法的良好道德风气

道德作为人类社会行为的重要指南，源自个体的良知和内在的自我约束力，它以内心的谴责或赞誉来奖惩行为。然而，道德的效力并非无坚不摧，尤其在面对道德意识淡薄或道德败坏的个体时，道德的约束力显得力不从心。这就需要制度的介入，以一种外在的、强制性的力量来规范和引导行为。

制度实质上是一种社会契约，它将社会共同认可的价值观、伦理规范和道德标准以规则的形式固定下来，形成了一种行为的"硬约束"。这种制度化的约束力不仅依赖于道德的内在驱动力，更依赖于法律和规则的外在强制力，从而确保了社会基本秩序的稳定和持续。

制度德育就是将道德原则和基本要求纳入制度体系，通过制度的权威性和强制性，使道德义务转化为具有法律效力的制度义务。这种双重保障机制，使得道德规范的执行更为有力，更有利于维护社会的基本秩序和公平

第四章　中华优秀传统文化与高校德育教育融合的内容形式

正义。

制度道德的优先性和原生性体现在它以明确、具体的形式确立了基本的道德原则和要求，消除了道德实践中的模糊性和不确定性，增强了道德内容的可操作性。同时，制度的权威性也使得道德规范得到了社会的广泛认同和遵循，从而塑造和强化了社会的道德风尚和道德意识。

制度的实施过程是一个道德理念传播、道德行为塑造和道德价值认同的过程。良好的制度设计和执行，能够有效地抑制不良行为，弘扬高尚道德，促进社会道德体系的健康发展，形成积极向上的社会风气。因此，我们可以说制度是道德的守护者，是社会秩序的基石，是人类文明进步的重要推动力。

3.承认道德教育的有限性，德法互补，实现道德自律与政治、法治的结合

在探讨社会治理的方式时，我们常常会遇到道德与法律之间的微妙关系。一种观点认为，以道德至上、以德代政、以德代法，似乎能够营造一个充满道德光辉的社会。然而，这种做法在实践中往往带来诸多问题。以道德来替代政治和法律，容易导致政体缺陷，法治式微。在这种情境下，以德制刑，论刑定罪，使法治成为道德的附庸，人情往往大于王法。然而，正如古人所言"德厚不足以止乱"，单纯依赖道德来治理社会，往往难以达到预期的效果。

历史上，法家学派主张以法治代替德治，强调法律的权威性和公正性。他们认为，法律是维护社会秩序、保障人民权益的基石。历史证明，道德并不是万能的，它虽然能够提供道德规范和行为准则，但难以强制执行；同样，法律也不是万能的，它虽然具有强制性和权威性，但无法涵盖所有道德领域。因此，现代德育观念需要从"德法对立"的观念中跳出来，转变为"法德互补"的理念。

社会的道德秩序是建立在政体完善、法制健全的基础之上的。一个健全的法律制度能够为社会提供明确的行为规范，维护社会公平与正义；而政体的完善则能够确保法律制度的顺利实施，防止权力滥用和腐败现象的发生。同时，法律制度的建立与实施也具有深刻的道德意蕴。法律不仅是冷冰冰的

条文，更是对人们道德行为的期望和追求。因此，以德制法、持德执法同样是社会的要求。

法制的健全、执法的公正都离不开道德教育的支持。道德教育在培养公民的道德意识、提升道德素质方面发挥着至关重要的作用。通过道德教育，人们能够认识到法律的权威性和公正性，自觉遵守法律，维护社会秩序。同时，道德教育还能够引导人们树立正确的价值观，增强社会责任感，为社会的和谐稳定做出贡献。

在道德教育的过程中，我们需要承认道德的有限性。道德虽然能够提供行为规范和道德准则，但无法完全涵盖所有领域和情境。因此，我们需要高度重视"依法治国"与"以德治国"的同向追求，重视道德建设与法治建设的互补作用。通过法律制度的完善和实施，我们可以为道德教育提供有力的保障；而道德教育的深入开展，则能够为法律制度的顺利实施提供坚实的道德基础。

此外，法家所向往的"道"和"德"结合的理想人格，也是现代德育所追求的理想境界。这种理想人格不仅具备高度的道德自觉和自律能力，还能够自觉遵守法律、维护社会秩序。通过道德教育和法治建设的有机结合，我们可以培养出更多具备这种理想人格的人才，为社会的和谐稳定和发展做出更大的贡献。

4.因时而变，与时俱进，不断进行道德创新，拓宽道德内涵和道德思路

道德作为人类社会行为的重要规范，其内涵与特定的历史发展条件紧密相连。在历史的长河中，道德观念并非一成不变，而是随着社会的进步和时代的变迁而演变。传统的道德教育往往强调"义"的崇高，将利益与道义对立，倡导"君子重义轻利"的道德观。然而，随着社会主义市场经济的建立与发展，经济利益逐渐被纳入道德考量的范畴，功利的道德价值和德育的经济功能日益显现，成为现代道德内涵的重要组成部分。

在当前社会，道德建设的核心任务是推动经济发展，提升人们的精神境界，以及在全球化背景下融入世界文明。这要求我们摒弃那些过时的、不适应时代发展的道德规则，通过制度创新来建立符合新时代要求的道德规范。

这不仅是道德建设的紧迫任务，也是社会进步的内在需求。

然而，我们也要警惕道德教育中可能出现的误区。那种过分强调模仿和统一，忽视个体差异和个性发展的教育方式，可能会抑制人的主体意识，磨灭人的独特才干，甚至在某种程度上阻碍社会的创新与进步。道德教育应当尊重和激发个体的创造力，培养其独立思考和批判性思维的能力，以适应快速变化的社会环境。

法家的德育思想虽然在历史上起到了一定的规范和约束作用，但其过于强调外在的控制和严格的规范，忽视了道德的宽容性和灵活性，对待社会矛盾的激进态度以及简单粗暴的教育方式，都显示出其历史局限性。因此，我们需要批判性地继承和发扬法家思想，取其精华、去其糟粕，使其在现代道德教育中发挥积极的作用。

第二节　中华优秀传统礼仪风俗与高校德育教育

一、传统礼仪的文化内涵及其德育功能

传统礼仪作为人类文明的重要组成部分，是社会秩序和谐的基石，它涵盖了生活的方方面面，包括生活礼仪和社交礼仪。生活礼仪，如同一部人生指南，伴随着个体从出生到死亡的各个重要阶段，如满月酒、成年礼、生日庆祝、婚礼以及葬礼等。这些仪式不仅具有纪念意义，更在无形中塑造着个体的价值观和人生观，使人们在特定的年龄阶段理解并接受相应的社会角色和责任。

社交礼仪，则是人们在日常交往中遵循的行为规范和道德准则，如尊老爱幼、礼貌待人、诚实守信等。这些礼仪规则不仅维护了社会的和谐稳定，也促进了人与人之间的相互尊重和理解。正如古人云："礼者，人之所履，

履之则安，违之则危。"礼仪的遵守如同社会的润滑剂，减少了人际冲突，增强了社会凝聚力。

传统礼仪在人类道德发展中的作用不容忽视。它通过规范人们的行为，传递了社会的道德观念和价值标准，对个体的道德品质形成有着深远影响。因此，将礼仪教育纳入学校道德教育的课程体系，是培养具有良好道德素质和社会责任感的公民的重要途径。在中国的传统教育中，尤其强调"伦理秩序目标"，它体现了中国文化中对人际关系的有序、和谐的追求，通过教育引导学生理解和尊重社会的伦理规范，培养他们的亲情、友情和责任感。

现代德育视野中，对"人情"的理解更为宽泛和深入。除了强调血缘关系的亲情，更注重培养学生的同理心和人文关怀，让他们学会尊重和珍视与老师、同学以及社会中其他人的关系。在一个人的成长过程中，各种礼仪仪式的参与使他们逐步学会独立思考，承担责任，从而成长为能够妥善处理各种社会关系的成熟个体。

人是社会的产物，人与人之间的交往是社会生活的本质。在日常生活中，无论是家庭、学校还是职场，我们都需要遵循一定的社交礼仪，以确保交往的顺利进行，构建和谐的人际关系。因此，传统礼仪不仅是一种文化传承，更是一种生活智慧，它教会我们在多元社会中如何尊重他人，如何和谐共处，如何成为一个有道德、有责任感的公民。

二、礼仪教育与大学生德育的关系

礼仪被视为文明国度的标识。中国以其5000年的辉煌文明，历来被誉为"礼仪之邦"。社会的进步始终伴随着物质文明与精神文明的交织互动，二者相辅相成，共同推动发展。尤其在物质文明高度发达的时代，更需强化精神文明建设，以确保物质文明成果的稳固，保障社会的和谐有序运行。中国礼仪作为文化软实力的关键元素，是开展道德教育的关键载体和有效手段。然而，目前在一些高等教育机构中，仍普遍侧重功利性、实用性的学科理论，如大学生德育实践中存在的思维固化、方法落后、形式主义重、实际效果差等问题，这些问题尚未得到应有的关注，这值得我们深思。

第四章　中华优秀传统文化与高校德育教育融合的内容形式

（一）礼在中国传统文化中的地位及德育功能

在中国博大精深的文化宝库中，"礼"字犹如一颗璀璨的明珠，其重要性不言而喻，且对中国传统文化的塑造产生了深远影响。自古以来，中国社会就将礼仪视为个人修养和社会秩序的基石，是人们"修身、齐家、治国、平天下"的必修课。古人云："礼者，天地之序也，人之大经也。"这充分体现了礼仪在古代社会中的核心地位。

礼仪不仅是人类社会共同遵守的行为规范，更是维护社会和谐稳定的重要工具。它如同一面镜子，反映出个人的道德修养和社会责任感。正如《礼记》中所言："美德成于内，礼仪形于外。"礼仪与道德相辅相成，共同构成了社会道德体系的基石，它们要求人们在人际交往中遵循社会公认的准则，以尊重和关爱他人，提升自我素质。

在现代社会，尽管时代变迁，礼仪的重要性并未减退。它仍然是衡量个人教育水平、道德素质和综合素养的重要标准。礼仪教育旨在培养大学生具备基本的社交礼仪，理解并尊重他人，学会在各种场合中得体地表达自我，以提升他们的道德素养，塑造高尚的品格。这将使他们在未来的生活和工作中，能以更加成熟、理智的态度面对挑战，更好地承担起建设社会主义国家的重任。

因此，将礼仪教育融入高校德育工作是至关重要的。这不仅是对传统文化的传承和发扬，也是高校德育工作创新和深化的重要途径。通过系统的礼仪教育，可以培养出既有深厚文化底蕴，又具备现代文明素养的高素质人才，使他们在未来的社会生活中能够展现出良好的道德风貌，为社会的和谐稳定做出积极贡献。因此，礼仪教育理应成为高校德育工作的重要组成部分，得到充分的重视和实践。

（二）礼仪教育与德育的表现

在中国的传统文化中，"礼"与"德"构成了一个不可分割的完整体系。"礼"可被视作是遵循道德理性原则而设立的一系列法律法规和行为准则；而"德"则是"礼"的核心与本质，是支撑"礼"存在的根基。"礼"与

"德"一为外在显现,一为内在体现,共同构成了人格塑造的内外统一,表现为优雅的举止、得体的言谈、谦和的待人方式,以及德才兼备的品质,本质上是高尚道德和卓越文化素养的直接反映。可以断言,没有对礼仪深层含义的精确理解和掌握,礼仪教育就无法充分实现其道德教化的作用。

1.礼仪是道德的外在表现

道德如同灵魂的基石,是人类社会秩序的支柱,也是个人精神世界的内核。它不仅构成了礼仪的基础,更是个体素质的直接反映,是抽象理念与实际行为的交汇点。道德的存在,虽然无形无色,无法直接触及,却在我们的日常生活中无处不在,如同空气般渗透在每一个细微的角落,影响着我们的思考方式和行为选择。

礼仪作为道德的具象化表现,如同一面镜子,映射出我们内心的善良与高尚。它将抽象的道德原则转化为可见、可实践的行为规范,使得道德不再遥不可及,而是变得生动、具体。例如,我们通过礼貌待人来体现尊重,通过诚实守信来体现诚实,通过乐于助人来体现爱心,这些都是道德在礼仪中的实际应用。

将礼仪引入教育就如同为道德开启了一扇通向实践的大门。教育不仅仅是知识的传授,更是价值观的塑造和人格的培养。通过学习和实践礼仪,我们可以更深入地理解道德的内涵,更有效地掌握道德的原则。礼仪以其直观、生动的形式,将道德规范转化为可操作的行为指南,使得道德教育变得更具象、更具体、更灵活、更多样。同时,礼仪的实践也使得道德观念和道德命令具有了更强的可操作性。它们不再仅仅是空洞的口号,而是变成了有章可循、有法可依的行动指南。这种规范化的道德实践,能够帮助我们更好地适应社会,更好地处理人际关系,更好地提升自我修养,从而在遵守社会规则的同时,实现自我价值的提升。

2.道德是礼仪的深层内涵

在传统的华夏文明中,孔子的教育理念深深地烙印着道德与礼仪的紧密联系。他视道德为礼的基石,认为礼的外在表现应源于内心的道德修养。孔子曾说:"吾日三省吾身,为人谋而不忠乎,与朋友交而不信乎,传不习乎?"这便是将道德内化为日常行为的典范。而孟子则进一步强调"仁义"

第四章　中华优秀传统文化与高校德育教育融合的内容形式

的重要性，他提出"仁者无敌于天下"，将仁义视为礼的内在灵魂，认为真正的礼应源于内心的仁爱和正义感。

礼仪作为道德教育的重要手段，其价值在于引导人们形成良好的行为习惯和社会秩序。然而，历史上也不乏对礼仪的误解和滥用，一些人将礼仪视为一种表面的仪式，只注重形式而忽视了其内在的道德含义。这种形式主义的礼仪如同没有灵魂的躯壳，失去了教育和引导人心的作用，甚至可能滋生虚伪和浮夸的风气。

在现代高校的礼仪教育中，我们应当吸取历史的教训，避免将礼仪简化为机械的行为规范。除了教授学生正确的礼仪行为，如礼貌待人、尊重他人、遵守公共秩序等，更应注重培养他们的道德情感，包括培养他们的同情心、公正感、责任感，以及对社会、对环境的尊重和关怀。通过道德情感的培养，使学生能够从内心深处理解并接受礼仪，使其成为他们人格的一部分，而不仅仅是外在的行为表现。

此外，高校还可以通过举办各种活动，如道德讲座、社会实践、志愿服务等，让学生在实践中体验和理解礼仪的真谛。同时，教师的言传身教也至关重要，他们的行为和态度将对学生产生深远影响，帮助他们形成正确的道德观和价值观。

3.礼仪教育与德育的目的和作用是一致的

在构建和谐社会的宏大叙事中，道德与礼仪始终扮演着至关重要的角色。道德是以善与恶的判断为基石，它构成了我们判断是非、辨别正邪的内在尺度。这个标准不仅深入人心，而且通过社会的舆论机制和阶级的道德规范，对个体行为产生约束力，引导人们遵循共同的价值取向，维护社会秩序的稳定。

道德的内涵丰富多元，它涵盖了诚实、公正、仁爱、尊重等多个维度。例如，诚实要求我们在言行上保持真实，不欺骗他人；公正则要求我们公平对待每一个人，不偏袒，不歧视；仁爱是对他人的关爱和同情，是社会和谐的润滑剂；尊重则是对他人权利和尊严的认同，是社会交往的基础。这些道德规范，如同无形的绳索，将个体的行为约束在社会可接受的范围内，防止了无序和混乱。

礼仪是社会交往的润滑剂，是道德在具体情境中的外在表现。它包括了日常生活中的一系列行为规范，如礼貌待人、尊重长者、遵守公共秩序等，以及在特定场合的仪式行为，如商务场合的握手礼、宗教场合的祈祷姿势等。礼仪的遵守不仅体现了个体的教养和修养，更在人际交往中起到了缓和冲突、增进理解的作用。它要求我们在尊重他人的同时，也要注重自我形象的塑造，通过得体的行为和恰当的表达，展现出对他人的尊重和对社会规则的敬畏。

道德与礼仪一内一外、一刚一柔，共同构成了社会秩序的基石。道德是内在的自我约束，它塑造我们的价值观，指导我们的行为选择；礼仪则是外在的行为规范，它帮助我们在具体的社会情境中与他人和谐共处。因此，我们既要注重道德品质的培养，也要注重礼仪知识的学习，使自己成为既有内在良知，又有外在修养的公民，为构建和谐社会贡献力量。

（三）礼仪教育在大学生德育建设中的作用

1.礼仪教育为大学生德育工作提供新思路

在当今的高等教育环境中，我们不得不承认尽管高校在提升学生的专业知识和技能方面取得了显著的成就，但德育教育的现状却显得有些滞后。这主要体现在德育教育的方法和手段上，它们往往无法满足现代教育的需求，导致教育效果不尽如人意。这并非说高校忽视了德育，相反，许多学校已经尝试了各种德育策略，然而这些努力的成果并未达到预期的效果。

回顾过去的教育模式，高校德育常常采取一种"填鸭式"的教学方式，强调理论的传授，而轻视实践的环节。这种教育方式或许能让学生在理论上理解道德规范，但并不能确保他们在实际生活中能够遵循这些规范。因此，我们需要对当前的德育方式进行深刻的反思和改革。

在探索新的德育策略时，我们不能忽视礼仪教育的重要作用。礼仪教育以其鲜明的实用性和可操作性，为德育提供了一种更为贴近生活的方式。它不仅涵盖了日常行为的规范，更涉及人与人之间的互动，通过这种微妙的影响，学生可以在实践中学习和理解道德规范，从而内化为自己的行为准则。

然而，我们也要清楚地认识到，礼仪教育并不能完全替代道德教育。礼

第四章 中华优秀传统文化与高校德育教育融合的内容形式

仪实践虽然能够激发学生的积极性，增强他们的自我意识，但这只是道德品质形成的一部分。真正的道德教育应该更深层次地引导学生崇尚善、追求善，形成稳定的道德品质。礼仪教育可以作为道德教育的一种有效补充，通过增强学生的道德体验，帮助他们建立更坚实的道德基础。

对于现代大学生来说，他们思维活跃，注重情感体验，因此生动灵活的礼仪教育方式更能够吸引他们的注意力，增强德育的说服力。这为高校德育工作开辟了新的路径，也对教育者提出了更高的要求，即如何在理论与实践之间找到最佳的平衡点，以实现德育的真正目标。

2.礼仪教育为大学生德育工作提供丰富教育资源

自古以来，博大精深的中华礼仪文化在历史的长河中不断积淀，如同一颗璀璨的明珠，熠熠生辉。这丰富的文化内涵不仅在浩如烟海的经文、诗歌中得以流传，更在千变万化的风俗习惯和生动的人物形象中得以体现。它不仅是中华民族五千多年文明的瑰宝，更是全人类共享的精神财富，跨越国界，影响深远。

古代的先贤智者以"己所不欲，勿施于人"的道德准则，教导人们尊重他人，严于律己，宽以待人。他们倡导"廉洁奉公，小有哀愁"的高尚品质，以此塑造公正无私的人格典范。同时，他们坚持"君子之义高于一切"的社会道德取向，强调个人对社会的责任感，以"先天下之忧而忧，后天下之乐而乐"的胸怀，展现了高尚的家国情怀。这种深厚的道德观念和人文精神贯穿于"修身、齐家、治国、平天下"的人生理想中，它鼓励人们不断提升自我，以实现个人与社会的和谐共生。正如古人所言"风雨声、读书声、家国事、天下事"，每一个个体都应关注国家的兴衰，承担起对社会的责任。这种"天下兴亡，匹夫有责"的精神，至今仍是我们进行德育教育的重要资源。

在现代的高校德育工作中，我们可以深入挖掘这些传统文化的精髓，将它们融入教学实践中，以生动的历史故事、深邃的哲理思想，引导学生树立正确的价值观，培养他们的社会责任感和家国情怀。通过这种方式，中华礼仪文化不仅可以得到传承，更能在新的时代背景下焕发出新的活力。

（四）礼仪教育为大学生德育工作提供实践路径

教学礼仪教育与传统的德育教育相比，其核心特质在于更加强调实践性和体验性。这种教育方式不再局限于理论的灌输，而是注重引导学生在实际操作中理解和掌握礼仪规范，从而实现更深层次的道德认知和行为习惯的塑造。据研究表明，实践性教育能够提高学生的学习积极性，增强记忆效果，其教育效果往往比单一的理论教育高出数倍。

在大学环境中，推广礼仪教育的方式多种多样。首先，学校可以通过举办开学典礼、毕业典礼等重要活动，让学生在参与过程中体验和学习礼仪。这些仪式活动不仅是校园生活的重要组成部分，也是传播和实践礼仪规范的重要场合。其次，邀请礼仪专家进行专题讲座，可以为学生提供专业的理论指导，使他们对礼仪有更深入的理解。同时，举办礼仪知识和技能竞赛，既能够激发学生的学习热情，又能在轻松愉快的氛围中提升他们的礼仪素养。此外，开展形式多样的礼仪活动，如模拟商务礼仪、日常社交礼仪等，可以让学生在模拟实际情境中实践和运用所学知识，进一步巩固和深化他们的理解。

礼仪教育的实践性还体现在它能够帮助学生建立良好的人际关系，提升他们的社会适应能力。在日常交往中，懂得尊重他人、遵守公共规则、掌握恰当的沟通技巧，这些都是未来社会生活中不可或缺的能力。因此，礼仪教育不仅能够丰富学生的校园生活，更能够为他们的未来职业生涯和社会生活打下坚实的基础。

三、礼仪文化在大学生德育中的价值

（一）内涵向度：礼仪文化的精神内涵

礼仪文化是人类社会历史长河中沉淀下来的一种无形的规范，它源于人们的日常生活，又高于日常，成为个体道德的体现和社会文明的标志。这种文化体系以其深邃的精神内涵，引导人们形成自律意识，尊重他人，以及展

第四章　中华优秀传统文化与高校德育教育融合的内容形式

现出文明礼貌的行为。

在传统礼仪文化的内涵中，我们不难发现其深厚的人文关怀。首先，"仁由己定"这一理念，强调的是人与人之间的相互关爱和和谐共处。它提倡人们以"仁"为行为准则，通过对他人的关爱和尊重，构建起一个温暖和谐的社会环境，同时也为个体价值的最大化提供了可能。正如孔子所言"己所不欲，勿施于人"，这是对"仁"最生动的诠释。

其次，交友中的"义至上"观念，揭示了社会交往中的公正原则。在人际交往中，人们应以正义为重，尊重和维护朋友的权益，因为这不仅是对他人的尊重，也是对自己人格的尊重。如果忽视"义"，则可能导致人际关系的破裂，甚至影响个人的长远发展。

礼仪文化并非停滞不前，而是随着时代的变迁而不断更新和发展。它起源于古代的礼制，经过数千年的演变，形成了一个既传统又现代的体系。在现代社会，礼仪文化依然保持着其活力，它吸收新的思想，与时代发展相融合，以更简洁、更高效的形式满足现代社会的需求。

在新时代的语境下，礼仪文化更加强调内在素质与外在行为的统一。它要求个体不仅要有良好的道德修养，还要能在行为上体现出这种修养，使内在的道德通过外在行为得以体现。同时，礼仪文化也在简化和提炼过程中，更加注重适应现代社会快节奏、高效的生活方式，以更符合人际交往和社会发展的方式存在。

（二）价值维度：礼仪文化在大学生德育中的价值意蕴

1.树立正确的价值导向

礼仪文化，作为博大精深的中国传统文化的璀璨瑰宝，不仅在个体层面引导人们规范自我行为，展现出谦逊有礼的风范，更在与他人的交往中，以幽默诙谐的态度传递出尊重与理解。它为大学生的全面发展提供了坚实的道德基石，为他们在知识探索、人格塑造和生活实践中树立了正确的价值导向。其核心理念是以"立德树人"为宗旨，旨在提升大学生的道德品质，塑造他们的良好品行。

首先，尊重与礼让是礼仪文化中的重要元素，也是大学生在人际交往中应秉持的基本原则。作为社会的焦点，大学生承载着国家的希望，他们的思想行为直接影响着社会的风气。然而，他们也易受外界不良影响，可能在成长过程中偏离正道。因此，教育应从培养他们的尊重意识开始，消除内心的轻视与急躁，使他们在面对他人时能保持谦逊有礼的态度，而不是滋生傲慢与自负。

其次，"仁"的理念在大学生的人际交往中起着至关重要的作用。"仁"不仅意味着对他人的关爱与同情，更体现了对他人的理解和尊重。人的善良或恶劣并非与生俱来的，往往是在特定环境和教育的影响下逐渐形成的。大学阶段，是他们形成独立人格，学术能力与社会技能快速提升的关键时期。因此，将礼仪文化中的"仁爱"观念融入教育，有助于他们在未来的生活和工作中，以包容和关爱的心态对待他人，构建和谐的人际关系。

在新时代的背景下，大学生更应深入理解和践行礼仪文化，让尊重、礼让和仁爱的观念内化于心，外化于行。这样他们才能在面对复杂多变的社会环境时，保持坚定的道德立场，以高尚的品质和良好的行为，为社会的和谐稳定做出积极贡献。

2.构建有效的教育方式

德育作为教育体系中不可或缺的一环，其核心在于教育主体与教育对象之间的深度互动与学习，旨在塑造教育对象的道德品质，形成其稳固的道德观念和道德行为。在高等教育阶段，道德教育更是占据了举足轻重的地位，它不仅是大学生思想政治教育的重要组成部分，更是培养大学生优秀道德品质的关键教育手段。

随着社会的不断发展和进步，道德教育的内容和方法也在不断更新和丰富。其中，将礼仪文化的内容和内涵融入道德教育的过程中，已经成为一种趋势。礼仪文化作为中华民族传统文化的重要组成部分，蕴含着丰富的道德智慧和人生哲理。将礼仪文化融入道德教育，不仅可以丰富教学内容，更新传统教材，使道德教育更具时代感和实用性；而且，通过礼仪文化的熏陶和感染，大学生的道德教育有效性将得到显著提升。

具体来说，礼仪文化的融入可以从以下几个方面促进大学生的道德教育。

首先，礼仪文化可以帮助大学生形成正确的道德观念。礼仪文化中蕴含的尊老爱幼、诚实守信、谦虚礼让等道德观念，都是大学生应该具备的基本素质。通过学习和实践礼仪文化，大学生可以更加深入地理解这些道德观念，从而在内心深处形成坚定的道德信念。

其次，礼仪文化可以提升大学生的道德行为。礼仪文化不仅注重道德观念的培养，更注重道德行为的实践。在礼仪文化的熏陶下，大学生会更加注重自己的言行举止，尊重他人、关爱他人、帮助他人，从而形成良好的道德风尚。

最后，礼仪文化的融入还可以增强大学生的自我体验。在礼仪文化的学习和实践过程中，大学生可以更加深入地了解自己的内心世界，感受自己的道德情感，从而增强自我认知和自我提升的动力。这种自我体验不仅有助于大学生形成更加稳固的道德品质，还有助于其全面发展。

四、中华传统礼仪文化与大学生德育教育的融合

中华优秀传统文化的核心在于儒家思想，同时兼容并蓄地吸收了道教、佛教等理论的精髓。这一文化体系展现出了卓越的凝聚力和同化力，历经数千年的演进与发展，已经深深植根于人们的思维范式和日常行为之中，对人们的价值追求产生了广泛而深远的影响。

（一）传统礼仪文化意识淡薄，基本礼仪认知缺失

在当今社会，随着全球化和现代化的快速发展，大学生们面临着来自社会、家庭、教育体制等多方面的压力和影响。在这样的大环境下，一些大学生对传统礼仪文化的认知逐渐淡化，甚至在日常生活中表现出对基本礼仪规范的忽视。这一现象不仅影响了他们自身的形象，也对社会的和谐秩序产生了一定的冲击。

在公共场所，我们时不时能看到一些大学生不顾他人感受大声喧哗，他们的言语举止有时甚至粗鄙不堪，让人难以忍受。这种行为不仅破坏了公共

环境的宁静，也暴露出他们在社交礼仪教育上的缺失。另外，一些大学生追求标新立异，穿着过于夸张的服装，他们可能并未意识到这种过度的个性化表达有时会让人感到不适，甚至可能在无意间冒犯他人。

在校园里，遇到老师时，有些大学生选择低头匆匆而过，忽视了尊师重教的传统美德，不主动向老师问好。而在人流量大的电梯间，他们可能会在高峰期急匆匆地闯入，却不懂得如何礼貌地让位或等待，这些都反映出他们在日常礼仪知识上的匮乏。

这些不雅言行不仅对大学生的个人形象造成了负面影响，也使社会对这一群体的评价降低。作为社会的未来，大学生应该具备良好的道德素养和礼仪修养，这不仅有助于他们在社会中建立良好的人际关系，也是他们成长为有责任感、有素质的公民的重要一环。因此，教育部门和学校应加强对大学生的传统文化教育，尤其是礼仪教育，让他们了解并尊重传统礼仪，同时也要引导他们适应现代社交环境中的礼仪规范。家庭也应承担起教育的责任，从小培养孩子的礼仪意识。只有这样，我们才能期待未来的社会更加和谐，人们的素养更加提高。

（二）个人本位价值观较重，诚信缺失，责任意识淡薄

很多"00"后在家庭中被四代人宠爱，这种特殊的成长环境塑造了他们独特的个性特征。他们往往以自我为中心，这在一定程度上导致了他们的自我关注度较高，而对团队合作和他人感受的理解相对较弱。例如，当班主任在课堂上组织主题班会时，一些班委成员虽然口头上承诺完成自己的任务并提交给班长，但在实际操作中，他们并未按时履行承诺。这种情况需要班主任反复提醒和多次请求，才能看到他们的行动，这无疑暴露了他们在诚信和责任感方面的缺失。

这种现象并非个例，而是在"00"后大学生中普遍存在的一种趋势。根据中国青少年研究中心的一项研究，约有30%的"00"后大学生在面对集体任务时表现出较低的诚信度和责任感。这不仅影响了班级的团队协作，也对他们的个人成长和社会适应能力构成了挑战。

面对这样的情况，高等教育机构有责任采取措施进行纠正。首先，应当

第四章　中华优秀传统文化与高校德育教育融合的内容形式

将中华传统礼仪文化教育和德育纳入大学生的必修课程，通过学习和实践，培养他们的诚信意识和责任感。中华优秀传统文化中蕴含的尊重、和谐、团结等价值观，可以引导他们树立正确的道德观，理解并尊重他人，学会在团队中发挥自己的作用。

其次，高校还可以通过举办各类团队活动和社区服务项目，提供实际场景让他们学习和锻炼团队合作、责任承担和人际交往的能力。在实践中，他们将逐渐理解到，个人的成功并不仅仅取决于自我，更需要与他人建立良好的关系，共同协作才能实现共赢。

（三）心理素质较差，心理承受力、抗压力弱

在当今社会，高等教育机构普遍认识到心理健康教育的重要性，纷纷开设相关课程，以期为大学生提供一个健康、积极的心理成长环境。然而，尽管如此，大学生的心理素质问题仍然是一个不容忽视的现象。据相关研究，大学生的心理问题呈现出多因素、复杂性的特点，其中，沟通障碍是导致心理问题的主要原因之一。在信息爆炸的时代，大学生在面对人际关系、学业压力等问题时，往往因为沟通技巧的缺乏而产生心理压抑，进一步可能导致焦虑、抑郁等心理问题。

礼仪起源于人类最初的交际需求，经过历史的沉淀，已经发展成为一种人际交往的策略、能力和素养。它不仅是一种外在的行为规范，更是一种内在的自我修养和对他人的尊重。对于初入大学校园，世界观、价值观正在形成中的大学生来说，他们更容易受到周围环境，包括社会上的拜金主义、享乐主义、个人主义等不良风气的影响，这些都可能削弱他们的社会责任感。

我国的礼仪文化强调集体主义和国家利益，倡导人们以大局为重，以国家和民族的利益为最高追求。因此，高校在心理健康教育的同时，应当重视礼仪文化教育，通过教育引导大学生理解和接受这种价值观，以增强他们的社会责任感。通过学习和实践礼仪，大学生可以更好地理解和处理人际关系，增强自我调适能力，同时也能培养他们对国家和民族的忠诚和热爱，使他们能够自觉地为国家和民族的发展做出贡献。

第三节　中华优秀传统文学艺术与高校德育教育

一个国家的传统文化是其国民集体智慧的集中体现，它涵盖了民族独特的精神特质和地域特色，是一个国家的本质特征和标识，也是区分其与其他国家的关键要素。中国以其深厚广博、璀璨多姿的传统文化，屹立于世界文化之林，构成了独一无二的景观。在悠久的中国传统文化长河中，传统艺术文化以其千年的历史积淀，构成了一个重要的分支，以其持久的生命力传承至今，历久而更加鲜明。

一、中国传统音乐艺术与高校德育教育

音乐作为一种艺术表达方式，是通过有序的节奏和旋律性音符在时间中构建的艺术意象，以此来传递人类的思想与情感。它作为普遍的听觉语言，承载了不同国家和民族的深层情感与价值观。尤其是中国传统的音乐，其中蕴含着丰富的道德教育意义。

音乐定义为由和声、旋律或节奏构成的艺术形式，其存在基于声波的振动，于时间的流动中展现，触动人类的听觉感知，引发多样情感体验。如同所有艺术形式，音乐具备其独特的本质，它遵循普遍的艺术规律，同时也有其自身独特的演进规则。

（一）音乐德育作用的表现

音乐艺术承载着道德的精髓。其和谐的旋律中蕴藏着崇高的情感，这种将声音与情感交融的艺术形式，是影响个体心灵的重要工具。它具有激发、净化及提升人们精神层面的能力。音乐艺术的道德教育功能是多维度的，它在人们追求理想、塑造人格特质，以及培养道德品质的过程中，发挥着微妙而深远的影响。

第四章　中华优秀传统文化与高校德育教育融合的内容形式

1.音乐之于理想信念的追求

在浩瀚的中外音乐历史长河中，无数杰出的音乐作品如璀璨的星辰，照亮了人类文化的天空，被人们代代传颂。其中，那些深深烙印在人们心中的经典之作，不仅以其独特的艺术魅力吸引了无数听众，更以其深邃的道德内涵，成为影响人们情感、激发人们精神的强大力量。

以古琴曲《阳关三叠》为例，这首根据唐代诗人王维的七言绝句《送元二使安西》谱写的曲子，以其独特的结构和旋律，展现了离别时的深情厚谊。曲子由三小节组成，每小节在重复的基础上又有微妙的变化，如同人生的起伏与波折，引人深思。而另一首具有深远道德影响的作品则是《满江红·怒发冲冠》。这首由南宋抗金英雄岳飞创作的词，以其磅礴的气势和深沉的情感，表达了作者对国家命运的关切和抗击外敌的坚定决心。20世纪20年代，中国音乐史学家杨荫浏先生将其与元代古乐相结合，创作出了震撼人心的音乐作品。整首歌的旋律低沉而稳定，歌词与节奏相得益彰，犹如一条奔流不息的河流，充满了对祖国的热爱和对未来的期许。

这些优秀的音乐作品之所以能够流传千古、历久弥新，是因为它们具有鲜明的节奏、优美的旋律、丰富的和声以及积极的歌词。这些元素共同作用，直接触动了人们的情感中心，震撼了人们的审美心灵。它们不仅为人们提供了美的享受，更在无形中传递着积极向上的力量，激发着人们的爱国情怀和奋斗精神。

以《义勇军进行曲》为例，这首由田汉和聂耳在1935年创作的歌曲，以其独特的表达方式和激昂的旋律，迅速成为激励中国人民抗击外敌、争取民族独立的重要力量。歌曲中主音的连续重复、中等圆号风格的音调以及结尾的突然停顿等手法，都极大地增强了歌曲的表现力。这首歌不仅激发了人们的斗志和勇气，更唤醒了他们内心深处的爱国情感，使他们为了国家的命运和民族的未来而努力奋斗。

同样地，在外国音乐史上也有许多以"祖国"为主题的作品。如肖邦的《波兰舞曲》、西贝柳斯的《芬兰颂》等作品都以其深沉的爱国情感和独特的艺术风格赢得了人们的喜爱和尊敬。这些作品不仅展现了作曲家们对祖国的深深眷恋和热爱之情，更在无形中唤起了人们的爱国热情和民族自豪感。

而在我国当代的音乐创作中也不乏以"祖国"为主题的优秀作品。如

《歌唱祖国》《我的祖国》等歌曲以其雄壮优美的旋律和深情的歌词赢得了人们的喜爱和传唱。这些歌曲不仅展现了祖国河山的壮丽秀美和劳动人民的勤劳勇敢形象更在无形中唤起了人们建设祖国、报效祖国的使命感。通过歌声人们可以深刻感受到祖国的伟大和民族的凝聚力进而培育出深厚的爱国情怀和民族自豪感。

2.音乐之于人格品质的塑造

音乐的审美功能在塑造人的良好品质方面，其影响力深远且独特。正如伟大的作曲家柴可夫斯基所言："音乐是上天赐予人类的最伟大的礼物，只有音乐才能解释宁静。"音乐不仅是一种艺术形式，更是一种能够触动人心的力量。庄严肃穆的音乐，如古典交响乐中的慢板乐章，能让人在喧嚣的世界中找到一丝宁静，让心灵回归平和与宁静；舒缓悠扬的音乐，如轻音乐或自然声音，如溪水潺潺、鸟鸣啾啾，能令人心旷神怡，感受到生活的美好与和谐；活泼开朗的音乐，如爵士乐或流行音乐，则能激发人们的活力，让人在欢快的旋律中感受到乐观与积极。

音乐中的力量感更是能够激励人们奋发图强。以贝多芬的《命运》为例，这部作品以其宏大的结构、磅礴的气势和不屈的精神，成为激励人们面对挑战、勇往直前的象征。学生在聆听这部作品时，不仅能够感受到音乐带来的震撼，更能够从中汲取到坚韧不拔、永不言败的力量，有助于他们形成坚强而坚定的性格。

同时，音乐也是传承和弘扬民族文化的重要载体。以人民音乐家冼星海创作的大型声乐作品《黄河大合唱》为例，这部作品通过独奏、对唱、颂歌、合唱等多种形式的演唱，展现了中华民族波澜壮阔的历史画卷和永不屈服、锐意进取的精神风貌。整部作品充满了爱国主义的光辉形象和"火"的激情，让人们在聆听中感受到中华民族的伟大和力量，从而激发出对祖国的热爱和为民族复兴而奋斗的豪情壮志。

除了力量感，音乐还能展现出细腻的情感和独特的魅力。那些安静、温柔、细腻的女性音乐作品，如《月光奏鸣曲》或《春江花月夜》，能让人在宁静的夜晚感受到心灵的平静和温柔。这些音乐作品以其优美的旋律和深情的歌词，让人们感受到女性的柔情与细腻，从而在潜移默化中培养出人们的

第四章　中华优秀传统文化与高校德育教育融合的内容形式

细腻情感和审美能力。

《嘎达梅林》这首具有叙事特色的蒙古国民歌，则通过其宽广而豪迈的旋律和庄严肃穆的节奏，展现了民族英雄嘎达梅林带领牧民反抗领主的英雄事迹。这首歌的旋律以蒙古人常用的五音羽毛模式为基础，采用上下句的单段结构，节奏轻松、平静、稳健、有力，充满了对英雄的敬仰和对自由的向往。在聆听这首歌时，人们不仅能够感受到蒙古音乐的独特魅力，更能够从中汲取到民族自豪感和勇敢追求自由的精神。

3.音乐之于道德情操的培养

苏联著名音乐教育家苏霍姆林斯基曾深刻指出："音乐文化是培养道德文明和智慧的重要条件之一。"这一观点凝聚了他对音乐教育的深刻理解和对人类精神世界的洞察。音乐不仅是一系列音符的组合，更是情感的载体，是心灵的慰藉。

音乐以其独特的魅力，成为连接人与美、人与情感的桥梁。通过欣赏音乐、唱歌、表演等艺术实践，人们能够直观地感受到音乐所传递的情感与意境，从而逐步形成正确的审美观。这种审美观不仅限于音乐领域，更能够渗透到生活的方方面面，使人们在面对复杂多变的世界时，能够保持一颗纯净、美好的心灵。

音乐的力量在于它能够激发人的情感，唤醒人的良知。在欣赏音乐的过程中，人们能够体验到音乐所传递的喜怒哀乐，这种情感体验能够帮助人们更好地理解人生、理解社会。同时，音乐还能够培养人们欣赏美、表达美和创造美的能力，使人们在追求美的道路上不断前行。

音乐修身是一个长期而微妙的过程。它不仅是对音乐技能的掌握，更是对人生、对世界的理解和感悟。一个人通过提升音乐修养，能够摒弃内心的阴暗与庸俗，逐渐培养出高尚、文明、和谐的性格和品格。正如一首优美的独奏曲《渔舟唱晚》，它以宁静的旋律和舒缓的节奏，描绘出一幅渔舟晚归的画卷，让人感受到生活的宁静与美好。

音乐的力量还体现在它能够跨越地域和文化的隔阂，成为全球人民共同的语言。云南弥渡山歌《小河淌水》以其优美舒缓的旋律，描绘了月夜下小河的诗意与如画流动，让人感受到大自然的神奇与美丽。而民间小调《茉莉花》更是以其清新脱俗的旋律和歌词，赢得了全球人民的喜爱。这首歌曲被誉为中国民间音乐在海外的代表作，它不仅是一首歌，更是一种文化的传承和发扬。

改革开放初期创作的歌曲《我爱你，中国》更是将音乐的力量发挥到了极致。这首歌曲分为三个部分：引子部分节奏自由、旋律起伏，中段部分节奏流畅、音乐层层推进，片尾曲"啊"将整首歌曲推向高潮。优美的音乐语言打动了无数人的心灵，使人们在歌声中感受到了祖国的伟大与美好。这首歌曲不仅是对祖国的赞美和热爱更是对全国人民共同奋斗、共同追求美好生活的鼓舞和激励。

（二）音乐教育中德育功能的重要性

在社会主义市场经济体制的推动下，我国人民的物质生活得到了前所未有的丰富，这使我们对精神生活的需求日益增长。在这样的背景下，音乐，这一连接群众精神世界和社会价值观的重要纽带，其在德育和价值引导方面的功能日益凸显。音乐如同一条贯穿人类历史的长河，承载着文明的印记，是人类文化中不可或缺的元素。在高等教育中开展音乐教育，旨在最大化地挖掘音乐艺术的教育潜力，对学生产生深远的积极影响，以期通过音乐教育来提升大学生的道德素养。

音乐教育的内涵丰富，包括了基础的音乐理论知识，更涵盖了与德育紧密相连的知识内容和素质培养。在教育过程中，将德育理念融入音乐教学，不仅能提升音乐教育的效果，更能有效地塑造学生的道德品质。例如，教师可以根据大学生的兴趣，选择具有较强现实意义和流行性的音乐作品，以此激发学生的学习热情，使德育在潜移默化中得以实现。

音乐治疗作为一种创新的教学手段，能够充分发挥音乐作品的治疗作用。通过音乐疗法，教师可以帮助学生纠正心理认知的偏差，解决自我心理问题，从而提升其心理素质，增强道德文化修养。这正是音乐教育在德育方面所展现出的独特优势。

大学生阶段，学生的知识结构更为深入，思维更加活跃，因此音乐教育应采取多元化的教学策略。通过融入德育元素，民族音乐作品的道德影响力可以得到最大程度的发挥。在教学中，我们应重视民族音乐教育，让学生深入了解并热爱自己的民族文化。同时，民族音乐中的故事和历史，对于培养学生的民族认同感，增强其文化自信具有不可替代的作用。

能否充分挖掘音乐教育的德育功能，关键在于教师能否深入理解并准确传达音乐作品中的文化内涵和情感。在课堂上，教师应引导学生深入欣赏和思考，真正带领他们步入音乐艺术的殿堂，让音乐教育在提升学生道德素养的同时，也丰富其精神世界，实现音乐教育的全面价值。

二、中国传统书法艺术与高校德育教育

（一）中国传统书法艺术的发展

书法的历史可以追溯到远古的殷代甲骨文和殷周金文时期。在那个遥远的时代，文字的形态初具雏形，甲骨文的刻痕，如同刀割在历史的肌肤上，留下了最早的书法印记。商代和西周的甲骨文，犹如古老的密码，承载着先民的智慧和信仰，被誉为我国最早的书法瑰宝。而商末周初的金文，以其整齐雄伟的气势和流畅的线条，展示了书法艺术的初步成熟。

西周时期，大篆的出现虽然其形态繁复，难以辨识，但无疑丰富了书法的表达语言。秦代的小篆，字形修长，线条匀称，如同丝带在空中舞动，其独特的长方形结构和向下的竖画，营造出一种上密下疏的视觉效果，展现出秦人的严谨和秩序感。

东汉时期，隶书的诞生无疑是书法界的一场革命。隶书改变了圆润的线条，使之变得方正，将弯曲的笔画拉直，调整了笔画的断连，简化了结构，使字体整体趋向扁平，更便于书写和阅读。到了汉末三国，隶书进一步发展，字画上添加了"侧""掠""啄"等笔画，结构更加精致严谨，形成了真书，即我们今天所说的正楷。

魏晋时期，书法艺术进入了一个新的高峰，由隶书为主转为真、行、隶并盛，书法家之间的师承关系也逐渐形成。晋代的王羲之，以其超凡的技艺和独特的风格，被誉为大书法家，他的作品至今仍被广大书法爱好者所敬仰。

唐代，书法艺术百花齐放，篆、隶、真、草、行各体都有名家，尤其是真、行两体，盛行于朝廷和民间。

宋代，苏轼、黄庭坚、米芾、蔡襄四大家的出现，为书法艺术注入了新的活力。

元代，赵孟頫以其全面的书法技艺和妍丽的字形，引领了书法的新潮流。

明代，文人多擅长行草，祝允明、文徵明、董其昌等人，他们的书法作品深受晋唐风格影响，影响深远。清代，金农、郑板桥等书法家，他们在继承传统的同时，勇于创新，形成了各自独特的风格，为书法艺术开创了新的局面。

从甲骨文的粗犷，到小篆的优雅，再到隶书的革新，直至明清的个性化风格，书法艺术在数千年的历史长河中，不断演变，不断创新，展现出中华民族深厚的文化底蕴和无穷的创造力。

（二）中国传统书法艺术的德育价值

1.有助于大学生形成审美观念

美育作为高等教育的重要组成部分，旨在培养学生的审美素养，塑造全面发展的个体。在中国，这一理念尤为突出，因为我们的文化传统中，艺术与道德教育历来是相辅相成的。其中，中国书法承载着深厚的文化内涵和审美价值，被誉为"无声的诗，立体的画"。

自甲骨文的刻痕，到篆书的古朴，再到行书的流畅和草书的狂放，中国书法的演变历程本身就是一部生动的艺术史。正如现代文学巨擘林语堂在《中国人》中所言，书法在各种美的形式中独树一帜，它以其独特的线条、结构和气韵，展现了无尽的美感和意境。每一笔一画，都蕴含着作者的情感和思想，是心灵世界的直观反映。

在大学生的德育教育中，书法教育扮演着至关重要的角色。通过学习书法，大学生可以锻炼观察力和想象力，培养耐心和专注力，从而提升审美思维。他们在实践中感受线条的韵律，理解结构的和谐，创造个性的风格，这不仅提高了他们的审美鉴赏力，也有助于他们在艺术的熏陶下形成高尚的情操和人格魅力。

第四章　中华优秀传统文化与高校德育教育融合的内容形式

韩盼山教授在《书法艺术教育》中进一步阐述，书法艺术教育的核心在于教育，书法本身是实现这一目标的工具。通过书法的学习，学生可以体验到审美享受，提升审美境界，使他们在繁忙的学业中找到心灵的宁静，陶冶性情，净化心灵。这种教育方式与高校"立德树人"的根本任务相契合，旨在培养既有深厚文化底蕴、又有高尚道德品质的现代公民。

2.有助于大学生形成人文爱国情怀

汉字书写不仅是古代文人士大夫文化素养的直观展现，更是他们内心世界和精神追求的生动写照。在中国书法理论史的长河中，一笔一画，一行一字，都饱含着文人对国家的忠诚，对人民的热爱，以及对正义的坚守。这种深深植根于传统文化中的爱国情怀，通过历代书法家的作品得以传承和发扬。

宋人朱长文在《续书断·神品》中的论述，将颜真卿的书法与他的忠烈人格相提并论，赞誉他的字如其人，刚毅雄特，正色立朝。颜真卿的《祭侄文稿》不仅是书法艺术的瑰宝，更是他大义凛然、忠贞不渝的爱国精神的见证。字里行间，我们仿佛能看到他在国家危难之际挺身而出，与乱贼抗争的英勇形象。

柳公权的"心正则笔正"之说，更是将书法与人格修养紧密相连。他认为，书法的正直与人的品行是相辅相成的，只有内心正直，才能写出笔正字端的书法。傅山的"作字先做人，人奇字自古"进一步强调了人格修养在书法中的重要性，他认为，只有具备高尚的道德品质，才能创造出流传千古的书法作品。

这些书法大师的言论和作品构成了中国书法史的骨架，它们不仅是艺术的瑰宝，更是历史的见证，是激发我们现代大学生爱国情怀的重要资源。通过深入学习和理解这些书法理论，我们可以从中汲取精神力量，培养高尚的道德情操，树立正确的价值观，从而更好地为国家和社会贡献力量。

3.有助于大学生的身心健康

当前，我国社会经济正处于一场深刻的转型之中。这个关键期带来了前所未有的机遇，也带来了严峻的挑战。发展的不平衡性在城乡、区域间日益凸显，制度的不完善在某些领域中依然存在，分工的不合理导致社会压力分布不均。这些因素共同作用，使得许多人，尤其是大学生群体，承受着巨大的心理压力。据中国心理卫生协会的数据显示，近三成的大学生有不同程度的心理问题，如焦虑、抑郁等，这对他们的身心发展构成了严重威胁。

面对这一现象，我们不能仅仅依赖单一的心理干预手段，而应从更深层次去寻找问题的根源。古人云："心病还须心药医。"我们需要找到一种能够触及心灵、平衡心态的方式，以帮助大学生们应对压力，恢复内心的平静。在这样的背景下，书法教育的价值愈发显现出来。

书法作为我国传统文化的瑰宝，自古以来就被视为修身养性的重要途径。对于现代大学生来说，长期参与书法练习，不仅可以作为一种有效的压力释放方式，帮助他们暂时脱离繁重的学业和社交压力，更能在潜移默化中塑造他们的性格。书法要求的细致观察、耐心持久，可以培养人的专注力和毅力；其流畅的线条、和谐的构图，又能引导人追求和谐与平衡，从而修正性格上的某些缺陷，如急躁、浮躁等。

此外，书法教育还有助于大学生对传统文化的了解和认同，增强他们的文化自信。在一笔一画中，他们可以感受到中华文化的深厚底蕴，理解古人的人生智慧，这对于他们的全面发展具有深远影响。

三、中国传统绘画艺术与高校德育教育

中国传统绘画的历史可追溯至5000多年前，历经了从早期的象形符号到唐宋的绘画风格，再到元明清文人画的繁荣，这一艺术形式经历了悠久且复杂的演进过程。数千年间，无论是绘画、雕塑、建筑、工艺美术，还是广义的中国艺术，均承载了"教化人心，促进社会伦理"的道德教育功能。

从历史视角审视，传统绘画的诞生与发展，始终与"教育"和"转化"的使命紧密相连，尤其在塑造和提升道德规范方面发挥了显著作用。在当前中国，面对经济的迅速发展，教育改革正致力于构建"以德育为本，培养创新精神和实践能力"的素质教育体系。

中国传统绘画艺术深深植根于儒、道、佛等哲学思想中，既是阶级社会的反映，也蕴含了深厚的道德教化内涵。尽管目前国画在学生道德教育中的

第四章　中华优秀传统文化与高校德育教育融合的内容形式

影响力尚有限，但作为高等教育的从业者，我们有责任担当起传承国画的使命，通过这一独特的艺术形式，直接传递传统文化的精粹给学生，以实现传统文化的持续发扬。

（一）传统绘画艺术对德育教育的作用

中国的传统绘画艺术作为一种深深植根于文化土壤中的表现形式，与个人的道德修养之间存在着深厚的联系，这是西方绘画，如素描、色彩、油画等所不具备的独特性。将这种国画艺术融入现代大学的德育教育中，教师能够借助其直观的视觉表现来启迪学生的心灵，进而推动思想道德教育的进步。具体来说，中国传统绘画艺术与道德教育的交融，体现出以下的效能。

1.陶冶情操，帮助学生形成良好的思想品德

在中华5000年文明的深厚土壤中，儒家思想以其独特的道德教化功能，深深影响了中国人的价值观和行为准则。在艺术领域，这种思想的传播往往通过典故的描绘得以实现，其中，明代画家王克孝的《二十四孝图》就是一个典型的例证。这不仅是一部艺术作品，更是一部生动的儒家伦理教科书，它以画笔诠释了中华民族的传统美德——孝道。

《二十四孝图》是王克孝以24个脍炙人口的孝行故事为题材创作的国画系列，如《孝感动天》描绘了舜帝孝顺感动天地的故事，展现了孝道的崇高精神；《戏彩娱亲》则通过重耳以游戏娱乐的方式孝敬父母，传递了孝顺的日常生活化；《芦衣顺母》讲述了闵子骞以芦花为填充物制作衣服，以保暖顺母的故事，体现了孝顺的细微之处。每一个典故都富含深意旨在弘扬孝道，维护古老的伦理道德价值观。

然而，我们不能忽视的是，这些典故在一定程度上也反映了封建社会的伦理规范，有些故事在现代社会可能显得过于苛刻或不切实际。但无论如何，"二十四孝"的核心——尊敬和关爱长辈，仍然是现代社会中不可或缺的道德品质。在快节奏、个人主义盛行的现代社会，孝道的传承和发扬显得尤为重要，它有助于构建和谐的家庭关系，培养良好的社会风气。

王克孝的《二十四孝图》以其独特的艺术形式，将抽象的道德理念具象

化，使观者在欣赏艺术的同时，也能受到道德的熏陶。这些作品不仅在当时产生了深远影响，而且在今天依然具有鲜活的生命力和教育意义。它们提醒我们，无论时代如何变迁，孝道这一中华民族的瑰宝，都应被珍视、传承和发扬光大。

2.滋养心灵，有助于培养学生健康的心理素质

在现代社会的快节奏与高压环境下，一种被广泛接受的观点是，一个人的健康心理素质对其成功起着至关重要的决定性作用。尤其对于高校大学生而言，他们在毕业后将面对前所未有的职业竞争压力，这种压力不仅来源于外界，更在无形之中加重了他们的心理负担，对学习和生活产生了深远的影响。因此，寻找一种有效的心理调适方式显得尤为重要。

中国传统文化的瑰宝——中国画，以其独特的古韵和深邃的内涵，成为缓解现代人心理压力、滋养心灵的良药。中国画不仅是一种艺术表达形式，更是一种心灵的寄托和归隐。尤其是在中国传统绘画中，文人墨客们常常以梅、兰、竹、菊这"四君子"为绘画对象，这些花卉不仅形态各异、美不胜收，更蕴含着深厚的文化底蕴和画家个人的情感与思想。

梅花以其傲雪凌霜的坚韧品质，象征着不屈不挠的精神；兰花以其清新脱俗的香气，象征着高洁的品质；竹子以其挺拔不屈的身姿，象征着坚定的信念；菊花则以其淡泊名利、宁静致远的特质，成为隐逸文化的代表。这些"四君子"在中国画中的呈现，不仅展示了画家们的精湛技艺，更传递了一种积极向上、超脱世俗的生活态度。

在具体的教学过程中，教师可以巧妙地引用这些国画作品，让学生在欣赏画作的同时，感受到其中蕴含的精神力量。通过引导学生与国画艺术产生情感共鸣，不仅可以增强他们的民族自豪感和文化认同感，更可以在潜移默化中培养他们的良好心理素质。

此外，通过接触和欣赏中国画等传统文化艺术，可以有效降低个体的焦虑和抑郁水平，提高心理韧性和抗压能力。这是因为中国画中的自然元素、哲学思想和艺术美感，能够引发人们内心的宁静和愉悦，从而减轻心理压力和紧张情绪。

因此，对于高校大学生而言，了解和欣赏中国画不仅是一种艺术修养的

第四章　中华优秀传统文化与高校德育教育融合的内容形式

提升，更是一种心灵成长的途径。通过深入学习和理解中国传统文化的精髓，他们可以更好地面对未来的挑战和压力，实现个人的全面发展和成功。

（二）中国传统绘画艺术与德育教育融合的实践路径

中国传统绘画艺术内在的价值观念和道德标准，对民众的生活和精神风貌均产生了深远而持久的影响。

1.坚持马克思主义的思想引领作用

在中国当代社会，思想政治教育肩负着重要的使命，其创新实践的核心在于如何运用马克思主义的基本方法，既反映又重构了中华优秀传统文化所赋予的时代氛围。这一核心主题在弘扬和发展中华优秀传统文化、批判和继承传统文化，以及创造性地改造优秀传统文化的过程中，始终如一，贯穿始终。

优秀传统文化在中华民族的历史长河中，始终扮演着举足轻重的角色。这些文化在中华民族内部历经风雨，不断发展、演变，成为支撑民族生存、发展和繁荣的重要精神支柱。无论是儒家思想的"仁爱"精神，还是道家哲学的"无为而治"，抑或是墨家的"兼爱非攻"，都深刻地影响着中华民族的思想和行为，为中华民族的繁荣稳定提供了坚实的思想基础。

时至今日，这些优秀传统文化中所蕴含的思想文化，依然具有极高的价值。例如，儒家思想中的"诚信""和谐"等观念，在当今社会依然具有重要的指导意义。它们不仅有助于构建和谐社会，还有助于培养人们的道德情操，提高人们的文化素养。

中国传统绘画艺术作为中华优秀传统文化的重要组成部分，其传承具有强大的生命力。从古代的文人画到现代的国画，中国传统绘画艺术一直在不断地发展和创新。然而，正如任何文化遗产一样，中国传统绘画艺术中也有精华和糟粕之分。这就要求我们在传承的过程中，要进行批判性的继承，取其精华、去其糟粕。

在这一过程中，大学生作为新时代的主力军，肩负着弘扬和传播传统文化的时代责任。他们需要在马克思主义哲学的正确指导下，深入理解传统文化的精髓，摒弃其中的糟粕，将传统文化的优秀元素与现代社会的实际需求相结合，为传播优秀传统文化提供良好的思想指导。

近年来，越来越多的大学生开始关注并参与传统文化的传承与创新。他们通过参与各种文化活动、举办文化展览、创作文化作品等方式，积极传播和弘扬传统文化，为传统文化的传承与创新注入了新的活力。

2.完善课程设置，丰富教育内容和转变教育形式

在当今全球化背景下，弘扬和传承中华优秀传统文化显得尤为重要。国画艺术作为中华民族精神的重要载体，不仅承载着深厚的文化底蕴，更是我们民族精神的重要象征。因此，高校作为培养未来人才的重要基地，应当积极完善课程设置，丰富教育内容，将国画艺术纳入其中，以促进学生对传统文化的了解与热爱。

国画艺术不仅是一门独特的艺术形式，更是中华民族历史文化的瑰宝。高校在课程设置中加入国画艺术的内容，不仅有助于学生了解传统文化的发展历程，更能帮助他们深入理解优秀传统文化的思想精髓。这种综合性的文化教育体系不仅能提升学生的文化素养，还能培养他们的民族自豪感和爱国情怀。

在国画艺术的教学中，教师需要具备深厚的文化底蕴和艺术修养。他们应该对传统文化的价值有深刻认识，并在真正理解中国画的基础上，寻求传统文化与现代教育的融合。在教材整合时，要坚持合理原则，建立一个既精确又丰富的课程体系。这不仅可以避免机械地照搬教材，还能确保教学内容的广度和深度。

通过对传统绘画艺术的学习，学生可以更加系统地认识中国艺术，领略到中华民族传统文化的独特魅力和丰富多彩性。他们会逐渐认识到，中华民族的传统文化遗产是独一无二的，值得我们倍加珍惜。这种认识将进一步增强学生对民族文化的信心和对祖国的热爱，激发他们的爱国情感。

在国画艺术的教学中，我们还需要注重课程教学方式的丰富多样性。教师可以设计使用国画内容的思想政治教育课程，并在具体教学中增加实践课程，实施有计划的主题教学模式。例如，可以划分几个主题模块，如"英雄风采""山水意境"等，让学生通过绘画实践来感受传统文化的魅力。人们

第四章 中华优秀传统文化与高校德育教育融合的内容形式

常常通过绘画来表达对英雄的爱和敬意,因此教师可以通过对相关美术作品进行主题教学,让学生深入了解英雄事迹和精神内涵。同时,与相关绘画内容和创作背景的结合,也能使英雄风采得以更好的体现。

在介绍艺术作品时,教师可以与相关历史背景知识相结合,让学生在欣赏作品的同时了解历史背景和文化内涵。在作品评论时,采用通俗易懂的语言,让学生能够更好地理解作品的艺术价值和文化意义。通过对作品的欣赏和学习,学生可以更加深入地了解历史、国情和文化知识,增进情感共鸣和认同感。

绘画艺术作为一种实践性很强的艺术形式,更适合在实践教育过程中进行教学。因此,我们可以通过实践教育来寻找艺术与思想政治教育的联系。师生可以在课堂和课外活动中共同努力,开展丰富多彩的实践活动,如绘画比赛、艺术展览等。这些活动不仅能够提高学生的绘画技能和艺术素养,还能让他们在实践中逐渐提高思想政治觉悟和道德水平。

目前,一些高校已经开始尝试将国画艺术融入思想政治教育中,并取得了显著成效。例如,通过建立大师工作室、培养优秀的传统文化传承人等方式,为学生提供更加优质的学习资源和平台。这些措施不仅有助于提高学生的文化素养和艺术水平,还能进一步推动传统文化的传承与发展。

3.加强师资队伍建设,提高教师传统文化素养

在当今多元文化交融的时代背景下,优秀传统文化的融合与传承显得尤为重要。而在其中,教师作为教学过程中的中流砥柱,其传统文化素养的高低,直接关系学生对传统文化的理解和接纳程度。因此,提升教师自身的传统文化素养,不仅是对他们个人修养的一种要求,更是对整个教育体系乃至社会文化的深远影响。

优秀传统文化素养不仅是对传统文化知识的简单了解,更包括对传统文化的深入理解和欣赏,以及对传统文化在现代社会中的价值和作用的准确评估。只有具备了这样的素养,教师才能在教学中得心应手,将传统文化的精髓传递给学生。

那么,如何提升教师的传统文化素养呢?这需要从多个方面入手。一方面,高校应该重视师资队伍的建设,将传统文化教育作为教师培训的重要内

容，通过定期的培训、讲座、研讨等方式，提高教师对传统文化的认知和理解。另一方面，教师自身也应该树立终身学习的理念，不断拓宽自己的知识视野，加强对传统文化的学习和研究。

值得注意的是，目前高校师资队伍在传统文化教育方面还存在一些不足。例如，有些教师对传统文化特别是国画艺术的知识基础相对薄弱，对内涵丰富的优秀传统文化知识缺乏深入的理解。这就要求我们不仅要加强教师的培训，更要引导他们树立对传统文化的热爱和敬畏之心，从内心深处去感受和体验传统文化的魅力。

在提升教师传统文化素养的过程中，我们还需要关注如何将传统文化与现代教育相结合。传统文化是中华民族的瑰宝，它蕴含着丰富的智慧和经验，对于培养学生的品德、情感、审美等方面都有着重要的作用。因此，我们应该在教学中注重传统文化的渗透和融合，让学生在接受现代知识的同时，也能领略到传统文化的魅力。

4.拓展校园内外文化实践活动

良好的校园文化如同一座丰富的宝藏，其建立并非一蹴而就，而是需要深厚的文化底蕴与多元化的资源支撑。其中，中国传统绘画艺术以其独特的魅力，为校园文化注入了源源不断的活力。这种活力不仅来源于绘画艺术本身，更得益于校园文化载体的精心建设，二者相辅相成，共同推动了校园文化的发展。

首先，要丰富校内文化活动，让国画艺术与校园文化活动紧密结合。在立足现有的传统文化知识水平的基础上，我们可以举办各种形式的文化日庆祝活动，如"传统文化体验周"等，让学生在参与中感受到传统文化的魅力。此外，开展丰富多彩的主题讲座和社团活动也是至关重要的。例如，我们可以组织学生举办"国画鉴赏大师班""中国传统名家绘画艺术作品巡展"等一系列文化专题讲座、学术交流论坛和公益课堂，让学生在专家的指导下，深入了解国画艺术的精髓。同时，发挥学生社团的优势，举办校园主题艺术创作活动，如"五四青年节"政治主题艺术创作大赛、国庆节"我与祖国共成长"主题绘画比赛等，让学生在实践中锻炼自己的艺术才能，增强对传统文化的认同感。

其次，为了将中华优秀传统文化的核心精神融入校园的每一个角落，我们还可以充分利用教学楼、图书馆、健身房、宿舍、食堂等高流量环境，在走廊、墙壁、柱子、屋顶等处展示学生的优秀作品。这些作品不仅展示了学生的艺术才华，更在潜移默化中传递了传统文化的精神内涵。在这样的环境中学习生活，学生自然而然地会受到艺术的影响，提升自己的文化素养和品格。

最后，除了校内活动，建立校外实践教育基地也是传承和弘扬传统文化的重要途径。通过在校外建立社会实践基地，我们可以充分发挥聚集人才、优化资源的带动作用。这些基地可以依托当地特有的自然文化资源，如美术馆、博物馆、风景名胜区、历史遗址等，为大学生提供学习国画的丰富资源。在这些基地中，我们可以聘请专业的讲师进行授课，向大学生详细解释当地的历史传统和文化特色；同时组织学生志愿者参与基地的各项活动，让他们在实践中亲身体验传统文化的魅力，增强学习兴趣和文化素养。这样的实践活动不仅丰富了大学生的课余生活，更让他们在实践中感受到传统文化的价值和意义。

四、中国传统戏曲艺术与高校德育教育

中国戏曲历经数千载岁月洗礼，非但未见颓势，反而愈发璀璨夺目，这恰恰彰显了中国传统文化的深厚底蕴与无尽魅力。在漫长的历史长河中，中国戏曲不仅自身不断发展壮大，更是与其他传统艺术门类交相辉映，相得益彰，最终演变为一门汇聚众多艺术精髓的综合性表演艺术。

而高校作为培养未来社会栋梁的圣地，在传承和弘扬中华优秀传统文化上肩负着神圣且不可推卸的责任。因此，高校应当积极拥抱戏曲艺术，为学子们营造浓郁的戏曲学习氛围，不仅让他们领略到戏曲艺术的独特魅力，更要真正提高他们的戏曲鉴赏能力和表演技巧，使中华优秀传统文化得以在新时代焕发出新的生机与活力。

（一）中国传统戏曲中的德育教育

1.传统伦理道德难以替代

中国传统戏曲深深植根于民间社会的沃土之中。这种独特的艺术形式，以其生动的表演、丰富的象征和贴近人民的语言，与民间的生活方式和审美趣味相得益彰，从而赢得了广泛的喜爱和尊重。自古以来，戏曲不仅是一种娱乐方式，更是一种深入人心的道德教化工具，它在传承和弘扬传统伦理道德方面发挥了无可替代的作用。

鲁迅先生的短篇小说《社戏》便是对这一现象的生动写照。在这部作品中，鲁迅以细腻的笔触描绘了一幅生动的乡村画卷，一群纯真快乐的乡村孩子在田野间嬉戏，他们的善良、淳朴和友爱跃然纸上。这些乡村青年的形象承载了鲁迅对过去时光的深深怀念，同时也揭示了乡村社会中那种淳厚的道德风尚。他通过这种感性的叙述方式，将道德教育的无形影响力具象化，使读者能够直观地感受到道德力量的存在。

中国作为一个拥有5000年文明历史的农业大国，道德教育在人们的生活中的地位举足轻重。自古以来，诸如孝、悌、忠、信等传统道德规范，深深影响着中国人的行为准则和价值观念，它们在维护社会稳定、促进人际和谐方面发挥了至关重要的作用。道德感被视为支撑社会秩序的精神支柱，满足了人们在精神层面的需求。

然而，我们必须清醒地认识到，尽管道德教育在中国历史中占有重要地位，但在现代社会，尤其是在社会底层的广大人群中，其普及程度仍然有待提高。由于历史的、经济的、社会的种种原因，许多人没有机会接受系统的道德教育，戏曲便以其通俗易懂、深入人心的特点，成为他们接触和理解道德规范的重要途径。戏曲中的故事和人物，通过艺术的方式传递道德观念，潜移默化地影响着观众的价值观，成为他们道德教育的最初也是最完整的基因组成部分。

2.中国人民的善良和担当的人格特征

中国传统戏曲以其独特的审美特征在华夏大地上流传了数千年。其独特的魅力不仅在于其精美的唱腔、华丽的服饰和生动的表演，更在于其深厚的

第四章　中华优秀传统文化与高校德育教育融合的内容形式

道德教育意义。所谓"高台教化"，正是对戏曲这一独特功能的生动诠释，它犹如一座座高耸的讲台，将道德教育的种子播撒在人们的心田。

正如陈独秀所言："戏园者，实普天下人之大学堂也；优伶者，实普天下人之大教师也。"中国传统戏曲与道德教育的完美融合，源于中国劳动人民的善良和负责的人格特征。他们始终秉持着对弱者的同情与对背叛者的痛恨，这种情感在戏曲中得到了淋漓尽致的体现。例如，戏曲《秦香莲》便是一个生动的例子。这出戏以其动人的故事情节和深刻的道德寓意，在社会上流传已久。每当这出戏上演，观众们都会为秦香莲的遭遇而落泪，同时也会为陈世美的背叛而愤怒。这种情感共鸣正是戏曲道德教育功能的生动体现。

除了《秦香莲》之外，还有许多戏曲作品都体现了中国传统戏曲的道德教育意义。比如，黄梅戏《女驸马》中，冯素珍为了救李郎，不惜冒着被皇帝斩首的危险，历经磨难，最终与李郎喜结连理。这种追求爱情、勇敢前进的精神不仅深深打动了观众，也对现代年轻人产生了深远的影响。这种影响不仅体现在对爱情的执着追求上，更体现在对人生、对社会的深刻思考上。

在中国广袤的土地上，无论是繁华的城市还是偏远的农村，戏曲都是人们生活中不可或缺的一部分。每当戏曲上演时，观众们都会纷纷涌向剧院，为戏曲的精湛表演而喝彩。尤其是在农村地区，戏曲更是成为人们精神文化生活的重要组成部分。每当戏曲的锣鼓声响起，整个村庄都会沉浸在欢乐的氛围中。观众们一边欣赏戏曲表演，一边互相交流感受，这种场景在现代社会中已经很难见到了。

然而，随着科技的发展和娱乐形式的多样化，以电影、电视等为代表的技术主导型娱乐形式逐渐取代了戏曲在人们生活中的地位。越来越多的年轻人开始追求外来文化和现代文化，对戏曲这种传统艺术形式的兴趣逐渐减弱。这对于戏曲的传承和发展无疑是一个巨大的挑战。

面对这一挑战，我们需要找到一条适合戏曲发展的创新路径。首先，我们应该加大对戏曲的宣传和推广力度，让更多的人了解戏曲、认识戏曲。其次，我们应该在戏曲的表演形式和内容上进行创新，使其更加符合现代人的审美需求。最后，我们还应该加强戏曲与现代社会的联系，让戏曲在德育中发挥更大的作用。

当然，在强调戏曲的德育功能时，我们也不能忽视其独特的艺术魅力和感染力。戏曲的表演形式、表演风格以及艺术呈现中的情与景的融合都是其独特的魅力所在。这些特点使戏曲能够触及观众内心最柔软的部分，使他们在艺术欣赏过程中既快乐又悲伤。戏曲以其独特的魅力表达社会、反映现实、引导人们追求真善美、提升精神境界。

（二）戏曲艺术与校园德育的交融

1.唤醒学生爱国情感，促进德育渗透

自古以来，无数优秀的戏曲作品在舞台上熠熠生辉，成为一代又一代人心中的经典。然而，随着时代的变迁和娱乐形式的多样化，中国戏曲艺术的地位似乎逐渐在下降，甚至在某些时候淡出了人们的视线。在当前这个信息爆炸、娱乐形式层出不穷的时代，年轻人对于传统文化的关注度似乎有所下降。他们更倾向于追求新颖、刺激、快节奏的娱乐方式，如流行音乐、电影、网络游戏等。这种趋势无疑给中国戏曲的传承与发展带来了挑战。

然而，正是在这样的背景下，教师在向学生传授戏曲知识时，所承担的教育责任愈发显得重要。戏曲不仅是艺术，更是一种文化、一种精神。它蕴含着中华民族的传统美德、价值观念和历史记忆。通过戏曲，学生可以更加深入地了解中国的历史、文化和民族精神。

因此，教师在教授戏曲课程时，应该充分运用戏曲元素，激发学生的学习兴趣和爱国情感。例如，可以通过讲述戏曲背后的历史故事、人物传说，让学生感受到戏曲的深厚文化底蕴；可以通过欣赏经典的戏曲表演，让学生领略到戏曲艺术的独特魅力；还可以通过组织学生参与戏曲表演、制作等活动，让学生亲身感受到戏曲艺术的魅力，并培养他们的创造力和团队协作能力。此外，教师还可以结合现代科技手段，创新戏曲教学方式。例如，利用多媒体技术展示戏曲表演，让学生更加直观地感受到戏曲艺术的魅力；利用网络平台分享戏曲资源，让学生可以随时随地学习戏曲知识；还可以组织线上戏曲交流活动，让学生有机会与戏曲艺术家进行互动和交流。

2.培养优秀道德品质，树立正确思想

戏曲表演如同璀璨的繁星，凝聚了人类艺术的精华，以其独特的魅力和

第四章　中华优秀传统文化与高校德育教育融合的内容形式

深远的影响，成为一种跨越时空的美的传递。这种艺术形式，以其精致的雕琢，动人的旋律，以及深入人心的故事，不仅满足了观众的审美需求，更在潜移默化中塑造着观众的价值观。它是一种视觉与听觉的盛宴，一种情感与思想的碰撞，一种生活与理想的交融。

戏曲的精髓在于其多样化的表现手法和鲜明的地域特色。无论是京剧的韵味，越剧的婉约，还是黄梅戏的清新，都以其独特的唱腔和表演方式，将人物的情感和故事的冲突生动地呈现出来。例如，《铡美案》中的包公，他的形象经过演员们精心的刻画，通过激昂的唱词和坚定的动作，被塑造为一个刚正不阿的正义化身，使观众在欣赏中感受到正义的力量，激发了他们对公正和道德的敬畏。

在《花木兰》中，木兰的形象则展示了孝顺和勇敢的美德。她女扮男装，代父从军，以坚忍的毅力和无私的爱，战胜了战场的残酷，展现了孝道和爱国的崇高精神。教师在教授这段戏曲时，可以通过解析剧情和人物，引导学生理解木兰的道德品质，使他们认识到孝顺父母、热爱祖国的重要性，从而在日常生活中积极践行这些美德。

戏曲表演的力量在于它能够跨越文字的界限，以直观的方式触动人们的心灵，激发人们的共鸣。它构建的道德模型，如包公的公正、木兰的孝顺，都为学生提供了行为的参照，帮助他们在面对生活中的困难和抉择时，能够遵循正确的价值观和道德准则，形成健康的思维方式和积极的人生态度。

3.传承优质民族文化，丰富知识积累

中国戏曲艺术，作为世界文化宝库中的一颗璀璨明珠，以其独特的艺术风格和无尽的魅力独树一帜。它不仅是一种表演艺术，更是一种深深植根于中国传统文化中的精神象征。戏曲艺术的精髓，源自歌唱的韵律、舞蹈的灵动以及戏剧的张力，这些元素在歌唱、背诵和表演的交融中被巧妙地融合，从而塑造出一个个栩栩如生的人物形象，让观众在欣赏中感受到强烈的情感共鸣。

为了戏曲艺术的传承与创新，无数戏曲表演艺术家们倾尽毕生心血，他们以舞台为纸，以情感为墨，绘制出一幅幅生动的戏曲画卷。例如，经典的戏曲剧目《苏武牧羊》就是其中的杰出代表。在教师的引导下，学生在欣赏这部戏曲的过程中，不仅可以领略到戏曲艺术的韵味，更能够深入地理解和感受深厚的民族文化。

《苏武牧羊》讲述了汉代忠臣苏武在匈奴牧羊19年，始终坚守忠诚，最终回到祖国的感人故事。教师可以通过对剧情的深入剖析，帮助学生理解苏武在恶劣环境中的坚韧不拔，以及他对祖国的深深热爱。同时，通过苏武的形象，学生也能体会到古代大臣的忠诚与担当，对历史的发展有更深刻的理解，从而激发他们对传统文化的尊重和热爱。

此外，戏曲艺术中的每一个细节，无论是华丽的服饰，还是精致的道具，甚至是演员的一颦一笑，都蕴含着丰富的文化内涵。教师可以引导学生去发现和解读这些细节，使他们在欣赏戏曲美的同时，也能积累丰富的文化知识，提升自身的艺术修养。

4.规范学生情感认知，加强情感教育

中国戏曲艺术以其独特的魅力和生动的表现形式，将生活的千姿百态浓缩于舞台之上。它不仅是历史与文化的载体，更是一种深入人心的情感教育工具。在戏曲的世界里，观众可以见证悲欢离合，体验人生百态，从而对现实生活产生更深层次的理解和感悟。正如古人云："戏如人生，人生如戏"，戏曲表演以其艺术化的手法，将生活的抽象概念具象化，使观众在欣赏中反思，于反思中成长。

在教育的领域中，教师的角色至关重要。在教授戏曲的过程中，教师可以引导学生透过戏曲的表象，洞察生活的真谛。他们可以借助戏曲的情节，引导学生探讨人性的复杂，理解社会的多元，从而培养他们敏锐的洞察力和批判性思维。对于不同认知阶段的学生，教师应灵活运用教学策略，如通过角色扮演，让学生亲身体验戏曲中的情感冲突，或者通过分析戏曲中的象征元素，激发他们对深层次文化含义的探索。

戏曲的丰富内涵，涵盖了历史、哲学、道德等多个领域，它以大众易于接受的方式传播知识，具有极高的教育价值。教师应充分利用这一资源，帮助学生挖掘戏曲中的道德寓言，引导他们形成正确的价值观。例如，通过解析《梁祝》中的忠诚与牺牲，学生可以理解什么是真正的爱情和友情；通过《西游记》的冒险故事，他们可以学习到勇敢面对困难和坚持信念的重要性。

第四章　中华优秀传统文化与高校德育教育融合的内容形式

在当前知识教育盛行的时代，我们往往过于注重知识的传授，而忽视了对学生情感和道德层面的培养。戏曲教学的引入恰好可以弥补这一空白，它以情感共鸣为桥梁，以艺术体验为载体，潜移默化地影响着学生的情感认知和道德观念。因此，戏曲教学不仅是一种艺术欣赏的教育，更是一种情感教育和道德教育的重要途径。

五、中国传统舞蹈艺术与高校德育教育

自古以来，舞蹈一直被视为一种重要的教育手段，它承载着传播文化、陶冶情操、塑造人格的重任。在古代中国，舞蹈教育被视为皇亲贵族子弟的必修课程，周朝的礼乐制度中，舞蹈被赋予了教化民众的使命。公孙尼子曾精辟地阐述了舞蹈与道德的关系，他认为舞蹈是内心情感的外在表达，是道德的生动展现。孔子的"六艺"教育中，乐舞同样占据了重要地位，体现了对舞蹈教育的高度重视。而在西方，从宫廷芭蕾到学院派舞蹈，舞蹈教育在培养贵族气质和道德品质方面发挥了不可忽视的作用。

进入现代社会，舞蹈教育依然保留了其教育民众的特性。随着我国舞蹈教育的不断深化，人们逐渐认识到舞蹈在德育方面的独特价值。舞蹈教育以其独特的艺术形式，使德育教育更具生动性和时代感。通过舞蹈，人们可以体验到不同的情感，理解各种文化，培养出坚韧、优雅、包容等品质。例如，学习民族舞蹈，不仅可以传承和发扬民族文化的精髓，还能在潜移默化中影响学生的性格，激发他们对生活、情感、自然和生命的深刻思考，从而达到净化心灵、提升修养的效果。

舞蹈教育的德育作用并非刻意为之，而是自然而然地融入其中。在舞蹈学习过程中，学生会体验到团队合作的重要性，学会尊重他人，培养出团结协作的精神。同时，通过自我反思和比较，他们能更好地认识自我，发现并改正自身的不足，从而实现自我价值的提升。舞蹈教育在促进个体身心和谐发展的同时，也培养了学生的社会责任感和道德素养。

舞蹈教育以其独特的魅力和深远的影响，成为人们认识自我、规范行为、提升生活品质的重要途径。它不仅是一种艺术形式，更是一种精神力

量，帮助人们在个人成长和社会交往中找到平衡，塑造出完整而独立的人格。因此，舞蹈教育在当今社会的德育体系中，依然发挥着不可替代的作用。

（一）使学生具备良好品质与性格

舞蹈不仅是一种身体的表达，更是一种精神的磨砺。对于每一位学生，无论是稚嫩的孩童还是青春的少年，想要在舞蹈的舞台上翩翩起舞，都需要经历无数次的汗水洗礼和自我挑战。这是一场与自我较量的战役，需要付出的不仅是时间，更是毅力和决心。

学生时代是个体道德品质形成的重要阶段。在这一时期，人的性格特质、价值观念以及对生活的态度都在潜移默化中塑造。舞蹈训练，就像一把精致的雕刻刀，能够巧妙地塑造学生的内在品质。每一次的跳跃，每一次的旋转，都在锻炼他们的耐心和专注力，让他们学会在困难面前不屈不挠，培养出坚韧的意志力。

舞蹈训练的过程充满了挑战和困难，可能是一次次的摔倒，可能是一次次的动作不到位，可能是一次次的体能极限。然而，正是这些挫折和困难，让学生体验到成功的来之不易，激发他们顽强拼搏的精神。他们会在失败中找到教训，从挫折中汲取力量，从而变得更加坚韧和勇敢。

根据美国心理学会的一项研究，参与艺术活动，如舞蹈，可以显著提高学生的自尊心和自我效能感。这不仅有助于他们在舞蹈领域取得进步，更能在生活的其他方面，如学习、社交等，展现出更积极的态度和更强的适应能力。此外，舞蹈训练还能培养学生的团队合作精神和尊重他人的品质。在排练中，他们需要与伙伴们默契配合，理解并尊重每个人的角色，这将对他们未来的人际关系处理有着深远的影响。

（二）加强学生身体素质，提高他们形体与气质美感

舞蹈是人类对身体动态美的独特诠释，它蕴含着无尽的韵律和生命力。舞蹈的精髓在于通过精心设计的动作和节奏，将人的身体塑造成一种流动的

视觉诗篇，展现出力与美的和谐统一。它不仅是一种艺术表达，更是一种身心锻炼的方式，对于学生群体，其益处更是多方面且深远的。

首先，科学的舞蹈训练注重身体的协调性和灵活性。每一个舞步、每一个手势都需要身体各部位的精准配合，这有助于锻炼学生的肌肉控制力和身体协调性。例如，芭蕾舞中的"plié"动作，就需要舞者全身肌肉的协调，以保持身体的平衡和优雅。这种训练可以提升学生对身体的感知，使他们在日常生活中也能更加自如地控制自己的身体。

其次，舞蹈对于骨骼发育和身体素质的提升具有显著效果。根据研究，定期的舞蹈训练可以增加骨密度，预防青少年时期的骨质疏松，同时，高强度的舞蹈练习如跳跃、旋转等，可以提高心肺功能，增强身体的耐力和力量。例如，一项在《青少年体育研究》杂志上发表的研究表明，参与舞蹈训练的青少年在身体素质测试中的表现明显优于未参与训练的同龄人。

再次，舞蹈训练对于学生的内在气质和外在形体习惯的塑造也起着重要作用。舞蹈要求舞者保持良好的姿态，这将帮助学生形成挺拔的身姿和优雅的举止。同时，舞蹈中的表达性动作训练，如面部表情和手势，可以提升学生的自我表达能力和情感理解，使他们在日常交往中更加自信和从容。

最后，舞蹈训练对于学生的心理健康也有积极影响。舞蹈是一种身心合一的活动，它可以帮助学生释放压力，提高情绪稳定性。同时，通过团队合作的舞蹈排练和表演，可以培养学生的团队精神和合作能力，为他们未来的学习、工作和生活打下坚实的基础。

（三）培养学生的审美观念与综合素养

舞蹈不仅是一种视觉艺术，更是一种身心交融的体验，能够全面地调动人体内心深处的情感、表达、动作和姿态，为学生的全面发展提供了丰富的资源。

首先，舞蹈能够唤醒和提升学生的感知力。在舞蹈中，每一个动作、每一个转身都需要舞者对音乐节奏、空间位置的敏锐感知。这种对环境和自身的细微感知，能够训练学生的注意力，使他们在日常生活中更加敏锐和专注。例如，学习芭蕾舞的学生，需要通过脚尖的微妙移动来感知地面的反馈，这种对身体的细微控制能力在日常生活中也会有所体现。

其次，舞蹈是记忆和想象力的锻炼场。复杂的舞蹈步骤和编排需要舞者有强大的记忆力来记住，同时，通过创造性的动作组合和情感表达，可以激发学生的想象力和创新思维。而长期参与舞蹈训练的学生在记忆力和创新思维能力上的表现往往优于同龄人。

再次，舞蹈能够培养学生的身体意识和自我表达能力。通过身体的动态表达，学生可以学习如何将内心的情感和思想转化为可见的舞蹈语言，这有助于他们建立自信，更好地与他人沟通和理解世界。例如，现代舞常常鼓励舞者自由表达情感，这种自我表达的训练在日常生活中也能帮助他们更好地处理人际关系。

最后，舞蹈为学生创造了一个欣赏美和创造美的空间。在舞蹈中，学生可以接触到各种各样的美学元素，如音乐的和谐、身体的线条、空间的流动等，这些都将成为他们审美观形成的重要因素。同时，通过创作自己的舞蹈，学生可以学习如何将个人的视角和情感融入艺术创作中，从而提升他们的创造力。

第五章 中华优秀传统文化与高校德育教育方法的融合

在当今日益多元的文化环境中,中华优秀传统文化的深厚底蕴与高校德育教育方法的创新融合,已成为培养新时代人才的重要途径。这种融合不仅有助于传承和弘扬中华优秀传统文化,还能丰富德育教育内容,提高德育教育的针对性和实效性。高校通过创新德育教育方法,将中华优秀传统文化的精髓融入学生的日常生活。例如,可以开展以"诚信""孝道""礼仪"等为主题的校园文化活动,让学生在参与活动的过程中感受到中华传统美德的力量。同时,还可以鼓励学生参加社会实践和志愿服务活动,让他们在实践中体验中华文化的精神内涵,培养他们的社会责任感和奉献精神。此外,高校还可以加强师资队伍建设,提高教师对中华优秀传统文化的理解和把握能力。可以组织教师参加相关的培训和研讨会,提升他们的文化素养和教育教学能力。同时,还可以邀请文化名人、专家学者来校开设讲座或工作坊,与师生分享中华文化的智慧和魅力。

第一节　高校德育教育的主要方法和手段

一、高校德育教育的主要方法

在构建和谐社会的进程中，德育工作扮演着至关重要的角色。它旨在塑造学生的价值观，引导他们形成良好的道德品质和社会责任感。然而，要实现这一目标，我们必须认识到丰富多彩的德育内容需要通过科学、灵活、适应时代的方法来传递。教育的方法并非孤立存在的，它应与教育的内容和目标相适应，同时也要考虑到受教育者的特性和所处的社会环境。

在高校德育工作中，教育的对象是充满活力和潜力的青年大学生。他们拥有丰富的知识基础，怀揣着理想，思想活跃，对新事物充满好奇，同时，他们也面临着国内外政治、经济、军事、文化、科技的快速发展带来的挑战。因此，教育者需要深入理解这一特殊群体的心理特征和需求，以激发他们的学习兴趣，引导他们积极思考，培养他们的批判性思维能力。

在教育实践中，我们应遵循青年学生教育的规律和原则，如尊重他们的主体性，鼓励他们自我探索和自我实现。同时，运用多元化的教育方法，如案例教学、讨论式教学、实践活动等，以增强德育的实效性。例如，通过组织学生参与社区服务，他们可以直观地理解社会责任，通过讨论社会热点问题，可以培养他们的独立思考能力。

（一）疏导教育法

在青年学生的成长道路上，心理疏导起着至关重要的作用。以下是几种

第五章　中华优秀传统文化与高校德育教育方法的融合

常见的疏导方法，它们在不同程度上有助于青年学生澄清思想、解决困惑、启迪智慧，并培养他们正确的审美观。

首先，理论疏导是基础而有效的方法。青年学生思维活跃，善于接受新事物，但同时也可能因缺乏足够的生活经验而对一些问题产生模糊的认识。德育工作者应坚持理论联系实际的原则，根据每个学生的具体情况灵活运用辨事明理法、类比推论法、正说反议法、深入浅出法、民主讨论法等多种方法。例如，在面对学生关于人生价值观的困惑时，教育工作者可以通过具体案例的剖析，让学生深入理解人生价值的多维性，并通过民主讨论，鼓励学生发表自己的看法，从而使学生能够在无可辩驳的事实和真理前心悦诚服，形成正确的人生观和价值观。

其次，感化疏导是一种注重人文关怀的方法。教育者要从关怀、理解教育对象入手，通过激情感染、理解关注、排忧解难等方式，打动学生的心灵。正如古人所言，"精诚所至，金石为开"，教育者只有以真诚的态度去感化学生，才能使学生愿意敞开心扉，接受教育和引导。例如，在面对学生因家庭问题而产生的心理困扰时，教育者可以通过倾听学生的心声，理解学生的处境，为学生提供力所能及的帮助和支持，让学生感受到来自学校和社会的温暖，从而逐渐走出心理阴影，重新找回自信和快乐。

再次，启示疏导是一种注重思维启迪的方法。教育者需要针对不同情况，采用抛砖引玉、类推诱导、知识启迪、反思启示等方法，引导学生深入思考、拓宽思路、解决问题。例如，在面对学生关于职业规划的迷茫时，教育者可以通过分享成功人士的案例和经验，引导学生思考自己的兴趣、优势和未来发展方向，从而帮助学生明确职业目标，制定合理的职业规划。

最后，美育疏导是一种注重培养审美情趣的方法。青年学生普遍具有爱美之心，教育者应充分利用这一特点，对他们实施艺术美育、自然美育、社会美育等方面的教育引导，使他们成为具有高尚审美情趣和良好道德品质的新一代。

（二）典型示范法

在运用典型示范法作为教育手段的过程中，我们需要注意几个关键点，以确保其有效性和真实性。

首先,实事求是是总结和推广先进经验的基础。在提炼典型人物或案例的经验时,我们必须坚持客观公正,避免过分夸大或虚构事实。我们要寻找那些在实际中普遍适用、具有普遍价值的规律,而不是为了塑造典型而强行拼凑。这就要求我们深入研究,细致分析,确保总结出的经验是真实可靠的,这样才能让典型具有持久的生命力,对他人产生深远影响。

其次,宣传典型时需要营造适当的氛围。这并不意味着我们要过度炒作,而是要通过合理的方式,如举办讲座、分享会,或者通过媒体平台,将典型的优秀品质和事迹广泛传播,让大学生有明确的学习目标和方向。同时,要引导学生以开放和谦逊的心态去接受典型,消除可能存在的抵触情绪,真正从典型身上学到有价值的东西。

再次,推广典型时要避免强制性命令。每个个体都有其独特性,学习典型应该是一个自我内化、自我调整的过程,而非机械地模仿。因此,我们不能简单地将典型的模式强加于人,更不能采取"一刀切"的方式。要鼓励学生结合自身的特点和实际情况,灵活地吸取典型的优点,使之成为自我提升的动力。

最后,反面典型的运用也是典型示范法的重要组成部分。通过揭示错误行为的后果,让大学生从他人的失败中吸取教训,可以起到警示和预防的作用。这种方式可以使教育更具针对性,帮助学生避免重蹈覆辙,更好地引导他们形成正确的价值观和行为准则。

(三)品德评价法

在对学生的思想品德进行评价的过程中,我们可以采取多种方式,以确保评价的全面性和有效性。这些方式包括但不限于评优表扬先进、精神鼓励与物质奖励的结合、正面教育与批评帮助的统一,以及违纪处分和综合测评。每一种方式都有其独特的价值和作用,旨在激发学生的积极性,引导他们形成良好的道德品质。

评优表扬先进是一种重要的激励手段。通过对比和评价学生在思想认识和道德行为上的表现,我们可以挑选出那些表现出色的学生,将他们树立为

第五章　中华优秀传统文化与高校德育教育方法的融合

榜样，以此来激励全体学生向先进学习，提升整体的道德水平。这种评价方式强调了学生的个体差异，鼓励他们发挥自己的优势，同时也提醒他们要看到自身的不足，以促进自我完善。

精神鼓励与物质奖励的结合是激发学生积极性的有效途径。精神鼓励主要通过给予学生荣誉和称号，肯定他们的思想行为，使他们在精神上得到鼓舞，增强自信心。而物质奖励则是一种更直接的激励，如奖学金、奖品等，可以激发学生的积极性和进取心，使他们在实际行动中表现出更好的道德品质。

正面教育与批评帮助的结合是帮助学生正确认识自我，改正错误的重要方式。正面教育强调看到学生的优点，鼓励他们保持积极向上的态度，同时也要帮助他们在成功中保持谦逊。而批评帮助则是对消极因素的纠正，通过指出问题，分析原因，提出改正建议，引导学生自我反思，促使他们改正错误，提升自我。

违纪处分是对严重不良行为的必要措施。在某些情况下，学生的某些行为可能违反了学校的规定，对他人或社会造成了不良影响。此时，通过适当的处分，可以警示学生，让他们认识到错误的严重性，从而改正行为，遵守规则。

综合测评是近年来在学生德育实践中发展起来的一种全面评价方法。它涵盖了学生在学习、工作、思想认识、政治态度、道德行为等多方面的表现，通过量化和质化的标准，对学生的整体素质进行评估。这种评价方式有助于学生全面了解自己，总结经验，发扬优点，改正缺点，从而实现自我提升。

二、高校德育教育的主要手段

（一）学校组织实施

德育实践活动作为高等教育体系中不可或缺的一环，其目的在于通过实践的方式，深化学生的道德教育，培养他们的社会责任感和实践能力。在各大高校中，全校性的德育实践活动通常由学校有关部门精心策划和组织，以确保活动的顺利进行和取得显著成效。这些活动包括军训、生产劳动、社会调查和暑期社会实践等，它们各具特色、互为补充，共同构成了丰富多样的德育实践体系。

首先，军训成为新生入校的必修课。军训由学校直接领导，教务处、学生处组织实施，解放军或武警部队派出官兵进行专业指导，以确保军训的质量和效果。军训不仅让学生亲身体验了军人的严格训练，更让他们深刻感受到了军人的使命和担当，激发了他们的爱国热情和报国志向。同时，军训也为学生提供了磨炼意志、磨炼品质的机会，让他们在今后的学习和生活中更加坚韧不拔、勇往直前。

其次，生产劳动作为学工、学农的一项德育实践活动，也早已成为大中学校教学计划中的一部分。在生产劳动中，学生走出课堂，走进工厂、农田，亲身参与生产实践，了解社会生产的过程和规律。通过劳动，学生不仅锻炼了自己的动手能力，还增强了与工农群众的思想感情，更加珍惜劳动成果，尊重劳动人民。这项活动对于培养学生的劳动观念、增强社会责任感具有重要意义。

再次，社会调查作为一项重要的德育实践活动，原先主要是文科专业的一项实践活动，后来逐渐扩展到各个专业。社会调查的目的是让学生走出校园，深入社会，了解社会现状和问题，培养他们的社会观察能力和分析能力。许多高校将社会调查作为大学生必备的德育实践之一，列入教学计划。在社会调查中，学生通过实地走访、问卷调查、访谈等方式，收集第一手资料，进行深入分析，撰写调查报告。这项活动不仅让学生了解了社会的真实面貌，还让他们学会了如何发现问题、分析问题和解决问题。同时，社会调查也为学生提供了展示自己才华和能力的机会，让他们在实践中锻炼自己、提升自己。

最后，暑期社会实践是另一项重要的德育实践活动。在暑期社会实践中，学生可以选择自己感兴趣的领域进行实践，如支教、环保、扶贫等。通过实践，学生不仅锻炼了自己的实践能力，还增强了社会责任感和使命感。同时，暑期社会实践也为学生提供了结交新朋友、拓展人际关系的机会，让他们在实践中收获友谊和成长。

（二）学生自由组合实施

在当前的教育体系中，学生自由组合实施的德育实践活动已经成为一种重要的教学模式，旨在提升学生的实践能力、团队协作能力和社会责任感。这种模式主要涵盖科技活动、假期社会实践和勤工助学三种类型，每一种都有其独特的价值和影响。

1.自由组合式的假期社会实践

大学生的暑期社会实践，除了学校统一组织的形式，更多的学生选择回乡进行实践活动。这种方式的成效很大程度上取决于负责人的能力和责任感。然而，实践中发现，许多负责人可能不具备足够的领导和组织能力，导致活动效果不佳。因此，挑选有潜力的负责人并进行有效的培训至关重要。同时，这种模式也催生了一种新的形式，即由学生自发组织的实践小组，由于成员间的共同兴趣和合作基础，往往能取得更好的效果。

2.自由组合式的科技活动

科技活动通常由对同一专业领域有浓厚兴趣的学生自发组成，他们共同进行学术研究或技术创新。这种活动鼓励学生在课堂学习的基础上深入探索专业知识，进行实验研究或社会调查，以拓宽知识视野，提升研究能力。这种自由组合的方式使学生能够在兴趣驱动下充分发挥各自的创新能力和团队协作精神。

3.自由组合式的勤工助学活动

勤工助学活动主要由关系良好的同学组成，他们利用课余时间或假期，为公司提供服务，如产品推销，或者为家庭提供家教服务。这种活动不仅可以帮助学生减轻经济负担，也提供了提升沟通技巧和解决问题能力的机会，同时有利于他们更好地理解和适应社会。

这三种自由组合的实践活动都强调了兴趣导向、小规模和灵活性，使学生可以根据自己的兴趣和特长选择参与，从而在实践中提升自我，实现个人成长和社会价值的双重提升。

(三)学生社团组织实施

在大学的广阔天地里,学生社团作为一股不可忽视的力量,以其独特的魅力与活力,为学生提供了丰富多彩的实践形式。这种实践形式基于学生的自由组合,由社团组织具体实施,它不仅丰富了校园生活,更在无形中塑造着每一个参与者的品格与能力。

当我们走进大学校园,那股扑面而来的青春气息与浓烈的学术氛围交织在一起,形成了独特的校园生活。这种生活带给学生强烈的新奇感,促使他们寻找志同道合的伙伴,共同追求共同的兴趣与爱好。在这种背景下,学生社团应运而生,它们如同一个个璀璨的明珠,吸引着学生的目光。

学生社团的负责人往往是高年级的学生,他们凭借丰富的经验和热情,引领着社团的发展方向。社团成员主要是一、二年级的学生,他们充满朝气,对参与社团活动充满热情。

社团组织开展的活动类型多样,各具特色。一类是公益性社会活动,如青年志愿者协会、爱心社或大学生心理协会等社团,积极投身社会公益事业,用实际行动传递着爱心与温暖。另一类是专业性社团活动,如大学生科技协会、花卉协会、食品协会等,结合自身专业,开展了一系列与专业密切相关的活动,既锻炼了专业技能,又拓宽了视野。还有一类是与个人兴趣、爱好相关的活动,如书法协会、演讲协会、摄影爱好者协会等,为学生提供了展示自己才华的舞台,让他们在轻松愉快的氛围中享受艺术带来的乐趣。

学生社团活动的意义不仅在于丰富学生的课余生活,更在于培养他们的综合素质。通过参与社团活动,学生学会了如何为同学服务、为社会服务,培养了他们的奉献精神和事业心。然而,学生社团活动的开展也离不开教师的指导与监督。只有在教师的有力指导下,社团组织才能健康、有序地发展。如果教师指导不力,可能会导致社团组织盲目仿效社会上的一些不良做法,如机构臃肿、经费浪费等。因此,主管部门必须切实加强对社团组织的管理与监督,确保社团活动的健康开展。

事实上,那些得到教师精心指导的社团组织,其开展的活动往往能够取得显著的成效。

（四）学生个人分散实施

高年级大学生的实践活动，以个人分散形式实施，是他们在校园生活与社会生活之间过渡的重要桥梁。这种形式的实践，旨在为学生提供一个独立探索、自我锻炼的平台，以适应未来社会的挑战。在此之前，学生可能已经通过团队合作、社团活动等形式积累了组织协作和管理能力，这些都为他们走向社会打下了坚实的基础。然而，个人分散实践的出现更加强调了自我驱动和独立性，让学生在实践中学习如何自我管理，如何处理突发问题，如何与他人建立有效的沟通。

实际上，随着学年的推进，许多学生开始选择独立参与实践活动，有效地锻炼独立工作能力和问题解决能力，加速他们的成长进程。同时，由于其灵活性和自主性，既节省了成本，也减少了对学校和基层单位的管理压力。

然而，个人分散实践的成功与否很大程度上取决于学生自身的积极性和态度。学生需要将社会实践视为提升自我、增长见识的机会，以谦逊的态度寻求指导，以认真的态度面对挑战。只有当学生全身心投入，才能从实践中有真正的收获。

为了确保实践活动效果，学校和指导教师在准备阶段和总结阶段的角色至关重要。他们需要提供必要的指导，帮助学生明确目标，制订计划，以及如何与实践单位建立联系，获取支持。然而，在具体实施阶段，学生需要发挥自我能动性，灵活应对实践中遇到的问题。这种自我挑战和自我突破的过程，对于高年级学生来说，虽然可能充满困难，甚至痛苦，但从中获得的锻炼和经验将是无价的。

第二节 中华优秀传统文化在高校德育教育方法中的独特优势

中华优秀传统文化作为中华民族的精神瑰宝，在高校德育教育方法中展现出了其独特的优势。这种优势不仅源于其深厚的历史底蕴和丰富的思想内涵，更在于它如何与现代德育教育理念相融合、相促进，共同推动德育教育的深入发展。

一、中华优秀传统文化的道德观念与高校德育教育目标高度契合

中华优秀传统文化的道德观念与高校德育教育目标高度契合。这种契合并非偶然，而是缘于二者之间共同的文化根基。在传统文化中，"仁爱""诚信""忠孝"等价值观念被赋予了极高的地位，它们不仅是个人品德的基石，更是社会和谐稳定的保障。在德育教育中教师可以深入挖掘这些道德精髓，通过生动的案例和具体的实践，引导学生理解并接受这些价值观念，从而形成正确的世界观、人生观和价值观，为他们的健康成长和全面发展奠定坚实的基础。

二、中华优秀传统文化的教育方式具有独特的魅力

传统文化中的诗词歌赋、经典著作等,不仅是文学艺术的瑰宝,更是德育教育的重要载体。这些作品蕴含着丰富的道德智慧和人生哲理,通过诵读、赏析等方式,可以让学生感受到其中的道德力量,激发内心深处的道德情感。高校可以开设经典诵读、诗词赏析等课程,让学生在欣赏传统文化艺术的同时,感受到道德的力量,从而更加自觉地践行道德规范。

三、中华优秀传统文化的实践教育功能强大

传统文化中的礼仪、习俗等是德育教育的重要内容,这些礼仪和习俗不仅体现了中华民族的传统美德,更是社会交往和人际关系的重要纽带。教师可以组织学生参与传统节日活动、学习传统礼仪等方式,让学生在实践中体验传统文化的魅力,增强对传统文化的认同感和归属感。同时,这些实践活动还可以帮助学生更好地理解道德规范,提高他们的道德素质。

四、为高校德育教育提供了源源不断的动力

在传承传统文化的同时,高校也要注重与现代德育理念的结合与创新。这种结合不是简单地叠加,而是要在深入理解传统文化的基础上探索符合时代特点的德育教育方法。例如,可以利用现代科技手段,如互联网、大数据等,创新传统文化传承方式,提高德育教育的针对性和实效性。同时,高校还可以积极开展跨文化交流活动,引入国际先进的德育理念和教育方法,为学生提供更加全面、多元的德育教育体验。

第三节 中华优秀传统文化融入高校德育教育的创新方法

中华文明历经数千载沧桑，其独特的价值体系熠熠生辉。中华优秀传统文化，作为中华民族的文化根基，已深深植根于国人的心灵之中，悄然塑造着我们的思维与行为模式。我们应当珍视并充分利用这一文化瑰宝所蕴含的丰富思想道德资源，深入挖掘其内在的思想观念、人文精神与道德规范，同时结合时代需求进行继承与创新，以推动中国传统文化的创造性转化与创新性发展。这不仅能让中华文化绽放永恒魅力，彰显时代风采，更能成为滋养思想道德教育的重要源泉。

一、基于中华和谐传统构建大学生德育教育目标

德育目标，作为教育活动的核心指向，旨在通过系统的教育手段使受教育者的思想品德达到社会或社会群体所期待的总体标准。这不仅是德育活动所追求的目标，更是社会对于未来一代的殷殷期盼。德育目标的设定，不仅关乎个体的道德成长，更关系整个社会的道德风尚和文明程度。

从内容上看，德育目标可以细分为观念性目标和指令性目标。观念性目标侧重于培养受教育者的道德观念、价值观念和世界观，使其具备正确的道德认知和价值判断。指令性目标则更注重于将道德规范转化为受教育者的行为习惯，通过日常行为的培养和训练，使其能够在实践中践行道德准则。

在时间上，德育目标可以划分为短期目标、中期目标和长期目标。短期

第五章　中华优秀传统文化与高校德育教育方法的融合

目标通常关注于解决当前社会道德问题，如诚信缺失、道德滑坡等，通过针对性的教育活动，迅速提升受教育者的道德素质。中期目标则侧重于构建良好的社会道德风尚，通过持续的教育引导，使道德规范成为社会的普遍共识。长期目标则着眼于培养具有高尚道德品质的公民，为社会的长远发展奠定坚实的基础。

从层次上，德育目标可以划分为广泛性目标和先进性目标。广泛性目标强调道德教育的普及性，关注每一个受教育者的道德成长，使其具备基本的道德素质。先进性目标则更加注重培养道德楷模，通过树立榜样、表彰先进，激励更多人追求高尚的道德品质。

一个社会的德育目标具有深厚的历史性、阶级性和民族性。它随着社会历史的发展而不断发展，反映了不同历史时期社会的道德需求和价值导向。同时，德育目标也是为统治阶级服务的，它体现了统治阶级的道德观念和价值取向，为社会的稳定和发展提供了有力的道德支撑。此外，德育目标还具有鲜明的民族性，它反映了一个民族的风俗习惯、文化传统和思维方式，是民族精神的重要体现。

以中华民族为例，5000多年的历史发展孕育了丰富的德育目标。从古代的"仁爱""诚信"到现代的"爱国""敬业"，这些德育目标都是中华优秀传统文化的结晶。它们不仅体现了中华民族的传统美德，也为当代社会的道德建设提供了宝贵的借鉴。同时，德育目标也具有继承性，虽然不同历史时期的德育目标有所不同，但其中总有一脉相承的内容，表现为中国传统文化中的"和合伦理"。这种"和合伦理"强调人与人之间的和谐共处、个人与社会的协调发展，是中华民族道德精神的核心。

（一）传统"和合伦理"的经验启示

"和谐"作为社会主义核心价值观的重要组成部分，乃是我国不懈追求的价值目标之一。在构建社会主义和谐社会的进程中，我们不难发现其与中国传统文化中的"和合伦理"思想高度契合。中国传统伦理道德思想体系，以"天和""人和""心和"为基石，辅之以"五伦"的具体规范，共同构筑了深厚的道德底蕴，并取得了显著的社会成效。

1."人与自然和谐"的德育现实价值

在中国悠久的历史长河中,传统文化始终贯穿着"天人合一"与"和合共生"的哲学思想。这一思想不仅体现在儒家文化的核心中,也贯穿于道家、理学等多个思想流派中。儒家文化中的"天人合一"理念,强调人与自然界是平等共生、相互依存的。儒家经典《中庸》中曾提到:"诚者,天之道也;诚之者,人之道也。"这意味着人应当遵循自然的规律,与自然和谐共处。道家思想则强调"道法自然",老子在《道德经》中明确指出:"人法地,地法天,天法道,道法自然。"这里的"道"即指自然法则,人们应当顺应自然,而非肆意妄为。

理学的创始者之一程颢,亦曾发出"人与天地一物也"的呼声,进一步强调了人与自然的紧密联系。这种与自然和谐相处的理念,不仅在中国传统文化中占据重要地位,还深深影响着中国的物质文化、艺术文化、传统节日与习俗以及科技文化等多个方面。例如,中医学便特别重视自然环境对人体健康的影响,认为人与自然环境的和谐关系是身体健康的重要保障。

放眼全球,近年来,埃博拉病毒、猴痘病毒、新冠肺炎疫情等疫情频发,这些疫情的出现,正是自然界对人类无序开发、破坏自然平衡的一种"报复"。这些事件再次证明,古人将人类健康与自然界联系起来的观点是无比正确的。生态环境是人类生存和发展的根基,它的变化直接影响着文明的兴衰演替。

然而,在现代社会中,随着科学技术的飞速发展,尤其是工业革命以来,人类对自然界的过度开发和破坏已经达到了前所未有的程度。全球气候变暖、土地荒漠化、酸雨等环境问题日益严重,这些问题不仅威胁着人类的生存,更在逐步摧毁着我们赖以生存的地球家园。

面对如此严峻的生态危机,党的十八大将生态文明建设纳入中国特色社会主义"五位一体"总体布局,这标志着我国政府对生态环境问题的重视达到了前所未有的高度。以习近平同志为核心的党中央站在坚持和发展中国特色社会主义、实现中华民族伟大复兴的中国梦的战略高度,提出了"人与自然和谐共生"的生态文明理念,强调"绿水青山就是金山银山",并倡导全球共谋生态文明建设。

这一理念的提出,不仅为生态文明中的德育工作提供了新思路和新内

第五章　中华优秀传统文化与高校德育教育方法的融合

容,更为建设美丽中国、实现人类永续发展提供了基本遵循。在这个过程中,加强和改善德育,积极构建人与自然相处关系的和谐之道显得尤为重要。这不仅是德育的最高价值,也是最重要的德育内容。我们需要通过教育引导人们树立正确的生态观念,尊重自然、顺应自然、保护自然,从而实现人与自然的和谐共生。

2."人与人、人与社会和谐发展"的德育现实价值

中国传统文化,源远流长,博大精深,其中最为独特且引人注目的便是其对人伦道德的深刻理解和重视。人伦道德,即指人与人之间的道德关系,是中国古代哲学思想的核心内容之一。儒家思想作为中国传统文化的主流,强调人有五伦:父子、君臣、夫妇、兄弟、朋友,每一种关系都蕴含着特定的道德准则和行为规范。

在儒家思想中,父子之间应相亲相爱,遵循尊卑之序,这即"孝"的体现。君臣之间应恪守礼义之道,忠诚于国家和君主,这是"忠"的内涵。夫妇之间,既要有深厚的感情基础,又要明确各自在家庭中的职责,这称之为"忍"。兄弟之间,血脉相连,应相互扶持,体现的是"悌"的精神。朋友之间应讲究诚信,以诚信为交往的基石,这便是"信"的诠释。

这些道德规范和行为准则虽然在一定程度上反映了封建社会的等级秩序和统治需求,但其核心思想,即强调人与人之间的和谐相处,对于维护社会秩序、促进经济社会发展具有不可替代的重要作用。正如孟子所言:"天时不如地利,地利不如人和。"只有当人与人之间的关系和谐融洽,社会才能安定有序,经济才能繁荣发展。

在中国传统文化中,"和"是一个极为重要的概念。古人认为,"和"是处理人与人、人与社会关系的重要准则。孟子提出"老吾老以及人之老,幼吾幼以及人之幼"的思想,倡导构建一个老有所养、幼有所依的和谐社会。这种"和"的理念不仅要求我们在处理人际关系时要宽容大度、以和为贵,更要求我们在面对社会矛盾和冲突时能够采取积极有效的措施加以化解,从而实现社会的和谐稳定。

在处理人际关系时,古人还提出了"中庸"的思想。中庸之道强调在对待人与人、人与社会的关系时要把握一个度,避免过于激进或保守。它提倡

"贵和""持中""求同存异"等原则，旨在实现人与人之间的和谐相处和社会的共同进步。这种中庸之道对于我们今天处理社会各种矛盾、构建社会主义和谐社会具有重要的借鉴意义。

首先，要加强道德教育，提高人们的道德素质。通过弘扬中华民族的传统美德和社会主义核心价值观，引导人们树立正确的道德观念和行为准则。其次，要加强法治建设，维护社会公平正义。通过建立健全的法律体系和执法机制，保障人们的合法权益不受侵犯。最后，要加强社会治理和公共服务体系建设，提高社会管理的科学化、规范化和精细化水平。

3. "个体身心和谐发展"的德育现实价值

中国传统文化历经千年沉淀，其核心始终围绕着个体身心的和谐与发展。这种和谐不仅体现在个人的内在修养上，更是社会和谐、自然和谐的基石。自古以来，先贤们便深谙此道，他们以智慧和远见为我们指引了前行的方向。

老子曾言："知人者智，自知者明。"这句话道出了个人修养的精髓。在中国传统文化中，个体修养被视为实现身心和谐的关键。儒家思想更是将这一理念发挥得淋漓尽致。孔子提倡的"仁、义、礼、智、信"五常，旨在引导人们修养品德，提升自我。他强调，每个人都应保持平和、恬淡的良好心态，这是提高个人修养的基石。孟子进一步阐述了这一观点，他认为"存其心，养其性。修身以之，所以立命。"一个人只有保存其内心，修养德性，学会修养自身，才能安身立命，实现个人身心的和谐统一。

儒家提出的"修身齐家治国平天下"思想，正是基于个人身心和谐发展的基础上，进一步扩展到家庭、国家乃至天下的和谐。这一思想强调了个人修养对于家庭和睦、国家繁荣的重要性。一个人只有先修身养性，才能以良好的心态去面对生活中的种种挑战，从而保持家庭的和睦与稳定。同时，一个身心和谐的国家领导者，也更能引领国家走向繁荣与昌盛，实现国家的长治久安。

在当今社会，随着社会主义市场经济的建立和发展，我们享受着前所未有的物质文明成果。然而，与此同时，社会竞争的加剧也给人们带来了巨大的精神压力。许多人长期处于身体亚健康状态，精神压力日益增大，这种精

第五章 中华优秀传统文化与高校德育教育方法的融合

神疾患以及私德的沦丧不仅给个人带来了严重的危害，也给社会带来了不安。因此，加强和改进道德教育显得尤为重要。

在这个过程中，中国传统文化中关于身心和谐发展的理念为我们提供了宝贵的借鉴。首先，要注重个人道德修养和人格培养。通过学习和实践传统文化中的道德观念，可以更好地理解人生的真谛，提升个人的品德修养。其次，要关注个人的身心健康。通过加强体育锻炼、调整生活方式、减轻精神压力等方式，可以保持身心的和谐与健康。最后，要积极参与社会公益事业，为社会的和谐稳定贡献自己的力量。

除了个体身心的和谐发展外，中国传统文化还强调民族与民族、国与国之间的和谐共处。在处理外交关系上，我国历来强调和平共处五项原则，反对霸权主义和强权政治。这种和平、包容的外交理念正是源于中国传统文化中的和谐思想。在当今世界，各国之间的联系日益紧密，国与国之间的合作与竞争也日益激烈。在这种背景下，应该以中国传统文化中的和谐思想为指导，推动各国之间的平等交往、互惠互利、共同发展。

（二）现代德育目标的基本内容

在深入探讨中华传统文化的"和合伦理"与新时代德育发展的融合中，我们发现，当代德育目标的构建应涵盖生态、公民和社会私德等多个维度。这些维度不仅强调个体的道德修养，更注重培养具有社会责任感和全球视野的现代公民。

首先，生态德育是面对全球环境挑战的重要教育内容。在当前气候变化、生物多样性丧失等生态危机的背景下，生态德育旨在培养人们的生态道德意识，使他们理解人与自然的和谐共生是人类生存的基础。通过教育活动，可以引导学生认识到每一个生态行为，无论是节约用水、减少碳排放，还是保护动植物，都是对地球家园的尊重和责任。这种生态道德观念的形成将促使人们主动承担起维护生态平衡的使命。

其次，公民德育是构建和谐社会的基石。在快速发展的社会中，人与人、人与社会的关系日益复杂，公民德育的重要性不言而喻。它要求我们通过教育引导人们理解和遵守社会公德，如诚实守信、尊重他人、公平正义等，以促进社会的公正和谐。同时，公民德育也包括培养公民的法治意识和公民责任，使人们能够在社会生活中自觉遵守法律，积极参与公共事务，共同维护社会秩序。

最后，私德教育是个人品质塑造的关键。私德不仅关乎个人的道德修养，更与社会的和谐稳定密切相关。道德观念的培养使人们能够形成正确的道德判断，明辨是非，做出道德的选择。道德情感的培养使人们能够在道德情境中产生共鸣，如对善良的欣赏，对恶行的反感。道德意志的锻炼使人们能够在面临道德冲突时坚守原则，克服困难，实现道德目标。道德行为的实践是道德观念、情感和意志的外在体现，是个人道德品质的直接反映。

二、基于中华传统道德构建大学生德育教育途径

历经2000多年的道德教育探索，中国古代的先贤们逐步归纳并构建出一套多元融合的德育体系，它涵盖了国家教化、家庭教育、学校教育、社会教化、宗教引导以及个人修养等多个层面，旨在全方位、立体化地塑造人们的道德品质。

（一）国家引导

在古代封建社会中，德育始终是国家治理的重要基石。秦始皇为巩固其大一统的中央集权统治，采取了"焚书坑儒"的极端手段，以法家思想为治国理念，试图通过严刑峻法来维护社会秩序。然而，随着时间的推移，汉武帝在位时，他意识到文化教育和道德教化对于国家长治久安的重要性，因此，他采取了"罢黜百家，独尊儒术"的策略，使儒家思想成为国家的正统思想。这一转变不仅体现了国家力量在文化构建和道德教育中的决定性作用，也深刻影响了古代社会的治理方式和民众的道德观念。

古代封建统治阶级对德育的重视，体现在多个方面。首先，他们通过上教下化、正面灌输的方式，用正统思想对民众进行有目的、有组织的教育感化。统治阶级将伦理道德经典奉为经书，如《论语》《孟子》等，通过官方

第五章 中华优秀传统文化与高校德育教育方法的融合

渠道进行传播，使之家喻户晓，妇孺皆知。这种教育方式不仅提高了民众的道德水平，也为国家的稳定和谐奠定了坚实基础。

其次，统治阶级注重自身道德修养，以身作则、克明俊德、立身惟正。他们严格遵守道德规范，率先垂范，以此达到治理国家、教化社会、继而民心和善、天下太平的目的。例如，古代帝王常以身作则，亲自参与农耕、祭祀等仪式，以示对民众和神灵的敬畏与尊重。这种道德垂范对于提高统治阶级的威望和公信力，促进民众对政权的认同和支持具有重要作用。

在新时期，仍然需要发挥国家在德育中的引领作用。要加快构建特色哲学社会科学体系，体现继承性、民族性、原创性、时代性、系统性和专业性。此外，还要坚持正确的舆论导向，抓好舆论工作，为国家的稳定和谐营造良好的社会氛围。

（二）家庭教育

在中国深厚的文化底蕴中，家庭伦理道德教育始终扮演着至关重要的角色。自西周时期，以"孝"为核心的宗法道德规范便深入人心，它强调对长辈的尊重和服从，这种观念在孔子提出的"仁"学说中得到了进一步的阐述。"仁"不仅包含了对父母的孝顺，更扩展到了对兄弟的友爱，即"孝悌"。孟子提出的"人伦"五常——父慈子孝、兄友弟恭、夫义妇顺、君仁臣忠、朋友有信，更是将家庭伦理提升到了社会伦理的高度，充分体现了古人对家庭德育功能的重视。

"三纲五常"作为中国传统道德的集中体现，更是将家庭的德育功能推向了极致。其中，"君为臣纲，父为子纲，夫为妻纲"明确了社会等级和家庭关系的规范，而"仁、义、礼、智、信"五常则涵盖了人与人交往的基本道德准则，其中"仁、孝、悌"三常直接与家庭伦理相关，旨在培养人的善良本性和良好的家庭关系。这些道德规范在日常生活中得到了广泛的实践，对个人品性的塑造和社会秩序的维护起到了关键作用。

家庭作为社会的基本细胞，是每个人接受教育的第一课堂。它对个体的价值观形成有着深远影响，良好的家庭教育和家风能够塑造人的品格，培养人的道德情操。因此，必须重视家庭建设，注重家庭的和谐，注重家庭教育的质量，注重家风的传承。要发扬光大中华民族的传统家庭美德，如尊老爱幼、夫妻和睦、邻里友善等，以此促进家庭的和谐，增进亲情的亲密，助力下一代的健康成长，保障老年人的晚年幸福。

从家庭做起，培育良好的道德风尚，这是对传统文化的传承，也是对现代社会的贡献。只有每一个家庭都成为道德的熔炉，才能构建起一个和谐、文明、进步的社会。

（三）学校教育

道德教育自古以来便是学校教育的核心与灵魂。它不仅仅是对个体行为的规范，更是社会和谐、国家昌盛的基石。学校教育的终极目的，用古人的话来说，便是"长善救失"——不仅要使人的过失得以挽救，更要使人善良的方面得到持续不断地增长。

在中国古代，统治阶级深谙此道，他们将学校教育的两大功能明确为：一是培养国家所需的人才，二是培育社会良好的道德风尚。孔子曾言："君子欲化民成俗，其必由学"，意在强调，若想改变社会风俗，提升民众的道德水平，教育是最直接、最有效的途径。在《礼记·学记》中，更有"古之王者，建国君民，教学为先"的论断，可见古人对教育在国家治理中地位的极高评价。

孟子进一步阐述了教育的作用，他认为教育能够扩充人的善性，从而达到治理国家的目的。这与孔子的"性相近，习相远"的思想相契合，都强调了后天教育对人性发展的重要性。荀子则将教师提升至天、地、君、亲、师的高度，这种尊师重道的思想不仅体现了对教师职业的尊重，更凸显了教育在传承文明、培育新人中的不可或缺的地位。

历代统治者都深知，教师是教育的重要执行者，他们的素质和能力直接关系教育的质量和效果。因此，他们纷纷将儒家代表人物孔子尊为"至圣先师""万世师表"，以此激励广大教师以孔子为榜样，不断提升自己的道德修养和教育水平。

"少成若天性，习惯之为常。"这句话深刻揭示了德育从小抓起的重要性。一个人的品德修养，往往是在童年时期就开始形成的，因此，学校教育在德育方面承担着至关重要的责任。学校应将德育的基本内容和要求渗透到教育教学的方方面面，体现在学校日常管理的每一个细节之中，让德育真正进教材、进课堂、进头脑。只有这样，才能让良好的德行在青少年的心田中生根发芽，成为他们日后成长为社会栋梁之材的坚实基石。

学校是德育的重要阵地，德育是学校工作的首要目标和内容，二者相辅相成，相互促进。学校应该积极推进德育与智育、体育、美育等其他教育的完美融合，形成一个全面、协调、可持续发展的教育体系。同时，学校还应该注重培养学生的社会责任感、创新精神和实践能力，让他们成为具有高尚品德、丰富知识和创新能力的新时代人才，为中国特色社会主义事业的建设和发展贡献力量。

（四）社会教育

在中国悠久的历史长河中，社会一直被视为道德教育的重要载体。古人云："教化在民，风俗成风。"这充分体现了古人对社会在德育中作用的深刻认识。在现代社会，我们应珍视并发扬这一优良传统，以实现社会的和谐稳定和人的全面发展。

首先，各类媒体作为信息传播的重要渠道，对于社会道德风尚的塑造具有不可忽视的影响力。媒体应积极承担社会责任，通过公正、客观的报道，监督社会行为，引导公众树立正确的价值观和道德观。

其次，社会组织如学校、企事业单位、社区等，是社会结构的基本单元，它们在日常活动中应积极倡导和实践道德规范，成为社会道德的示范者和引领者。例如，学校可以通过举办各类活动，让学生在实践中体验和理解道德规范。

再次，社会环境的净化是德育工作的重要环节。政府应严厉打击违法犯罪行为，弘扬公平正义，抑制不良风气，创造一个有利于道德成长的良好环境。此外，妥善处理社会热点矛盾，是实现社会和谐稳定的关键。这些矛盾的解决过程，既是对社会公正的检验，也是对公民道德素质的提升。例如，通过公开透明的决策机制，公正处理公共事件，可以增强公众的法治意识和社会责任感。同时，树立先进典型，是激励人们向善的重要手段。各行各业的模范人物，他们的优秀品质和高尚行为，可以成为人们学习的榜样，激发社会的正能量。

最后，将德育融入社会生活的各个方面，如风俗习惯、节日庆典等，可以使道德教育更加生动、具体，增强其影响力和实效性。例如，通过传统节日的庆祝活动，传播传统文化中的优秀道德观念，使人们在参与中潜移默化地接受教育。

（五）个人修炼

在中国古代的文化传承中，道德教育始终占据着举足轻重的地位。中国传统道德教育强调的不仅仅是知识的灌输，更是对个体修炼的高度关注与推进。古人倡导"重学""内省""力行"三大原则，将个人的修炼视为实现自我价值、融入社会群体的必经之路。

首先，"修己成人"。古人认为，个人修养的过程就是一个不断锤炼自己，提升自身品德、气节、境界等全面素质的过程。这不仅仅是对个人的要求，更是对社会的贡献。例如，孔子提出的"己所不欲，勿施于人"的思想，就是要求我们在待人处世时要设身处地为他人着想，以自身的修养来影响他人，共同构建一个和谐的社会。

其次，"修己安人"。在与人交往中，要始终保持一颗平和、宽容的心态。这不仅体现在言语上的温和有礼，更体现在行动上的包容与理解。如孟子所言："爱人者，人恒爱之；敬人者，人恒敬之。"通过修身，我们能更好地与他人相处，实现社会的和谐稳定。

最后，"修己善群"。一个人只有不断提升自己的道德修养，才能更好地融入群体，为群体的发展做出贡献。正如《大学》所言："修身齐家治国平天下"，个人的修养不仅关乎自身，更关乎家庭、国家乃至天下的安宁与繁荣。

在现代社会，道德教育的意义愈发凸显。文化作为一个国家、一个民族的灵魂，对于塑造人的精神世界、传承优秀传统具有不可替代的作用。面对外来文化的冲击，我们应坚守本心，传承和弘扬中华优秀传统文化，将其融入德育教育中，以此来增强民族自豪感、树立文化自信。

第五章　中华优秀传统文化与高校德育教育方法的融合

我国有着5000年的悠久历史和丰富的文化资源，这些宝贵的财富为我们提供了无尽的智慧和力量。在德育工作中，应当充分利用这些资源，将优秀传统文化作为德育教育的载体，让社会主义核心价值观深入人心。这不仅是对历史的传承，更是对未来的担当。同时，要认识到，加强个人道德修养是一个长期而艰巨的过程。它需要我们不断学习、不断反思、不断实践。只有这样，我们才能真正提升自己的道德修养，成为一个有道德、有修养、有责任感的人。

第六章　中华优秀传统文化与高校德育教师队伍的建设

中华优秀传统文化与高校德育教师队伍的建设，是一项既具挑战又富有意义的任务。在当今社会，文化的多样性和复杂性使得德育教育工作面临着前所未有的挑战。而中华优秀传统文化作为中华民族的瑰宝，其深厚的道德底蕴和独特的教育理念，为高校德育教师队伍的建设提供了宝贵的资源。

第一节　高校德育教师队伍的现状和存在的问题

在当今互联网蓬勃发展的时代，信息技术如大数据、云计算和物联网等正以前所未有的速度向前迈进。随着信息化时代的到来，掌握计算机处理技能已成为网络社会中学习者不可或缺的基本素养。计算机不仅是学习和研究的工具，更是拓宽知识视野、提高学习效率的得力助手。在这样的背景下，教育部于2018年4月印发了《教育信息化2.0行动计划》，旨在通过教育信息化支撑教育的可持续发展，推进全民终身学习。[①]这一计划的实施，不仅体现了国家对教育信息化工作的高度重视，也为我们指明了未来教育发展的方向。德育教师作为培养学生道德品质的重要力量，在信息化时代同样需要关注自身信息素养的提升。随着信息化的浪潮对学校德育的介入、影响和渗透，德育教师不仅需要掌握基本的计算机处理技能，还需要了解信息化教育资源的获取与利用、在线教学的设计与实施等方面的知识和技能。只有这样，才能更好地应对信息化时代对德育工作的挑战，提高德育工作的针对性和实效性。因此，分析德育教师信息素养中存在的问题、探讨和提升德育教师的信息素养已成为互联网时代德育研究的应有之义。

---

① 张烁. 教育部印发意见：加快提升中小学教师信息技术应用能力[N]. 人民日报，2019-04-09（07）.

一、互联网时代加强德育教师信息素养的必要性

"信息素养"（information literacy）这一术语，其源头深深植根于图书馆学的沃土中，它源自图书馆检索功能的演进。信息素养不仅仅是指人们查找、检索、使用信息的技术和能力，更包括信息意识、信息知识、信息能力和信息行为等各部分的相互搭配和有机整合。这种综合素养的形成需要个体在长期的实践中不断积累和学习。在德育领域中，德育教师的信息素养显得尤为重要。德育教师的信息素养不仅指他们获取、筛选、加工、解读、创新和呈现信息的技能，更包括他们在道德意识层面的修养。德育教师在引导学生崇善、向善、行善的过程中，发挥着其他学科教师无法比拟的作用。[1]因此，德育教师的信息素养不仅关乎他们自身的专业成长，更对学生的道德发展和社会责任感的形成具有深远的影响。通过提升德育教师的信息素养，可以更好地应对互联网时代的挑战，培养出更多具有高尚道德品质和强烈社会责任感的优秀人才。

在21世纪的数字时代，互联网已经渗透到我们生活的方方面面，学生上网的现象更是普遍且深入。根据中国互联网络信息中心2023年3月发布的权威报告，截至2022年底，我国的网民数量已达到10.67亿，其中，青少年学生群体作为网络活动的主力军，他们的网络行为活跃度尤为显著。互联网，这个现代科技与文化的结晶，以其强大的信息技术为后盾，构建起无边无际的网络空间，对这些活跃在网络中的青少年学生产生了深远影响。它不仅塑造着他们的价值观，影响着他们的思维方式，还对他们的道德修养以及信息技能提出了新的要求，成为推动德育现代化的关键驱动力。

正如学者所指出的，"现代化并非一种与人分离的社会现象，它本质上是人类自身发展，是人类主体性的体现。"[2]在这个过程中，德育教师的角色扮演着至关重要的角色。面对互联网的冲击，他们不再仅仅是知识的单向传播者，而是转变为引导学生自主学习的导师，从教材的执行者转变为教材的

---

[1] 黄向阳. 德育原理[M]. 上海：华东师范大学出版社，2000：18.
[2] 班华. 现代德育论[M]. 合肥：安徽人民出版社，2004：44.

第六章　中华优秀传统文化与高校德育教师队伍的建设

创新者和设计者，从教学过程的监控者转变为与学生合作的伙伴，同时，他们还承担起保护学生身心健康和提供信息资源的重要职责。因此，提升德育教师的信息素养，以应对互联网带来的挑战，成为德育现代化进程中的一项紧迫任务。为了实现德育现代化，需要建设一支适应互联网时代的德育教师队伍，他们将成为推动德育现代化发展的人力资源和智慧源泉。同时，德育现代化的每一步发展，都将为德育教师信息素养的提升创造新的机遇和平台。这种相互促进、共赢的良性循环构建起一个教师与学生共同成长、共同进步的教育新生态，为我国的德育现代化建设奠定坚实的基础。

二、现状堪忧：德育教师的信息素养亟待加强

在当前互联网时代，随着信息技术的迅速发展，德育工作的有效执行，学生道德行为习惯的培养，以及德育成效的显现，均高度依赖于德育教师的信息素养提升和优化。然而，整体状况显示，德育教师的信息素养水平尚不令人满意。

（一）信息意识淡薄

在当前的教育环境中，许多德育教师已经展现出对信息时代的敏感性，他们理解到信息技术对于提升德育工作效果的重要性。然而，尽管有这种初步的认识，仍有一部分教师由于受到长期教育模式的束缚，他们的信息意识并未得到充分发展。这主要体现在他们缺乏主动检索和获取信息的意识，对信息技术的潜在价值和最新动态缺乏足够的关注和洞察。他们对如何利用互联网技术进行德育工作的理解显得模糊，缺乏将信息技术与德育课程深度融合的观念，对信息的敏感度和反应速度也相对较低。

尤其是一些年长的教师，他们可能认为在德育课程中应用信息技术是必要的，但将二者深度整合则显得多余。他们担心这会破坏德育课程的连贯性和完整性，可能对完成德育目标产生干扰，甚至可能导致教育中心的偏离。在这种陈旧的观念影响下，许多教师，特别是年长的教师，往往不愿打破传

统的教学模式，坚持原有的教育方式，对利用互联网资源进行道德教育的积极性和主动性不高，甚至可能产生抵触和排斥情绪，对信息技术的应用产生畏惧感。这种现象阻碍了互联网优势在德育工作中的发挥，也限制了信息技术在创新德育方式上的潜力。因此，我们需要深入反思和挑战传统的教育观念，鼓励教师更新知识结构，提升信息素养，以更好地适应信息时代的需求，推动德育工作的创新和发展。[1]只有这样，我们才能真正利用信息技术的力量，开创德育工作的新局面。

（二）信息知识浅显

在当前的教育环境中，德育教师的角色至关重要，他们承担着引导学生正确使用互联网、培养其信息素养和道德素养的重任。然而，令人担忧的是，许多德育教师在他们的职前和职后教育中，并未接受过系统的互联网知识教育，这使他们在面对快速发展的网络世界时显得力不从心。[2]他们缺乏对信息运动规律的深入理解，无法准确预测未来的发展趋势，更无法全面地掌握和传授相关的知识。尽管面临知识更新的挑战，但部分德育教师满足于现有的知识结构，缺乏对新知识的探索和学习。他们可能在遇到问题时会向同行请教，或者通过阅读书籍寻找答案，但往往忽视了自我反思，没有意识到自身的信息素养可能已经落后于时代的需求。这种现象在很大程度上阻碍了德育工作的有效开展。

互联网时代的知识更新速度之快，要求德育教师必须具备快速学习和应用新知识的能力。他们需要不断拓宽信息视野，深入理解并掌握信息法律法规，以便将这些知识融入德育过程中，帮助学生建立正确的信息道德观和网络伦理观。然而，调查显示，许多教师对信息法律法规的了解程度有限，他们无法准确地定义和解释如"知识产权""信息道德""网络伦理"和"计算

---

[1] 李扬，孙伟平."互联网+"与信息社会道德变革[J]. 湖南科技大学学报（社会科学版），2019（02）：106-111.
[2] 杨俊锋.互联网时代教师知识的发展路径[J]. 课程·教材·教法，2019（07）：120-125.

机病毒"等关键概念，这无疑影响了他们在德育工作中传递有效信息的能力。因此，提升德育教师的信息素养，加强他们的互联网知识教育，是当前教育改革亟待解决的问题。这不仅需要教师自身的觉醒和努力，也需要教育部门提供更多的专业培训和支持，以确保德育工作能够跟上互联网时代的步伐，更好地服务于学生的全面发展。

（三）信息技能欠缺

在教育的实践领域，传统的"口授+粉笔+黑板"的教学模式在德育教育中依然占据主导地位，使许多德育教师在面对信息技术的运用上显得力不从心。他们缺乏对现代多媒体技术、网络技术的深入理解和灵活应用，导致这些先进的技术在德育教学中的渗透和体现程度不足，教师处理和分析信息的能力亟待提升。[1]在信息爆炸的网络环境中，德育教育者往往无法准确地从海量信息中筛选出有价值的内容，更难以对信息进行有效的鉴别、评价、整合和创新。同时，他们对计算机技术的掌握程度有限，现代教育技术的操作能力也显得捉襟见肘。在面对信息技术的挑战时，一些教师要么因为不熟悉或不会使用教学软件而排斥信息技术，要么在遇到技术问题时手忙脚乱，无法迅速有效地解决。他们无法将信息技术与德育学科进行深度融合，导致信息的展示、传输和表达效果大打折扣。

（四）信息行为偏差

一部分德育教师由于较少涉足网络世界，对于教育信息化的迅猛发展显得力不从心。他们鲜少关注这一过程中涌现的信息道德、法律法规知识、信息安全等前沿领域，因而难以把握德育发展的最新趋势和研究成果。这种状况不仅限制了他们自身专业素养的提升，更使他们错失了利用互联网资源进行有效道德教育的宝贵机会。另外，必须警惕一种更为隐蔽但同样严重的行

---

[1] 赵婀娜."互联网+教育"健康发展[N]. 人民日报，2019-07-24（07）.

为偏差——网络道德行为失范。虽然大部分德育教师都能严于律己，遵守网络道德和法规，但仍有极个别教师在这方面存在失范现象。他们在社交软件和网络圈群中频频发表和表现出一些不当言行，如过度追求点赞、转发等网络互动，制造信息垃圾，甚至践踏网络道德法规，侵犯他人隐私，攻击和诋毁他人等。这些行为不仅违背了教师的职业道德，更对学生产生了极其不良的影响。

"上行下效"，教师的行为无疑会对学生产生深远的影响。德育教师行为的偏差，不仅会降低德育教育的效果，更可能误导学生，使他们对网络道德和法规产生错误的认知。这种情况下，网络德育工作很容易陷入高耗低效的窘境，偏离了发挥信息技术媒体服务立德树人的发展轨道。因此，必须高度重视德育教师行为偏差的问题，采取切实有效的措施加以解决。只有这样，才能确保德育教育的质量和效果，为学生的健康成长提供坚实的保障。

第二节　中华优秀传统文化在高校德育教师队伍建设中的意义

自从进入新时代以来，中国社会对中华优秀传统文化的重视程度已然达到了一个新的巅峰。这不仅仅是对过去历史的追忆与尊重，更是对民族文化自信的体现。传统文化教育作为文化传承的桥梁和纽带，它不仅是教育内容的重要组成部分，更是培养学生民族认同感、文化自信心和道德情操的重要途径。其本质在于将博大精深的传统文化融入教育中，引导学生深入了解、认同并践行民族文化，从而塑造他们的精神世界，提升他们的综合素质。在这个过程中，教师的作用显得尤为重要。他们不仅是知识的传递者，更是文化的传承者。正如古人所言："师者，所以传道授业解惑也。"在新时代的

第六章　中华优秀传统文化与高校德育教师队伍的建设

背景下，传统文化教育被赋予了新的内涵，对教师的要求也相应提高。他们不仅要具备扎实的专业知识，更要具备深厚的文化素养和敏锐的洞察力，以便更好地引导学生感受传统文化的魅力。

一、教师传统文化素养的内涵与结构

（一）教师传统文化素养的内涵

在当今社会，随着全球化和现代化的加速，传统文化的价值和地位日益凸显。在这样的背景下，"教师传统文化素养"这一概念应运而生，成为教育领域关注的热点话题。在古代社会，教师更多地被赋予了道德教育的职责；在现代社会，知识教育则成为重点。这种变化不仅反映了社会发展的需求，也体现了对教师素养要求的不断提高。在这样的背景下，"教师传统文化素养"显得尤为重要。它不仅仅是一种专业素养，更是教师传承和弘扬中华优秀传统文化的重要使命。具体来说，教师传统文化素养包括教师对中华民族自我意识的理解和认同，对传统文化知识和技能的掌握和运用，以及对传统文化育人工作的热爱和投入。这种素养有助于教师更好地开展传统文化教育工作，培养学生的文化自信心和民族自豪感。

从教师素养与教师传统文化素养的关系来看，教师传统文化素养是教师素养的重要组成部分。它既是教师素养的延伸和拓展，也是教师素养体系不断完善和发展的必然结果。随着社会的不断进步和文化的不断发展，教师传统文化素养的内涵和外延也将不断丰富和拓展。因此，应该重视教师传统文化素养的培养和提高，为培养具有高素质、高文化素养的人才作出更大的贡献。作为教育工作者，应该承担起传承和弘扬中华优秀传统文化的重任，通过不断提高自身的传统文化素养，为培养具有文化自信、民族自豪感的时代新人贡献自己的力量。同时，应该积极探索和实践传统文化教育的新方法、新途径，推动传统文化教育的创新发展。

（二）教师传统文化素养的结构

1.传统文化知识素养

知识作为人类文明的璀璨瑰宝，不仅是推动社会进步的强大动力，更是教师传道授业、点亮学生智慧之灯的宝贵资本。知识不仅是教师手中的教鞭，更是连接师生心灵的桥梁，是教师用以对学生施加影响的重要中介。其中，专业知识对于教师教学的成功具有举足轻重的地位。

在当前对传统文化的重视和传承背景下，教师在教学中融入传统文化的任务愈发重要。《关于实施中华优秀传统文化传承发展工程的意见》（以下简称《意见》）为传统文化教育提供了明确的方向，强调了核心思想、人文精神、传统美德三大主题，以及经典篇目、人文典故、基本常识、科技成就、艺术技能和其他文化遗产六大部分的载体形式。

教师的知识素养可分为学科性传统文化知识和通识性传统文化知识。学科性传统文化知识是特定学科内部的传统文化知识，如体育中的武术、杂技等，这些知识不仅丰富了教学内容，也帮助学生深入理解传统文化的精髓。通识性传统文化知识则更为广泛，它要求教师具有超越专业领域的传统文化认知，如文言文知识和中国教育史等，这些知识有助于教师拓宽文化视野，形成对中华传统文化的基本理解。例如，文言文不仅是语文教师的专业内容，也应成为所有教师的共同知识。通过学习荀子的《劝学》《礼记》中的《学记》、韩愈的《师说》、朱熹的《白鹿洞书院揭示》等经典文本，教师可以吸收教育智慧，提升教学水平和专业素养。这种跨学科的知识融合有助于教师在教学中更好地实现知识与文化的传承和发展。

2.传统文化态度素养

在教育实践中，教师的态度素养长久以来被着重强调于师德层面，此点确属核心要素。然而，随着教育改革的逐步深入及教师专业化程度的持续提升，教师的态度素养已非仅限于师德范畴，而是更为全面地涵盖了道德、品质、理念、情感及价值观等内在心理层面。特别是在传统文化教育领域，教师的两大关键态度素养——自觉与自信，显得尤为重要。

首先，教师的传统文化自觉。所谓"文化自觉"，正如费孝通先生所定

第六章　中华优秀传统文化与高校德育教师队伍的建设

义，是指个体对所处文化的深刻认识，包括其起源、演变、特色及发展趋势。这种自觉不仅体现于对本国、本民族文化的地位与作用的清晰认识，更体现于对文化发展规律的精准把握和对文化历史责任的积极担当。对于传统文化教育的主要传承者——教师而言，传统文化自觉意味着对传统文化的精神内核、发展脉络及作用价值有明确的自我认知。这种自觉在教学实践中表现为教师能够主动提升自身的传统文化素养，将传承传统文化与提升国民素质紧密结合，将国家对教师的外在要求内化为自身的需求，从而肩负起传承中华优秀传统文化的时代使命。

具体而言，教师需要深入学习并理解传统文化的精髓。例如，中国传统文化的基本精神被不同学者概括为"天人合一、以人为本、贵和尚中、刚健有为"或"天人协调、自强不息、矢志爱国、敬老爱幼、诚信待人、勤劳节俭、慎独自爱"等。这些不同解读体现了传统文化的丰富性与多元性，也要求教师在实现文化自觉的过程中，以学习认知和理性反思为前提，实现自身文化自觉在认知、情感与行动上的统一。

其次，教师的传统文化自信。相较于文化自觉，文化自信是对文化发展的历史积累、现实状况及未来前景的坚定信念。对于教师而言，传统文化自信意味着在文化自觉的基础上，深化对传统文化的理解，实现对本国传统文化的充分认同与坚守。

作为传统文化教育的重要承担者，教师只有对传统文化拥有强烈的认同感和自信心，方能将传统文化的精髓内化于心，并在教育教学活动中践行之。这种自信不仅体现于教师自身的文化认同，更体现于对传统文化教育价值的肯定。教师应明确认识到，加强中华优秀传统文化的教育，是深化中国特色社会主义教育与中国梦宣传教育的重要组成部分，是构建中华优秀传统文化传承体系、推动文化传承创新的关键途径，也是培育与践行社会主义核心价值观、落实立德树人根本任务的重要基石。

因此，教师在传统文化自信的基础上，还需树立传统文化教育自信。这种自信不仅是对传统文化本身的认同与坚守，更是对传统文化教育价值的肯定与践行。唯有具备高度的传统文化教育自信，教师才能在提升自身传统文化素养的同时，引导学生塑造健康的人格与高尚的品质，为培养具有民族情怀、文化自信的新时代公民贡献力量。

3.传统文化能力素养

在当今世界,随着教育的全球化与多元化发展,各国对教师教育能力的培养都给予了极高的重视。这种能力不仅仅局限于一般的教学技能,更涵盖了诸多方面,如教学评价、教学组织、知识整合、教育研究、合作交流、问题解决、教学反思、教学创新以及学会学习等。特别是在传统文化教育领域,教师的传统文化能力素养显得尤为重要。这不仅是因为传统文化是中华民族的精神瑰宝,更是因为它对于培养学生的民族精神、文化素养和道德情感具有不可替代的作用。

首先,传统文化理解能力。这是教师传统文化教育能力的基础。当前,我国传统文化教育确实存在一些问题,如教育内容系统性、整体性不足,重知识讲授、轻精神内涵阐释等。这些问题的根源之一,便在于部分教师对传统文化的理解不够深入、全面。因此,提高教师的传统文化理解能力显得尤为重要。这不仅需要教师具备深厚的文化底蕴,还需要他们具备敏锐的辨别能力,能够区分传统文化中的精华与糟粕,正确识别和处理传统文化与外来文化的关系。具体而言,教师可以通过阅读经典著作、参与文化讲座、参观文化古迹等方式,加深对传统文化的理解和认识。同时,他们还需要关注时代发展,理解传统文化在现代社会中的价值和意义。例如,在教授古诗文时,教师可以引导学生理解其中蕴含的哲理思想、人生智慧,以及对于现代社会的启示。这样不仅能够提高学生的学习兴趣,还能够培养他们的文化素养和道德情感。

其次,传统文化开发能力。将传统文化融入国民教育体系,需要开发丰富的传统文化教育资源。包括将传统文化渗透于相关学科的教学当中,以及开设专门的传统文化教育课程。在这个过程中,教师的积极性、创造性和专业性发挥着至关重要的作用。他们需要深入挖掘本学科内容所蕴含的传统文化知识以及传统文化精神,同时还需要关注当地的文化特色和资源,开发具有地方特色的传统文化课程。例如,教师可以结合气候、季节变化等知识点,挖掘传统文化中的节令诗词。这些诗词不仅反映了古人丰富多彩的节令民间习俗,还体现了古人对自然、生命的敬畏和尊重。通过讲解这些诗词,不仅可以让学生感受到传统文化的魅力,还能够培养他们的环保意识和生态观念。

第六章　中华优秀传统文化与高校德育教师队伍的建设

最后，传统文化教学能力。这是实现传统文化教育良好效果的关键。在教学过程中，教师需要采用符合传统文化教育特点的方式和手段，改变单纯讲授的教学模式，注重实践教学和情境教学。例如，在历史课上，教师可以把学生带到文化古迹、博物馆等传统文化"现场"，让学生在亲身感受中加深对传统文化的理解和认识。此外，教师还可以借鉴《朗读者》《中国成语大会》《中国诗词大会》等电视节目的成功经验，不断创新传统文化教育的实践形式。通过寓教于乐的方式，让学生在轻松愉快的氛围中学习传统文化知识，培养他们的文化素养和道德情感。

二、提升高校德育教师传统文化素养的必要性

（一）有利于提升德育教师整体素质

师德作为教师队伍中不可或缺的品质，对于德育教师队伍整体素质的提升起着决定性的作用。道德素养是德育教师的基石，是他们引领学生走向正道的灯塔。一个道德品质不过关的教师，其教学效果必然大打折扣，无法在教育的道路上发挥应有的引导作用。因此，只有具备高尚师德的德育教师，才能承担起培养时代新人的重任，成为学生人生道路上的引路人。

首先，良好的师德是高校德育教师提升知识素质的基石。在当今这个学科交融、信息爆炸的时代，德育教师需要不断更新知识，从海量信息中筛选出有价值的内容，构建自己的知识体系，并在特定领域形成独特的见解。这些都需要教师具备探索创新的精神、勤奋钻研的态度、宽广的视野以及敏锐的判断力。这些素质的形成无一不依赖于教师的高尚师德，因为只有具备良好师德的教师才能在知识的海洋中保持求知的热情和探索的勇气。

其次，师德对于高校德育教师能力素质的提升至关重要。能力素质是教师综合素质的体现，包括对教育事业的热爱、育人的使命感、坚定的职业信念、对学生无微不至的关怀以及面对困难的坚韧不拔。这些品质的形成和展现都需要以良好的师德为依托。只有具备高尚师德的教师，才能在日常工作中展现出对教育事业的热爱，对学生无私的关怀，以及面对挑战时的坚韧

不拔。

（二）有利于提升德育教学效果

加强德育教师队伍建设，是提升教育质量、实现立德树人根本任务的重要环节。教师尤其是德育教师，是塑造学生价值观，引导他们形成良好道德品质的关键角色。教师的内在道德品质如同一盏明灯，照亮学生前行的道路，其外在的知识水平和教学能力，则是将德育理念生动、有效地传递给学生的桥梁。

师德素养是教师职业素养的核心，它涵盖了学识素养、教育能力以及道德素养等多个方面。学识素养是教师传授知识的基础，教育能力是教师引导学生学习的手段，而道德素养则是教师赢得学生尊重，影响学生行为的关键。高尚的师德能使教师在教学过程中展现出强大的吸引力和感染力，激发学生的学习热情，使德育课的教学过程变得生动有趣，从而提高教学效果。

高校德育课的特殊性在于，它不仅需要传递理论知识，更需要激发学生的情感共鸣，引导他们形成正确的价值观念。这就要求教师具备独特的教学魅力，能够以富有创新的方式将抽象的理论知识转化为具体的生活实践，使学生在理解和接受理论的同时将其内化为自己的行为准则。

（三）有利于落实立德树人根本任务

在当今社会，高等教育的核心使命是立德树人，即培养具有高尚品德和卓越才能的未来接班人。这一理念是高校赖以生存和发展的基石，旨在塑造有责任感、有道德底线、有创新精神的公民。在这个过程中，德育教师的角色至关重要，他们的师德建设是实现这一目标的关键环节。

新时代背景下，在我国高校立德树人的实践中德育课程扮演着举足轻重的角色。德育教师通过深入浅出的教学方式，将深奥的理论知识转化为学生易于理解和接受的价值观，以此激发学生对理想和信念的坚定追求。在这个过程中，学生的人格特质得以塑造，使他们学会了如何将正确的道德认知转化为实际行动，以适应社会的发展需求。

大学阶段的学生正处于思想观念形成的关键时期，他们的知识结构、生活经验、情感世界都在迅速发展，对自我认知和未来规划有了更明确的认识。德育教师只有具备深厚的学识素养和高尚的道德品质，才能赢得学生的信任和尊重，有效地引导他们形成正确的人生观和价值观。教师的道德品质和专业素养将直接影响到学生的行为模式和价值判断，对塑造他们的人格特质和道德底线起到示范和引导的作用。

同时，德育教师的高尚品质也有助于营造积极健康的校园环境，这种环境对于学生的成长和成才至关重要。良好的师德师风能够潜移默化地影响学生，使他们在日常生活中自觉地以教师为榜样，不断提升自身的道德修养。这样的校园氛围将对学生的学术追求、人际交往、人格发展等多个方面产生积极影响，为他们成长为社会所需的高素质人才奠定坚实基础。

因此，加强德育教师的师德建设，提升他们的素质水平，是高校教育工作的重要任务。只有这样，才能确保德育课的实效性，培养出符合社会发展需求的优秀人才，真正实现立德树人的教育目标。同时，这也是对教师职业的崇高要求，是每一位德育教师在教书育人道路上必须坚守的使命和责任。

第三节 高校德育教师加强中华优秀传统文化素养的策略

一、德育教师传统文化素养的提升路径

（一）立足经典文本

学校教育的核心使命在于培养全面发展的学生，其中，教书育人是其根

本任务。这一教育方针强调德、智、体、美、劳的全方位发展，不仅注重知识的积累，更着重于智力的培养和能力的提升。在诸多教育环节中，学校教育的优势无疑体现在知识教学上。知识是构成智慧的基石，是理解世界、解决问题的关键。在提升德育教师传统文化素养的过程中，应当立足经典文本，从理解经典所承载的传统文化知识开始。这不仅仅是对历史事实的记忆，更是对文化精神的理解。同时，还要体悟知识背后的精神内涵，深入挖掘其中的思想价值。只有这样，才能提升德育教师开展有效教学所需的传统文化知识储备和文化视野。当德育教师具备了深厚的传统文化素养，他们便能更好地将传统文化融入教学中，引导学生领略传统文化的魅力，培养他们的文化自信和文化自觉。

据统计，近年来，越来越多的学校开始重视传统文化教育，并将其纳入课程体系中。这一趋势不仅体现了对传统文化的尊重与传承，更体现了对教育本质的深刻认识。在全球化日益加剧的今天，保持文化多样性、传承中华优秀传统文化显得尤为重要。提升德育教师的传统文化素养是实现这一目标的关键所在。

（二）坚定文化自信

在全球化的浪潮中，各民族的文化交融日益频繁，一种普遍的文化同质化趋势正在悄然形成。这种趋势在带来文化交流与理解的同时，也对各民族独特的文化特性构成了潜在的威胁。每一种文化都是其历史、地理、社会环境等多种因素共同塑造的瑰宝，其独特性不应被全球化的洪流所冲淡。因此，如何在文化交流中保持和发扬自身的文化特色，是我们面临的一大挑战。在这个问题上，强化文化自信显得尤为重要。文化自信不仅是个体对自身文化的热爱和自豪，更是一种积极应对全球化挑战的力量。对于德育教师这一特殊群体而言，他们不仅是文化的传承者，更是文化的创新者。

文化自信的建立并非一蹴而就，它需要以文化自觉为前提。文化自觉是指对民族文化有深入的认知，能够自我觉醒，进行反思和创新。这要求我们既要避免对民族文化过度理想化，陷入文化保守主义的误区，也要防止对外域文化盲目崇拜，陷入文化虚无主义的泥沼。在实际的教育过程中，有的德育教师可能过于强调本民族文化的优越性，而忽视了其他文化的独特价值；另一些德育教师可能过于推崇外来文化，对自身的文化传统持怀疑甚至否定的态度，这两种极端的态度都不利于文化自信的建立。

因此，德育教师需要在深入理解、批判反思的基础上，建立起对自身文化的认同感和自信心，这既是一个提升自我传统文化素养的过程，也是形成健康、理性文化态度的过程。只有建立在文化自觉基础之上的文化自信，才能使我们保持文化独立性，同时也能以开放的心态接纳和学习其他文化，实现文化的和谐共生。

（三）坚持述作结合

在中国博大精深的传统文化中，"述作结合"的理念，如同千年古树的根系，深深植根于教育的沃土之中，为现代德育教师提升传统文化能力素养提供了宝贵的方法论指导。在现代汉语中，"述"与"作"常常被看作两个相对而又相辅相成的概念。《说文解字》中对这两个字的解释，言简意赅："述，循也；作，起也。"在教育的语境下，"述"代表着对传统文化的传承与述说，是对历史文化的真实再现与尊重；"作"则代表着对传统文化的创新与发展，是对历史文化的时代性解读与重新构建。

当传统文化融入学科课程时，德育教师首先应当秉持"述"的原则，准确、真实地传递传统文化的精髓，避免对传统文化的片面理解及错误表述。正如古人所言，"去粗取精，去伪存真"，但在实际操作中，需要意识到传统文化的"粗"与"伪"并非一成不变，而是具有鲜明的时代特征。以书院制度为例，这一在千年历史中熠熠生辉的教育形式，在清朝末年曾被视为阻碍教育发展的因素，但在民国时期以及现代社会，随着对传统文化的重新认识和评价，书院制度又重新焕发出新的思想价值。因此，德育教师在"述"的过程中，应当结合时代发展，以"求同存异"的态度，挖掘传统文化与现代教育的契合之处，谨慎对待那些与当前时代要求不符的文化要素。

在这个过程中，立足经典文本、坚定文化自信、坚持述作结合，是德育教师提升传统文化素养的必要且可行的基本路径。通过深入学习经典文本，德育教师可以更好地理解传统文化的精髓与内涵；通过坚定文化自信，德育教师可以更加自信地传播和弘扬传统文化；通过坚持述作结合，德育教师可以在传承传统文化的基础上进行创新与发展，为传统文化的传承与发展贡献自己的力量。

二、完善德育教师传统文化素养提升机制

（一）完善德育教师师德培训机制

在教育部的权威指导下，针对教育学类专业学生的职业要求与学校课程标准，我们深入解读并实践，这并非仅仅是一份文件，而是一幅描绘教育精神传承与师德建设宏伟蓝图的壮丽画卷。从师范生怀揣梦想踏入大学校园的那一刻起，我们便肩负起帮助他们塑造坚实职业基石的重任，引导他们树立正确的职业理想，端正教育信仰，确保他们不忘初心，砥砺前行。

这一过程并非一蹴而就的简单任务，而是需要我们以极大的耐心与智慧，通过循序渐进地培养教育，使师范生逐步将所学教育理念内化于心，外化于行。鼓励他们深入研读教育经典，聆听教育大师的智慧之声，如孔子的"有教无类"和"因材施教"，又如陶行知先生的"生活即教育"理念，让他们深刻领悟教育的真谛。

同时，注重实践教育，为师范生提供丰富的实习实训机会，让他们在实践中感悟教育的力量，体验教育的喜悦。通过课堂观摩、教学实习、班级管理等多种方式，他们逐渐将学习中的教育理念转化为自身的教育情怀，深刻认识到自身肩负的教育责任与使命。

在这个过程中，特别强调师德建设的重要性。师德是教师职业的灵魂，是教育工作的基石。引导师范生树立正确的教育价值观，坚守教育职业道德，以高尚的师德风范影响和感染学生。鼓励他们以身作则，言传身教，用实际行动践行教育理想，为学生树立榜样。此外，还注重师范生综合素质的培养。鼓励他们广泛涉猎各类知识，培养批判性思维和创新精神，提升自主学习和终身学习的能力。只有具备全面的素质和能力，师范生才能在未来的教育工作中游刃有余，应对各种挑战。

第六章　中华优秀传统文化与高校德育教师队伍的建设

如何确保师范生能够真正内化这些教育理念，并在未来的职业生涯中坚守师德，成为高校面临的重要课题。因此，建立全程化的师德学习培训机制显得尤为重要。然而，目前大部分高校对于德育教师的师德教育多停留在职前培训阶段，忽略了教师在职业生涯中可能出现的师德失范问题。

为了弥补这一不足，倡导高校结合本校师德建设的具体情况，构建一套多渠道、分层次的教师职前、职中一体化的师德教育学习培训机制。这一机制将涵盖教师职业生涯的各个环节，确保每位教师都能在不断地学习中提升自身的师德修养。

在实施过程中，坚持师德理论教育与教师实践活动相结合的原则。这意味着，不仅要向教师传授师德理论知识，更要引导他们将所学知识运用到实际教学工作中去。为此，将分阶段、分批次、分对象地对在岗德育教师开展定期或不定期的师德学习培训。培训内容将科学规划，既涵盖师德理论，也包括教学实践中的师德问题。同时，将严格规定教师每年师德培训的课时，严肃师德培训纪律，确保培训活动的有效进行。

据统计数据，通过实施全程化的师德学习培训机制，许多高校在师德建设方面取得了显著成效。教师的师德修养得到了明显提升，师德失范现象得到了有效遏制。这不仅为学生提供了更加优质的教育资源，也为我国教育事业的健康发展奠定了坚实基础。

（二）完善德育教师师德考核机制

在当今的教育环境中，高校德育教师的师德评价正经历着一场深刻的变革，强调了评价主体、内容和方式的多元化和综合化。这一变革旨在构建一个公正、全面、动态的评价体系，以更好地促进德育教师的自我发展和专业成长。

首先，师德评价的主体不再局限于单一的层面，而是强调自我评价与他人评价的结合。自我评价是德育教师自我反思和自我提升的重要途径，它鼓励德育教师从内心深处审视自己的行为，对照高尚的师德标准，认清自身的优点和不足。然而，自我评价可能存在的主观性需要通过他人评价来平衡。学生和同事作为重要的他人评价主体，他们的观点更为客观，能提供更全面的反馈。学生是德育教学的直接受益者，他们的感受和评价最直接、最真实，而同事则因为共同的教学实践和科研合作，更能理解并评价德育教师的师德表现。

其次，师德评价的内容也日益丰富和深入。除了对德育教师的知识水平、教学能力、政治素养等基本要求，更加强调对学生信仰坚定、品德提升、情感需求满足等多维度的影响。这要求德育教师不仅要有扎实的专业知识和教学技能，还要有高尚的人格品质，深厚的师德修养，以及对师德的自觉践行。通过综合评价教师在教学、科研、人才培养等多方面的业绩，可以更全面地德育反映和提升教师的师德水平。

最后，师德评价的方法上，定量与定性相结合的方式被广泛接受。定量评价通过量化的标准，如教学成绩、科研成果等，直观地反映德育教师的师德水平。然而，师德的内涵远超于这些可量化的指标，它涉及德育教师的价值观、信仰、情感等内在品质，这些需要通过定性评价来深入挖掘和评估。定性评价能够更全面、深入地理解德育教师的师德表现，有助于激发德育教师的内在动力，促进其师德的持续提升。

三、德育教师传统文化素养提升的其他策略

（一）强化思想教育引导

教师的职业特点自古以来便承载着培育人才、传承文明的神圣使命，这一使命决定了教师必须具备高尚的品德。特别是在当今这个信息爆炸、知识日新月异的时代，对于那些肩负着培养高素质技术人才重任的教师而言，加强德育，提升德育素质，更是成为立德树人的首要条件。

首先，要在思想认识上给予德育足够的重视。高校党政部门作为引领德育教师思想方向的重要力量，应当切实履行好德育教师队伍思想教育的责任，将德育教师的思想教育纳入日常管理中，使其成为一项长期而稳定的工作。为了加强德育的实效性，要不定时地开展优秀人物事迹的宣传工作，用身边的榜样力量激励德育教师，引导他们树立正确的价值观和人生观。同

第六章　中华优秀传统文化与高校德育教师队伍的建设

时，要引导德育教师深入理解和践行社会主义核心价值观，牢固树立"四个意识"，即政治意识、大局意识、核心意识、看齐意识，坚决做到"两个维护"，即维护习近平总书记党中央的核心、全党的核心地位，维护党中央权威和集中统一领导。只有这样，德育教师才能在思想上与党中央保持一致性，更好地肩负起立德树人的重任。

其次，在形式方法上，要不断改进德育工作的方式。传统的德育方式往往以灌输为主，缺乏互动性和针对性。因此，要积极探索新的德育形式，如读书会、专题报告等，发挥制度优势，开展政治理论学习。这些形式不仅能够激发德育教师的政治意识与热情，还能让他们在互动中深入思考，提高德育实效。同时，还要注重实践育人，鼓励德育教师将德育理念融入日常教学和生活中，让学生在潜移默化中接受德育熏陶。

在实际操作中，可以借鉴一些成功的案例。例如，某高校通过建立"德育导师"制度，选拔了一批具有高尚品德和丰富经验的德育教师担任德育导师，他们通过与学生进行面对面的交流、引导和辅导，有效地提高了学生的德育素质。此外，该校还积极开展各类德育实践活动，如志愿服务、社会实践等，让学生在实践中体验德育的魅力，加深对德育的理解。这些措施不仅提高了学生的德育素质，也为德育教师提供了丰富的德育素材和经验，促进了德育工作的深入发展。

（二）搭建多元实践平台

建设一支高水平、高素质的教师队伍，是推动高等教育持续、健康、稳定发展的重要基石。在这个知识更新迅速的时代，德育教师的专业发展不仅依赖于个人的自我提升，更需要外部环境的有力支持和推动。

首先，建立和完善专业实践平台是提升德育教师能力的关键。包括提供丰富的教学实践机会，如参与国内外的教学研讨会、教育实习项目，以及与行业、企业进行深度合作，让德育教师在实践中学习、在实践中成长。例如，可以设立德育教师实践基地，让德育教师有机会接触到最前沿的行业动态，将理论知识与实际操作相结合，从而提高其教学的实践性和针对性。

其次，充分利用信息技术，提升德育教师的信息化素养，是新时代德育教师专业发展的重要方向。随着数字化、网络化、智能化的快速发展，教育方式和手段正在发生深刻变革。德育教师需要掌握并熟练运用各种教育技术，如在线教学平台、虚拟实验系统、智能教学工具等，构建丰富的信息化教学资源库。同时，德育教师应学会将这些技术融入日常教学中，创新教学方法，提高教学效率，以满足学生多元化、个性化的学习需求。

最后，建立系统的德育教师培训体系，提供持续的专业发展支持，也是不可或缺的一环。包括定期的德育教师培训、教学研讨、教学观摩等活动，以及个性化的教学指导和反馈，帮助德育教师及时更新知识结构，改进教学方法，提升教学效果。

（三）加强德育教师师德师风理论学习

在当今社会，高等教育机构在培养未来领导者和创新者方面扮演着至关重要的角色。在这个过程中，教师的道德品质和职业认同对学生的影响力不容忽视。因此，加强高校师德师风建设，将教师的德育素质和职业认同置于首要位置，是构建高质量教育体系的基石。

首先，高校应构建一套全面、系统的德育教育学习培训制度。不仅包括定期的师德教育讲座和研讨会，还应涵盖自我反思、同伴评价和导师指导等多种形式，以确保德育教师能够持续深化对道德规范的理解，提高道德判断和决策能力。例如，可以引入道德教育专家进行专题讲座，分享道德教育的最新理论和实践案例，激发德育教师的思考和讨论。

其次，实践活动是师德师风建设的重要组成部分。高校可以组织各种形式的公益活动，如志愿服务、社区服务等，让德育教师在实践中体验和传播道德价值。同时，通过设立师德模范、优秀德育工作者等奖项，激励德育教师积极参与师德建设，形成良好的师德风尚。

最后，多层次、多渠道的师德主题活动也是不可或缺的。这些活动可以包括师德论坛、师德研讨会、师德主题月等，让师德师风建设成为校园文化的一部分，深入人心。例如，可以定期举办"师德故事分享会"，让德育教师分享他们在教学过程中遇到的道德困境和解决经验，以此激发共鸣，提升师德意识。

值得注意的是，师德师风建设并非一蹴而就，而是需要长期坚持和不断完善的系统工程。高校应定期对师德教育的效果进行评估，根据反馈调整和优化培训内容和方法，确保其针对性和实效性。

（四）优化高校德育教师管理全过程

在当前的教育环境中，高校德育教师的师德师风问题已成为社会关注的焦点。解决这一问题，不仅需要德育教师自身的道德修养，更需要从制度层面进行改革和创新。许多高校已经意识到这一点，开始尝试通过评优考核制度来规范德育教师的师德行为，然而，实际操作中往往存在流于形式、执行不力的现象，使这一制度的效益大打折扣。

为了真正将师德建设落到实处，首要任务是将师德考核纳入德育教师的全面考核评价体系中。这意味着，我们需要构建一个公正、公平、透明的评价机制，确保师德考核的严肃性和权威性。在这个机制中，学生应被赋予更多的权利，他们作为教师教学的直接对象，对于德育教师的师德行为有着最直观的感受，因此，他们的监督和评价应被充分重视。

同时，设立专门的德育教师听课评课小组也是一个有效的策略。这个小组可以由校领导、同行教师、教育专家等多元化的成员构成，他们定期对德育教师的课堂进行观察和评价，以确保师德师风的全面评估。这种做法不仅能够及时发现和纠正德育教师的不当行为，还能为德育教师提供持续改进的反馈，促进其专业发展。

更为重要的是，评价结果应与德育教师的切身利益挂钩，如晋升机会、工资福利等。这种"奖优罚劣"的制度设计，可以有效地激发德育教师的内在动力，促使他们在日常教学中更加注重师德的体现，从而将师德建设与教学研究有机融合，形成良好的教育生态。

（五）德育教师信息素养培育

当前，德育教师的信息素养水平不足，难以满足互联网时代对德育工作的需求，这可能制约或推迟德育工作的有效深入。因此，提升德育教师的信息素养，使其跟上信息时代的发展，已成为当务之急。

1.强化意识：树立信息化的德育理念

"行成于思，毁于随。"这句话揭示了思想对于行动的决定性作用。在当前信息化社会的背景下，提升德育教师的信息素养，首要任务就是转变教育观念。教育观念的更新如同一盏明灯，照亮了德育教学的前行之路。德育教师需要打破传统的思维框架，认识到信息技术不仅是教学的辅助工具，更是推动现代德育发展的重要驱动力。在信息社会中，信息素养如同一把钥匙，打开了知识的大门。正如一位教育家所指出的，"在数字化的世界里，缺乏计算机技能的人，就像在庞大的国会图书馆中，面对无序的藏书而感到无助。"[①]因此，德育教师需要树立终身学习的观念，不断提升自我对信息技术的需求，主动学习和应用新的教育技术。

同时，德育教师应强化对信息资源的获取和运用能力，积极利用互联网资源进行教学。这不仅要求德育教师具备筛选和辨别网络信息的能力，更需要引导学生正确使用数字杂志、触摸媒体、手机网络等工具，培养他们的信息敏感性和网络道德意识。通过组织网络论坛、网络团体考察、在线模拟实践、网络知识竞赛等活动，德育教师可以引导学生在海量的网络信息中筛选有价值的内容，辨别信息的真伪，处理网络道德冲突，从而帮助他们形成正确的网络道德观，提升他们利用网络解决道德问题的能力。

在这个过程中，德育教师的角色从传统的知识传授者转变为学生网络学习的引导者和伙伴。他们需要以开放的心态接纳新的教育理念，以创新的思维探索信息技术与德育教学的深度融合，使互联网成为学生道德成长的重要平台，为培养适应信息社会的全面发展的人才奠定坚实基础。

2.自我锤炼：掌握基本的信息知识和信息技能

"工欲善其事，必先利其器。"在现今日新月异的时代里，这一古老的智慧依旧闪耀着不灭的光芒。对于德育教师而言，与时俱进、注重自发研

[①] 约翰·奈斯比特.大趋势——改变我们生活的十个新方向[M].梅艳,译.北京：中国社会科学出版社,1984：44.

第六章　中华优秀传统文化与高校德育教师队伍的建设

修，将提高信息修养作为一种自觉诉求，已然成为时代赋予的重要使命。为了更好地适应信息时代的教育需求，德育教师不仅需要深入钻研，更需要具有追求和运用信息知识和操作技术的切实行动。[①]

首先，德育教师需要加强学习，掌握信息的基础知识和基本技能。包括了解现代信息技术的原理、网络程序设计、计算机操作步骤和信息策略等。他们应当刻苦钻研，不断充实自己的知识储备，以便能够在实际教学中灵活运用。同时，德育教师还应学会制作网络课件、编写网络教案、开发德育网站，以及掌握多媒体教室、计算机网络教室的基本操作。这些技能不仅能够帮助他们更好地进行教学设计，还能够提升学生的学习兴趣和参与度。

其次，针对互联网信息繁杂、交叉渗透的特点，德育教师需要有敏锐的洞察力和判断力。他们不能盲从，也不能满足于既有的修养和素质。相反，他们应该不断补充新的知识和技能，丰富和改善自己的知识和技能结构。在实际工作中，德育教师需要增强检索、鉴别、加工、编码和运用网络信息的能力。他们要以广博的知识基础和娴熟的技术能力，获得引申、创造新知识和新技术的能力，为学生提供更为优质的教育资源和学习环境。

再次，德育教师之间也需要加强信息交流和协作。他们应该打造德育教师成长共同体，经常相互切磋、集思广益、取长补短、共同提高。通过团队协作和信息共享，德育教师可以更快地获取新的教育理念和教学方法，提高自己的专业素养和教学水平。同时，他们还可以共同开发德育课程和资源，为学生提供更为丰富多样的学习体验。

最后，德育教师需要以扎实的学识和生动的课堂实践，生动诠释新时代"四有好老师"的责任担当。他们不仅要具备高尚的师德师风、精湛的教学技艺和深厚的学科知识，还要具备先进的教育理念、创新的教学方法和良好的信息素养。只有这样，他们才能成为新时代教育的中坚力量，为学生的成长和发展贡献自己的力量。

3.学以致用：在信息技术和德育课程的整合中提升信息素养

"纸上得来终觉浅，绝知此事要躬行。"在这个信息爆炸的时代，互联

[①] 戚万学，谢娟.教育大数据的伦理诉求及其实现[J].教育研究，2019（07）：26-35.

网技术的迅猛发展给教育领域带来了前所未有的冲击与机遇。[①]对于德育教师而言，他们不仅要在传统的课堂上传播道德知识，更要积极拥抱互联网，运用其丰富的知识和先进的技术手段，不断拓展德育的途径和空间，以此推动德育活动的信息化和现代化，真正成为学生道德品质的塑造者。

将信息技术有机融入德育工作的过程中，德育教师需要具备扎实的信息化素养。这意味着他们不仅要熟练掌握各种信息化软件的操作技巧，还需要具备高度的信息化教学设计能力，以便将信息技术与德育课程有效融合。正如教育部在2002年颁发的《关于推进教师教育信息化建设的意见》中所指出的，全面推进现代信息技术和教育技术在教师教育中的普及和应用，是提升中小学教师信息素养、促进信息技术与学科课程整合的关键。在2018年的《教育信息化2.0行动计划》中，教育部再次强调了智慧教育创新发展行动和信息素养全面提升行动的重要性。

在信息技术与德育课程的整合过程中，德育教师需要不断学习，提高自己的专业素养。他们需要熟练掌握各种教学软件的使用，如多媒体教学软件、在线教学平台等，以便在教学中灵活运用这些工具，丰富教学手段。同时，德育教师还需要具备强大的信息技术检索和整合能力，以便在海量的网络德育资源中筛选出有价值的信息，为学生提供丰富的学习材料。

在德育实践中，德育教师可以充分利用互联网资源，创新德育形式。例如，他们可以通过建立网上德育信息库、开设网上德育论坛等方式，为学生提供一个互动交流的平台，让他们在讨论中深化对道德知识的理解。此外，德育教师还可以利用网上社会训练和网上家庭教育指导等形式，拓宽德育的途径，使德育活动更加贴近学生的生活实际。

在将信息技术与德育工作结合的过程中，德育教师也需要注意适度、适中的问题。他们不能盲目追求技术的先进性而忽视了学生的实际需求和教学规律。如果只是为了减轻工作负荷而单纯使用信息技术或进行形式化运作，那么这种做法不仅难以提升德育实效，还可能对学生的成长产生负面影响。

[①] 冯永刚. 网络文化时代青少年道德教育中的价值冲突及调适[J]. 山东师范大学学报（人文社会科学版），2012（06）：109-114.

第六章　中华优秀传统文化与高校德育教师队伍的建设

因此德育教师需要深入思考如何更好地将信息技术与德育工作相结合，以便更好地服务于学生的成长和发展。

4.涵养品行：自觉遵守和践履网络伦理道德规范

在当今这个信息爆炸、网络普及的时代，互联网空间已成为人们生活中不可或缺的一部分。然而，这个虚拟的、开放的空间也带来了诸多挑战，尤其是在德育教育方面。孔子曾言："其身正，不令而行；其身不正，虽令不从。"这句话在网络时代依然具有深刻的指导意义。德育教师，作为培养学生良好道德品质的引路人，更需要在网络空间中做到"正人先正己"。

在网络世界里，德育教师的每一个言行都可能会被放大、传播，对学生的影响也更为深远。因此，德育教师必须增强自身的网络道德素养，拥有崇高的信息道德。这不仅仅是对自身行为的规范，更是对学生的一种无声教育和感染。只有德育教师以身作则，用网络道德准则来规范自己的行为，才能为学生树立典范，引导他们树立正确的网络价值观。

在虚拟的网络空间中，德育教师可以通过多种方式为学生树立榜样。例如，他们可以通过自己的网络行为，向学生展示如何诚实上网、合法上网、文明上网。在处理网络信息时，他们不造谣、不传谣，坚守真实、准确、客观的原则，让学生在潜移默化中受到道德的感染和熏陶。此外，德育教师还可以积极参与网络空间的治理和净化工作。他们可以通过修订法律，让处理互联网新问题有法可依；通过发送"网课家庭指南"，培养未成年人正确使用互联网和社交媒体的习惯。这些举措不仅能够保护学生的网络安全，还能够提高他们的网络素养和道德意识。

德育教师要想真正做好网络空间的道德表率，还需不断加强思想理论修养，自觉学习信息道德知识和信息安全知识。他们需要了解网络空间的规律和特点，掌握网络道德和信息安全的基本原则和要求。同时，他们还需要将所学知识转化为实际行动，模范遵守网络伦理和道德规范，自觉践履网络伦理道德准则。

在实现网络伦理道德自律的过程中，德育教师还可以弘扬优秀的传统道德文化。他们可以通过网络平台传播中华优秀传统文化和道德观念，引导学生树立正确的价值观和道德观。同时，他们还需要坚决抵制一些敌对势力通过互联网推行文化霸权和文化殖民的行径，保护学生的文化安全和道德权益。

5.优化环境：营造提高信息素养的良好社会氛围

环境在人的成长和发展中起着至关重要的作用，尤其对于教育工作者来说，环境的影响力更是不容忽视。提高德育教师的信息素养，不仅需要他们自身的不懈学习和实践，更需要一个积极向上的社会环境来滋养和激励。这种环境的构建，需要从政策引导、硬件设施、培训机制和评估体系等多个层面进行综合考虑和系统设计。

首先，政策引导是推动信息素养提升的"风向标"。政府应加大对信息化教育的宣传力度，通过各种渠道传播信息教育的重要性，使信息素养成为社会共识，为德育教师提供一个良好的学习和发展环境。同时，应制定相应的政策，为德育教师使用和学习信息技术提供必要的支持和保障。

其次，硬件设施是实现信息化教育的基础。学校应投入足够的资源，购置先进的信息技术设备，如电脑、投影仪、智能白板等，以及相关的软件资源，如教育软件、数据库等。同时，建立完善的信息网络，如校园网、德育数据库和数字化图书馆，为德育教师提供便捷的信息获取和处理平台。

再次，专业的培训和进修制度是提升信息素养的关键。学校应设立专门的培训机构，配备专业的培训人员，设计出符合德育教师需求的培训课程，将信息技术与德育教学紧密结合。通过定期的培训和进修，帮助德育教师掌握最新的信息技术，提升他们的教学能力和信息素养。

最后，建立科学的评估和激励机制可以激发德育教师的积极性。通过定期的考核和比赛，如互联网道德知识竞赛、网络德育课件制作比赛等，对表现优秀的德育教师给予物质和精神的双重奖励。同时，将信息素养纳入德育教师的职称评定、职务晋升等评价体系中，形成一种积极的竞争和学习氛围，推动德育教师信息素养的持续提升。

总的来说，提升德育教师的信息素养是一个系统工程，需要政策、硬件、培训和评估等多方面的协同作用。只有这样，我们才能培养出适应信息化时代需求的优秀德育教师，为学生的全面发展提供更有力的支持。

第七章 中华优秀传统文化与高校德育评估机制的创新

在深入探讨中华优秀传统文化与高校德育评估机制的创新时,不得不提及二者之间的紧密联系与相互促进作用。传统文化作为中华民族的精神家园,为高校德育提供了丰富的思想资源和深厚的文化底蕴。德育评估机制的创新则是为了更好地传承和弘扬传统文化,使其在新时代焕发出新的生机和活力。

第一节 当前高校德育评估机制的问题和不足

一、高校德育评估之现状

（一）高校德育评估萌芽

自1985年起，我国教育领域迎来了一次重要的改革浪潮。在这一年，中共中央郑重发布了《关于教育体制改革的决定》，这一决定犹如明灯，指引着我国教育体制迈向更加合理、科学的发展道路。其中，尤为引人注目的是提出了在深化教育体制改革过程中开展高等教育评估的迫切要求。这一决策不仅标志着我国高等教育从量的扩张逐渐转向质的提升，更意味着我国教育评估体系建设的序幕正式拉开。

为了贯彻落实这一决策，国家教委紧随其后颁布了《关于开展高等工程教育评估研究和试点工作的通知》。这一通知的发布如春风化雨，为教育评估研究与实践工作注入了新的活力。自此，众多专家学者和教育工作者开始投身于教育评估的研究与实践中，共同推动我国教育评估体系的建设与发展。

1990年，《普通高校教育评估暂行规定》的正式出台，更是为我国高教评估体系的建设奠定了坚实的法律基础。这一规定明确规定了我国高教评估的性质、目的、任务、指导思想和基本形式等，为我国高教评估提供了明确的指导方针和行动准则。同时，它也确定了我国高教评估的基本框架，为我国高教评估的规范化和制度化奠定了坚实的基础。

随着教育评估体系的不断完善和发展，教育部开始针对普通本科院校出

第七章 中华优秀传统文化与高校德育评估机制的创新

台了一系列本科教学工作评估的法规文件。这些文件不仅涵盖了教学工作的各个方面，还针对不同类型的院校提出了不同层面、不同类型的评估要求。这些评估工作的实施不仅有助于提升普通本科院校的教学质量，还有助于推动我国高等教育整体水平的提升。

然而，值得注意的是，在高校教育评估的众多领域中，高校德育评估一直是一个较为薄弱的环节。长期以来，高校德育评估只是作为教育评估的一个项目、一个指标、一个重要组成部分加以探讨和研究。这主要是因为德育评估本身具有较大的主观性和复杂性，难以通过简单的量化指标进行衡量。但是，随着社会的不断发展和进步，高校德育的重要性日益凸显。因此，如何加强高校德育评估的研究与实践工作，已经成为当前我国高等教育领域亟待解决的问题之一。

（二）高校德育评估启动

在1995年，为了深入贯彻《中共中央关于进一步加强和改进学校德育工作的若干意见》以及《中国教育改革与发展纲要》的精神，国家教委根据《教育法》及上述两个文件的核心内容，精心制定并颁布了《中国普通高校德育大纲》（以下简称《大纲》）。这一里程碑式的文件不仅为高校德育工作指明了方向，也为德育评估体系的建立提供了坚实的制度基础。

《大纲》详细阐述了高校的德育目标、内容、原则、途径以及考评方式，并着重强调了"德育工作评估"的重要性。德育工作评估被视为将德育由抽象转化为具体、由理论落实到实践的关键环节。这一举措的推出标志着高校德育评估作为一个独立、完整的体系正式在教育领域崭露头角，并逐步走向实践。

《大纲》明确指出，德育工作的质量是衡量学校办学水平的重要指标之一。为了确保德育工作的质量和效果，各级教育主管部门和高校须严格按照国家教委的相关规定，对德育工作进行两级评估。具体而言，各省（市）、自治区教育行政部门将定期对当地高校的德育实施情况进行全面评估，而各高校则需要对本校院系、各部门的德育实施情况进行细致考察。

在评估内容方面，《大纲》详细列出了五个方面：领导体制、机构和队伍建设情况；德育工作开展情况；规章制度建设情况；德育投入情况；以及德育的总体效果。这些评估内容涵盖了德育工作的各个方面，确保了对德育工作全面、客观的评价。

在德育考评方面，《大纲》强调了考评的重要性和必要性。考评不仅是对学生思想政治品德表现及发展水平的全面了解和衡量，更是实现高校德育目标的重要保证。为此，《大纲》提出了考评的原则、方法和依据等具体意见，为高校德育考评提供了明确的指导。

值得一提的是，《大纲》详细规定了高校德育评估的三个层面：上级主管部门对高校的评估、学校对院系的评估以及院系对学生个体的品德评估。这种多层次的评估体系既确保了德育工作的全面覆盖，又提高了评估的针对性和有效性。

自《大纲》颁布以来，全国上下纷纷开展了高校德育评估的理论研究与实践活动。各高校积极探索德育评估的有效方法和途径，不断完善德育评估体系，为提升高校德育工作质量和水平奠定了坚实基础。同时，德育评估的实践也为我国高等教育事业的发展注入了新的活力和动力。

（三）高校德育评估进展

自《中国普通高校德育大纲》及《中共中央关于加强和改进学校德育工作的实施意见》颁布以来，各省、自治区、直辖市教育主管部门积极响应，结合本地实际情况，深入调研并出台了各具特色的高校德育工作评估方案。例如，北京市详细制定了《北京市高等学校党的建设和思想政治工作建设标准》以及《北京市高校学校德育评估标准》，力求在首都高校中树立德育工作的标杆。上海市则出台了《上海市普通高校德育评估条例》，为高校德育工作提供了明确的法规依据。浙江省的《浙江省普通高校校园文明建设实施意见》则着重于营造文明和谐的校园环境，为德育工作提供良好的氛围。山东省的《山东省高等学校德育评估体系》和河南省的《普通高校德育工作评估指标体系及标准》则更为具体地规定了德育评估的内容和标准。

不少高校为了确保德育工作的有效实施，制定了"院系德育工作评估方案""大学生德育考评实施意见"等具体措施。然而，尽管有了这些规划和措施，高校德育评估的全面推进仍然面临诸多挑战。

首先，学校层面的德育评估进展并不理想。这一层面的评估是整个德育评估体系的核心，具有提纲挈领的作用。然而，根据统计数据显示，《中国普通高校德育大纲》颁布后，全国仅有10个左右的省、自治区、直辖市真正根据《大纲》要求及《中共中央关于改进德育工作的实施意见》，制订了德育评估方案并组织实施。更遗憾的是，这些方案并未能持续有效地进行，许多省份因种种原因放弃了德育评估。目前，仅有山东、河南两省还坚持不懈地在学校层面开展德育评估工作。

其次，院系层面的德育评估也显得力不从心。这一层面的评估是承上启下的关键环节，对于落实学校层面的德育总目标具有重要意义。然而，尽管德育《大纲》为院系层面的德育评估提供了政策依据，并要求各高校开展这一层面的评估，但实际情况不尽如人意。据调查，仅有少数高校真正开展了院系层面的德育评估工作。中央16号文件颁发后，这一状况虽有所改观，但仍未能在所有高校全面展开。

二、高校德育评估存在的问题

（一）高校德育评估理论准备不足

自20世纪80年代中期以来，教育评估的研究逐渐成为学术界的热点，众多学者致力于探索和挖掘其深层价值，产出了一系列具有里程碑意义的研究成果。然而，尽管教育评估的整体研究趋势日益繁荣，但专门针对高校德育评估的学术研究显得相对匮乏。高校德育评估实质上是一种在政策引导下的德育实践活动。它在政策法规层面有着坚实的支撑，为德育工作的有序开展提供了明确的导向。然而，理论研究的薄弱成为制约其发展的一大瓶颈。理论研究的匮乏直接影响了高校德育评估实践的创新与深化。缺乏理论支撑的评估往往流于表面，难以对德育工作进行深入剖析和有效改进。同时，由于缺乏科学的评估方法指导，高校在德育评估实践中往往陷入盲目摸索的状态，难以在具体操作层面取得显著的成效。因此，高校德育评估在学校、院系等不同层次的推进效果往往不尽如人意，其影响力和实际效果受到了严重制约。

（二）高校德育评估价值认识不清

高校德育评估价值是指其对于高校德育、整个高等教育体系及人才培养过程中所具有的核心意义和深远影响。在《大纲》颁布之初，尽管关于高校德育评估的理论研究尚显不足，未能为实践提供充分的指导，但我们必须清醒地认识到，德育评估不仅是高校德育工作中不可或缺的一环，更是推动德育科学化、系统化的重要手段。

随着时代的进步和社会的发展，高校德育评估的价值日益凸显。从宏观层面看，它关乎整个高等教育体系的发展方向和质量保障；从微观层面看，它关系每一个学生的全面发展和人格塑造。正因如此，各省市对于高校德育评估给予了极高的重视，纷纷采取行动，加强和改进德育评估工作。

以山东省和河南省为例，这两个省份在德育评估方面走在了全国的前列。山东省已经进行了第二轮高校德育工作评估，通过定期、系统的评估，确保了德育工作的持续性和有效性。河南省则依据《大纲》要求，对原有的高校德育评估指标体系及标准进行了修订，并决定从2006年起，每5年对全省的普通高校德育工作进行一次专项评估。这样的举措不仅加强了德育工作的规范性和科学性，也提升了高校德育的整体水平。

院系德育评估作为整个德育评估体系中的重要组成部分，其承上启下的作用不容忽视。院系德育评估是落实德育具体目标的关键环节，也是推动院系德育工作创新发展的重要动力。因此，各高校应充分认识到院系德育评估的重要性，积极开展院系德育工作专项评估，确保德育工作的全面覆盖和深入实施。

然而，当前高校德育评估在学校层面和院系层面仍存在一些缺失和不足，这主要是由于对德育评估价值的认识不够清晰、不够深入所致。为了加强和改进大学生思想政治工作，落实党的教育方针，保证办学的社会主义方向，我们必须深化对德育评估价值的认识和理解。只有充分认识到德育评估在促进大学生全面发展、提升高等教育质量、推动社会文明进步等方面的重

第七章 中华优秀传统文化与高校德育评估机制的创新

要作用,才能真正做到高度重视、大力支持、扎实推进德育评估工作。

在具体实施过程中,应借鉴先进经验和成功案例,不断探索和创新德育评估的方法和手段。同时,也要加强对德育评估结果的分析和研究,及时反馈问题和不足,为德育工作的改进和提升提供科学依据。只有这样,才能不断提高高校德育评估的水平和质量,为培养德、智、体、美、劳全面发展的社会主义建设者和接班人作出更大的贡献。

三、高校德育评估问题之根源

(一)高校德育评估基础研究缺失

德育评估作为高校德育的重要组成部分,其理论基础的构建显得尤为重要。然而,当前德育评估基础理论研究的缺失,如同在沙漠中寻找绿洲,让德育评估理论的发展显得力不从心。德育评估不仅是高校德育工作的关键环节,更是教育评估体系中的重要一环,它涉及学生品德、道德观念、社会责任感等多方面的评价,是检验德育工作效果的重要手段。

深入探究德育评估的理论基础,我们不难发现,德育学和教育评估学是其不可或缺的理论源头与逻辑起点。德育学为我们提供了德育工作的指导思想、原则和方法,而教育评估学则为我们提供了评估的理论框架、方法和工具。然而,从已有的研究成果来看,学者对于德育评估基础理论的探索尚显不足,导致德育评估理论在发展过程中缺乏坚实的理论支撑,如同一棵无根之木,难以茁壮生长。

面对这一现实,当前的高校德育评估研究亟须正视问题,将德育评估的思想基础、哲学基础和学科理论基础作为重要课题进行深入探索研究。在思想基础方面,需要明确德育评估的指导思想,即坚持立德树人,促进学生全面发展。在哲学基础方面,需要运用马克思主义哲学观点,分析德育评估的本质、特点和规律。在学科理论基础方面,需要借鉴德育学、教育评估学等相关学科的理论成果,构建德育评估的理论框架和评估指标体系。例如,在德育评估的实践中,可以借鉴心理学中的"品德发展阶段理论",结合学生的年龄特点和心理特征，制定符合学生实际的德育评估标准。同时，还可以运用统计学和数据分析的方法，对德育评估数据进行深入挖掘和分析，以更准确地反映德育工作的实际效果。

（二）高校德育评估本体研究薄弱

在学术界，对德育评估的探索和研究已经取得了一定的进展，这一点不容忽视。研究者们从不同的角度出发，对德育评估的理论框架进行了初步构建，为这个领域的理论发展奠定了基础。然而，尽管这些研究在一定程度上丰富了我们的理论视野，但它们在深度和广度上仍有待提升，尤其是在触及德育评估的核心问题上。

首先，关于德育评估的本质和规律，目前的研究并未给出明确且深入的解答。德育评估并非简单的价值判断，而是涉及复杂的人性认知、道德情感和行为习惯的形成过程。它需要我们去探索如何科学地、客观地理解和把握德育的内在规律，这在当前的研究中并未得到充分的探讨。

其次，德育评估的结构和要素问题也亟待深入研究。德育是一个多元化的概念，包括道德认知、道德情感、道德意志和道德行为等多个层面，这些层面如何在评估中得以体现，以及它们之间的相互关系如何，都需要我们进行细致的分析和研究。

再次，德育评估的信度和效度问题也是关键。信度关注的是评估结果的稳定性，效度则关注评估结果的准确性。如何设计出既能保证稳定又能确保准确的评估工具，是当前研究中的一大挑战。此外，德育评估的过程、特点、功能和原则，以及评估的主体、客体、介体、环体及相互作用，这些都是影响评估效果的重要因素，但现有的研究对此的探讨还不够深入和全面。

最后，评估结果的可靠性问题也常常被忽视。在实际操作中，由于评估标准的主观性、评估方法的局限性等因素，评估结果的可靠性往往受到质疑。如何提高评估结果的可靠性，使之能真实反映德育工作的实际状况，是理论研究需要关注的重要问题。

（三）高校德育评估方法研究不足

德育评估方法作为一种科学的评价体系，旨在全面、准确地衡量和指导德育工作的效果。它是评估主体在追求德育评估目标的过程中，所采用的一系列策略、技术和工具的综合体现。这个过程涵盖了多个关键步骤，如设定评估标准、构建指标体系、设计评估方案、收集和分析信息，以及处理和应用评估结果。

在制定德育评估标准时，需要充分考虑社会的价值取向、教育的目标以及学生的个体差异。设计评估指标体系则要求将抽象的德育目标转化为可量化的具体指标，通常涉及道德认知、道德情感、道德行为等多个维度。在构建评估方案时应确保其公正、公平，同时兼顾评估的可操作性和有效性。

在信息的搜集与分析阶段，评估者可能需要运用问卷调查、观察记录、访谈等多种方法，以获取全面、真实的德育情况。处理评估结果时，不仅要对数据进行科学的分析，得出客观的评估结论，还应关注如何将评估结果反馈给教师、学生和家长，以促进德育工作的改进。

尽管学者们对德育评估方法进行了多角度的研究，提出了许多有价值的见解，但目前的研究仍然存在一些局限性。一方面，研究的深度和广度有待提升，对某些评估手段的探讨还不够深入。另一方面，一些研究可能过于强调某一方法的重要性，忽视了评估方法的多元性和情境性，导致理论与实践之间存在一定的脱节。

因此，不能简单地将某个具体的评估技术或工具等同于德育评估方法，而应认识到评估方法的复杂性和系统性。每一种评估方法都有其适用的范围和条件，需要根据具体的评估情境，灵活选择和综合运用各种方法，以实现德育评估的科学性和有效性。

（四）高校德育评估应用研究缺乏

德育评估研究作为教育学的重要分支，其理论与实践的深度融合对于提升德育效果具有至关重要的作用。这一研究领域以解决实际问题为导向，旨在为德育工作的具体实施提供科学的评价标准和方法。然而，当前的研究状况并不尽如人意。尽管众多学者深入探讨了德育评估的理论框架，提出了多元化的评估视角，或是从其他学科中汲取理论养分，但以实践应用为目标的研究却相对匮乏，高校德育评估的实证研究尤为不足。

德育评估的核心在于对德育过程及其效果进行价值判断，既包括对德育活动设计、实施过程的评价，也包括对德育目标达成度的衡量。这些都深深地扎根于教育的日常实践中，无法脱离具体的学校环境、院系特色、年级班级氛围以及学生个体差异而孤立存在。因此，需要打破理论与实践的界限，从微观层面入手，对学校层面的宏观策略、院系层面的特色路径、年级班级层面的动态调整以及学生个体层面的个性化需求进行深入研究。例如，学校层面的德育评估应关注整体德育环境的营造，包括校园文化、制度建设等；院系层面则需结合专业特色，探索专业教育与德育的融合方式；年级班级层面的评估则要考虑到学生年龄、心理发展特点，设计符合其成长阶段的德育活动；对学生个体的评估则需要尊重其个性，通过个性化评价促进其自我认知和道德成长。

目前，高校德育评估的研究与实践之间存在着明显的断层，不仅限制了我们对德育规律的深入理解，也阻碍了德育工作的有效开展。因此，需要鼓励更多的学者投身于实践导向的德育评估研究，通过理论与实践的互动，推动德育评估的科学化、精细化，以更好地服务于高校德育的目标，即培养具有高尚道德品质的全面发展的人。

第二节 中华优秀传统文化在德育评估中的独特价值

一、高校德育评估的必要性分析

（一）高校德育评估是高校德育改革和创新的需要

高校德育工作是培养新一代高素质人才的重要环节，它关乎国家的未来和社会的和谐稳定。然而，要有效地开展这项工作，首要任务是对当前高校德育的实际情况有深入而全面的了解。这需要我们借助科学的德育评估手段，以确保我们的教育策略与时代的需求相契合，与学生的成长规律相一致。

德育评估的核心在于对工作目标的明确、实施过程的监控以及实施结果的反馈。它旨在通过对德育活动的系统性分析、收集和处理相关数据，以评估其效果和影响。例如，可以通过调查问卷、访谈、观察等多种方式，了解学生对德育内容的接受程度，以及德育活动对他们的价值观、行为习惯的塑造作用。同时，评估过程应遵循科学性、目的性和规律性。科学性意味着评估方法和工具应基于教育学、心理学等理论基础，确保数据的准确性和可靠性。目的性则要求评估工作始终围绕德育目标进行，以确保所有的努力都指向提升德育工作的实效性。规律性则强调要尊重教育的内在规律，理解学生的发展阶段和需求，避免"一刀切"的做法。

然而，高校德育评估并非易事。它需要我们不断探索和实践，以适应社会变迁和学生成长的新挑战。例如，随着信息技术的发展，如何将网络德育纳入评估体系，如何应对学生思想观念的多元化，都是我们需要深入研究的问题。因此，必须以严谨的科研态度，持续开展高校德育评估研究，不断优化和创新德育工作的方法和策略。只有这样，才能真正推动高校德育工作的改革，提升德育的实效性，为培养有道德、有文化、有责任感的新时代好青年贡献力量。

（二）高校德育评估是高校德育基础理论建设的需要

科学化的学科发展，其核心特征之一在于将复杂的概念和过程转化为可量化的数据和规范化的理论。在德育评估领域，这一原则同样适用。德育作为塑造个体价值观和社会道德规范的重要手段，其效果的评估和研究长期以来主要依赖于主观的思辨和经验的描述。然而，这种方法往往受限于个人的视角和经验，难以提供全面、客观的分析结果。

目前，德育评估的过程往往呈现出一种非线性、动态的特性，从设定明确的教育目标，到设计并实施具体的教育方案，再到最终的评估和反馈，这一过程需要反复迭代和调整。然而，由于缺乏量化工具和标准化的评估流程，这一过程的复杂性往往被忽视，导致评估结果的可靠性和有效性受到挑战。

为了打破这一困境，需要引入更科学的评估方法，将定量的数据分析与定性的价值判断相结合。例如，通过设计量化的问卷调查、行为观察工具，或者利用大数据技术分析学生的网络行为，可以收集到大量关于德育效果的客观数据。这些数据可以揭示出德育工作中的模式和趋势，帮助我们更准确地理解德育过程的动态变化。

同时，定性的价值判断也不可或缺。在收集到大量数据的基础上，需要通过专家讨论、案例分析等方式，对数据背后的意义进行深入解读，形成对德育效果的质性评价。这种定性分析能够帮助我们理解数据背后的深层含义，如学生的行为改变背后可能反映出的道德认知发展。

通过定量与定性的结合，德育评估可以实现从主观到客观，从模糊到清晰的转变，从而更准确地把握德育的规律，提高德育工作的针对性和有效

第七章　中华优秀传统文化与高校德育评估机制的创新

性。科学化评估方法能够为教育者提供决策依据，推动德育理论的深化和发展，使其更好地服务于社会的道德建设。

（三）高校德育评估是德育科学化的需要

随着全球教育改革的步伐不断加快，现代教育评估理论在各个学科领域中发挥着日益重要的作用，高校德育评估理论的发展亦是如此。这一理论的发展历程，是与哲学、教育学、德育学、行为学等多个学科的理论交融并进、相互促进的。它不仅吸收了现代教育评估的一般原理，更在实践中不断探索和创新，以适应德育工作的新需求和新挑战。

高校德育评估实质上是对德育效果的系统性、科学性的考察和评价。它通过运用定量和定性的研究方法，对德育行为进行深入剖析，以量化的方式测定德育行为与预设德育目标之间的偏差，从而为德育方案的改进提供精准的依据。定量分析，如通过大数据技术收集和分析学生的行为数据，可以客观地反映出德育工作的实际效果；定性的价值判断则是从道德观念、价值导向等主观层面，对德育的深度和广度进行评估。

在这一过程中，高校德育评估理论不断深化，逐步建立起一套既符合教育规律，又具有实践指导意义的评估体系。例如，引入了"过程—结果"评估模型，不仅关注德育的最终效果，也重视德育过程中的体验和成长，以全面评价德育的全过程。同时，通过引入多元评价主体，如教师、学生、家长等多角度的反馈，可以更全面、更立体地了解德育工作的实际情况。

高校德育评估的发展有力地推动了德育工作的科学化、精细化。它不仅有助于发现和解决德育工作中的问题，提高德育的针对性和实效性，而且对于提升高校德育的理论研究水平，推动德育理论与实践的深度融合，都具有重要的意义。随着评估技术的不断进步和理论的持续创新，高校德育评估将更加精准、全面，为培养具有高尚道德品质的新时代人才提供有力的保障。

（四）高校德育评估是提高高等教育质量的需要

立德树人，以培养品德高尚、才智卓越的社会主义建设者和接班人为教育的根本任务,这一理念深刻揭示了我国高等教育的核心价值,旨在构建一个以德为先、全面发展的人才培养体系。

高等教育的使命不仅是传授专业知识,更是塑造人的品格和价值观。在快速发展的社会中,我们需要的不仅是具备专业技能的人才,更是具备高尚道德品质、全面素质的公民。因此,衡量高等教育质量的重要尺度就是学生的综合素质,尤其是他们的道德素质。道德素质是人的内在品质的体现,是衡量一个人是否能成为社会有益成员的关键因素。

德育工作是提升大学生"德"性素质的重要途径。它涵盖了思想教育、道德教育、法治教育等多个方面,旨在引导学生树立正确的世界观、人生观和价值观。德育评估就是对这一过程的全面审视和深入剖析,通过系统分析教育的各个环节,找出存在的问题和不足,提出针对性的改进策略和方向,以推动德育工作的持续优化。

德育评估的重要性不言而喻。它不仅能够帮助我们了解德育工作的现状,找出存在的问题,更能够为提高大学生的综合素质提供有力的保障。只有不断改进和提升德育工作,才能确保大学生在知识技能提升的同时,道德素质也能得到同步提高,从而为高等教育质量的提升奠定坚实基础。

(五)高校德育评估是高校德育正确决策的需要

高校德育作为塑造未来社会中坚力量的重要环节,其重要性不言而喻。它不仅需要设定与时代同步的德育目标,更需要在实践中建立一个动态的反馈系统,以确保教育的实效性。在这个过程中,评估机制扮演着至关重要的角色,它如同一面镜子,反映出德育工作的实际效果,揭示出存在的问题和不足。

当前,大学生的道德素质和高校德育工作的效果是一个复杂而微妙的话题。大学生是社会的新鲜血液,他们的价值观、行为规范直接影响到社会的和谐稳定。然而,面对日新月异的社会变迁,高校的德育工作是否能跟上时代的步伐,是否能真正触动学生的心灵,这些都是亟待解决的问题。这些问题的答案,需要我们深入德育评估的领域去寻找。

德育评估作为高校德育体系中的一个关键子系统,其主要任务是收集和分析德育过程中的信息,为决策提供科学依据。包括对德育内容的适切性、方法的有效性,以及领导机制和组织架构的合理性等多方面的评估。例如,如果发现学生对某些道德规范的理解存在偏差,那么就需要反思教育内容是否过于抽象,教育方式是否过于单一。

为了提高评估的准确性和指导性,德育评估需要不断优化其指标体系和评估标准。这些指标应全面覆盖道德认知、情感、行为等多个层面,以全面反映学生的道德状况。同时,评估标准也应与时俱进,充分考虑社会变迁对道德观念的影响,以确保德育工作的针对性和前瞻性。

通过德育评估,高校可以明确自身的德育工作是否偏离了预定的目标,哪些方面需要改进,哪些策略需要调整。这样高校就能做出更科学、更精准的决策,以提升德育工作的效果,更好地引导和塑造大学生的道德品质,为社会输送有道德、有责任感的优秀人才。

二、中华优秀传统文化应用于德育评估的独特价值

中华优秀传统文化作为中华民族千年历史的璀璨瑰宝,不仅是中华民族的独特标志,更是中华民族的精神支柱。它承载着深厚的历史底蕴,蕴含着丰富的德育智慧和独特的评估价值。在德育评估的实践中,中华优秀传统文化的独特价值愈发凸显,主要体现在以下几个方面。

首先,中华优秀传统文化中的"仁爱"精神,是德育评估中不可或缺的重要标准。这种精神倡导着人与人之间的相互关爱和尊重,它强调个体不仅要关注自我发展,更要关注他人的福祉。在德育评估中,不仅要关注学生的知识掌握程度,更要关注他们是否具备仁爱之心,是否能够关心他人、尊重他人。例如,在评估学生的社会实践能力时,不仅要看他们是否完成了任务,更要关注他们在实践过程中是否关心他人的感受,是否尊重他人的权利。这种以"仁爱"为核心的德育评估,能够引导学生树立正确的价值观,培养他们的社会责任感和同理心,使他们在未来的社会生活中成为有爱心、有责任感的人。

其次,中华优秀传统文化注重"诚信"品质的培养,这也是德育评估中

需要重点关注的内容。诚信是中华民族的传统美德之一，它要求人们在言行上保持一致，具备诚实守信的品质。在德育评估中，要关注学生的言行是否一致，是否具备诚实守信的品质。通过对学生诚信品质的评估，能够更好地了解他们的道德水平，为他们未来的成长和发展打下坚实的基础。例如，在评估学生的学术诚信时，要看他们是否独立完成作业、是否抄袭他人作品等，以此来判断他们的诚信品质。这种以"诚信"为标准的德育评估，能够培养学生的道德自律意识，使他们在未来的社会生活中成为有道德、有信誉的人。此外，中华优秀传统文化还强调"自强不息"的精神，这种精神在德育评估中同样具有独特的价值。自强不息意味着在面对困难和挑战时，要保持坚韧不拔的精神状态，不断追求进步和超越。在德育评估中，要关注学生的意志力、毅力和奋斗精神，看他们是否能够在面对困难和挑战时保持坚韧不拔的精神状态。例如，在评估学生的体育成绩时，不仅要关注他们的运动技能水平，更要关注他们在训练过程中是否具备坚持不懈、勇往直前的精神。这种以"自强不息"为标准的德育评估，能够激励学生积极进取、勇攀高峰，为他们的未来发展注入强大的动力。

最后，中华优秀传统文化中的"和谐"理念也为德育评估提供了重要的指导。和谐意味着人与人之间的相互理解、相互尊重和相互支持。在德育评估中，要关注学生的团队协作能力和人际交往能力，看他们是否能够与他人和谐相处、共同进步。例如，在评估学生的团队合作能力时，要观察他们在团队中是否能够发挥各自的优势、互相协作完成任务，同时还要关注他们是否能够与他人保持良好的沟通和关系。这种以"和谐"为目标的德育评估能够培养学生的集体意识和团队精神，为他们未来的社会生活打下坚实的基础。

第三节　中华优秀传统文化融入高校德育评估机制的创新方案

德育评估在高等学校的教育体系中占据着至关重要的地位，它不仅是衡量和提升德育管理工作效率的关键途径，也是推动德育工作持续改进的重要手段。这一过程涵盖了两个相互关联的层面：上级教育行政部门的外部评估，以及学校自身的内部评估。前者是从宏观角度对学校德育工作的整体效果进行评价，后者则是从微观层面，通过自我反思和改进，确保德育目标的实现。

上级教育行政部门的评估通常基于国家的教育方针政策，以及对德育工作成效的广泛共识。这种评估有助于确保各高校在德育工作上的方向一致，符合国家和社会的期望。学校的自我评估则更加具体和实际，它能够深入德育工作的每一个环节，找出存在的问题和不足，从而制定出更有效的改进策略。

然而，当前对于德育评估的理解和实践仍存在一定的分歧。在评估的范围上，是否应包括课堂教学、课外活动、校园文化等多个方面，尚无定论。在评估标准上，如何平衡德、智、体、美、劳等多方面的培养，以实现学生的全面发展，仍需进一步探讨。在评估方法上，如何兼顾定量和定性，确保评估的公正性和客观性，也是亟待解决的问题。因此，对德育评估的深入研究和实践探索仍然任重道远。

德育评估的核心是促进学生的全面发展，以实现高等学校的培养目标。它旨在通过科学的评估手段，激发学生的内在潜力，培养他们的道德品质、社会责任感、创新精神和实践能力，使他们成为21世纪社会所需的高素质人才。在这个过程中，高等学校需要不断探索和创新，以适应日新月异的社会发展，满足国家对人才培养的更高要求。

一、高校德育考评的原则与方法

（一）高校德育考评的原则

1.坚持实事求是、客观公正的原则

实事求是、客观公正，这是马克思主义理论精髓的生动诠释，也是我党长期以来始终坚持的科学态度和价值取向。这一原则不仅贯穿于我们的理论研究和实践活动，更在德育考评中发挥着至关重要的作用。它要求我们在面对复杂多变的现实情况时始终保持清醒的头脑，以严谨的科学精神和高尚的党性原则，对事物进行深入、全面、准确的分析和判断。

在进行德育考评时，应以高度的责任感和敬业精神，秉持实事求是的准则，不偏不倚，公正无私。这意味着我们要摒弃个人的主观偏见，避免被表面现象所迷惑，深入挖掘事实的本质，真实反映考评对象的实际情况。同时，还要防止片面性，既要看到优点，也要看到不足，既要关注个体，也要考虑整体，力求在全面把握情况的基础上做出公正的评价。

坚持一切从实际出发，意味着要深入德育工作的第一线，了解和掌握最真实、最鲜活的资料，以此为依据进行客观公正的评价。这需要我们具备敏锐的洞察力和扎实的调研能力，通过观察、访谈、问卷等多种方式，收集和分析数据，确保考评的科学性和准确性。

在这一过程中，不能被一时的得失所左右，不能因为短期的利益而忽视长期的影响。要有长远的眼光，以历史的、发展的视角看待问题，确保考评结论的公正性，使之经得起时间的考验，能够对个人的成长和社会的发展起到积极的引导作用。

2.坚持动态考评与静态考评相结合的原则

在教育领域，对学生品德素质的评估是一项至关重要的任务，它需要我

第七章　中华优秀传统文化与高校德育评估机制的创新

们采取一种全面、深入且动态的视角。品德素质作为个体社会性与道德性的重要体现，是个人成长过程中的核心元素，它既包含静态的品质特性，又涵盖动态的发展变化。因此，不能仅仅依赖于一次或一段时间的表现来评判一个学生的品德素质，这样的做法无疑是过于简化和片面的。

学生的品德发展确实存在静态的一面。他们的道德认知、道德情感和道德行为习惯上在一定程度上是相对稳定的。例如，一个学生是否尊重他人，是否诚实守信，这些行为习惯在日常生活中会形成一定的模式，呈现出相对稳定的特征。因此，观察和分析学生在日常生活和学习中的行为表现，可以为我们提供其品德素质的静态画像。

然而，品德素质并非一成不变，它在个体的成长过程中始终处于动态变化之中。学生在面对新的环境、新的挑战时，他们的道德判断和行为选择可能会有所调整，甚至可能出现显著的变化。比如，一个学生可能在面对公平公正的问题时，通过反思和学习，提升了自己的道德勇气和公正感。这种动态的变化反映了品德素质的生长性和可塑性。

为了准确评估学生的品德素质，需要结合其静态表现和动态变化，进行连续的、全面的观察和分析。应关注他们在不同情境下的行为反应，了解他们的道德观念是如何在实践中形成和发展的。同时，还需要考虑他们的过去经历，因为这些经历往往会影响他们当前的行为和态度，是理解其品德素质发展轨迹的关键。

3.坚持定性考评与定量考评相结合的原则

在教育体系中，对学生进行德育考评是一项至关重要的任务，它旨在全面评估和引导学生的道德品质和行为规范。这个过程既包含了定性分析，也包含了定量分析，二者相辅相成，共同构建了一个全面、公正、科学的评价体系。

定性分析是德育考评的基石，它主要依赖于教师或评估者的主观判断，对学生的道德品质进行描述和分类。例如，教师可能会将学生的行为划分为"尊重他人""诚实守信"等不同的道德层次，以此来评价他们的道德水平。这种定性的评价方式能够深入理解学生的行为背后的价值观和动机，提供更为丰富的信息。

然而，定性分析的主观性也意味着其可能存在的主观偏见和不确定性。因此，定量分析在德育考评中的应用显得尤为重要。通过量化考评，可以将道德品质的具体表现转化为可量化的指标，如行为次数、参与活动的时间等，使评价更加客观、精确。例如，可以统计学生在一个月内帮助他人的次数，以此来量化他们的"助人"品质。这种量化的方法使得不同学生之间的道德表现可以进行有效的比较，有助于更准确地把握学生的变化。

现代管理科学的引入，量化测定评价在德育考评中的应用日益广泛。例如，许多学校现在会使用电子化的德育考评系统，记录和分析学生的各种行为数据，以提供更科学的评估结果。然而，不能忽视定性分析的重要性，过度依赖量化可能会导致教育过程过于机械化，学生可能过于关注分数而忽视了道德品质的内在价值。

因此，定性分析和定量分析在德育考评中应保持平衡。对于可以量化的指标，如行为表现、活动参与度等，应尽可能地量化处理。而对于如"同情心""责任感"等难以直接量化的道德品质，应更多地依赖定性分析，通过比较分析、案例研究等方式进行评估。只有这样，德育考评才能真正建立在科学的基础上，既能准确反映学生的道德状况，又能引导他们全面发展道德品质，走向正确的成长道路。

4.教师考评与学生考评相结合

教师在德育考评中扮演着至关重要的角色，他们是这一过程的主导者和引导者，有权对学生的品德素质给予公正的评价。然而，不能忽视的是，学生之间的相互了解和理解对于评估他们的思想品德表现具有无可替代的价值。同学间的评价往往更直接、更真实地反映出个体在日常生活中的行为和态度，因此，应当充分尊重并考虑学生的自我评价，使之与教师的评价形成互补，以实现全面、公正的评估。

在德育考评的过程中，自我评价的重要性不容忽视。自我评价不仅是学生了解自身道德水平、提升自我认知的重要途径，也是现代教育评价体系的重要组成部分。它强调了个体的主观能动性，鼓励学生积极参与自身的道德建设，从而树立正确的价值观，激发自我改进的动力，提高德育的实效性。

（二）高校德育考评的方法

通常，德育考评方法可以分为两大类：主观性考评和客观性考评，每种方法都有其独特的优缺点。

主观性德育考评主要依赖于考评者的个人观察和印象。总体印象测评法是其中的代表，它要求考评者在对考评对象有了一定程度的了解后，根据记忆和印象进行评价。这种方法操作简便，但易受个人主观因素影响，可靠性较低。评语鉴定测评法则更注重考评者的长期观察和对考评对象的深入理解，通过书面评语进行鉴定。尽管这种方法能更生动地描绘学生的特点，但同样存在主观性的问题，难以保证公正性。此外，主观性考评还包括等级划分法和自我总结法等。这些方法在一定程度上能够反映学生的实际表现，但往往难以全面、准确地评估，容易导致评价结果的片面性，影响其公正性和说服力。

相比之下，客观性德育考评法因其公正、公平的特性，逐渐成为主流。加减考评法是其典型代表，它依据明确的评分标准和行为规范，对学生的具体行为进行加减分，得出客观的评价结果。这种方法操作简单，结果具有可比性，能更公正地反映学生的品德表现。例如，许多学校会根据《中国普通高等学校德育大纲》和《高等学校学生行为准则》设定评分标准，对学生的行为进行加减分，以评估其道德素质。

加权综合考评法则更注重评价的全面性和深度。这种方法不仅考虑各项指标的具体分值，还根据各指标的重要程度分配权重，通过加权求和得出综合值。这种方法能够更准确地反映出各分项指标的相对重要性，避免了简单加总可能导致的评价失真。例如，当评估学生的政治理论水平、政治思想表现、道德品质等多方面素质时，通过权重系数的调整，可以更合理地比较和评价不同学生的表现。

二、高校德育评估实施的理论依据

(一)科学的评估理念

1.德育评估理念决定评估主体的价值取向

在教育体系中,德育评估是一个至关重要的环节,它需要通过深入理解和实践评估理念来有效实施。德育评估的主体,即那些遵循特定程序、技术和方法,对德育工作进行量化分析和质性评价的组织机构及其成员,他们在评估过程中扮演着核心角色。这些主体的行为通常包括一系列步骤,如明确评估目标、设计评估方案、构建评估指标体系、收集相关数据、分析并解读结果等,这些步骤共同构成了德育评估的完整过程。

评估理念在德育评估中起着指导性的作用。它不仅直接影响评估主体的行为模式,还通过塑造评估的认知和价值取向,间接地影响评估的实践。例如,评估主体可能会根据自身的教育理念,设定特定的评估标准和方法,以确保评估的公正性和有效性。同时,社会主流的德育评估观念也会被纳入正式的评估制度中,以此来规范和指导评估主体的行为,确保评估的公正性和一致性。

德育评估理念的价值取向对评估行为的影响深远。它决定了评估的出发点和落脚点,以及在面对复杂道德问题时的判断标准。如果评估理念强调道德行为的实践性和社会影响力,那么评估主体可能会更注重学生的道德实践和他们在社区中的行为表现。反之,如果评估理念更侧重于道德知识的掌握和理解,那么评估可能就会更注重学生的理论学习和道德推理能力。

在实际操作中,德育评估理念的实施并非一蹴而就,它需要在不断的实践和反思中逐步完善和调整。评估主体需要不断地学习、探索,以适应社会变迁对德育提出的新要求,同时也要考虑到学生个体差异,以实现更加全面、公正和有效的德育评估。

2.德育评估理念决定着德育评估的内容与性质

高校德育评估,作为衡量和引导德育工作的重要手段,其理念的构建与实施至关重要。德育评估理念实质上是高校德育工作本质属性的理论反映,它涵盖了人们对于德育价值取向和行为目标的深刻理解。这种理念的形成,

第七章　中华优秀传统文化与高校德育评估机制的创新

如同在评估活动开始前绘制的一幅蓝图,为我们明确了德育评估的目标,使我们能更理性地审视和把握德育价值关系的动态变化。

首先,科学的德育评估理念是明确评估目的的关键。高校德育的目标在于培养具有高尚道德品质、社会责任感和全面发展的高素质人才。因此,评估理念应以促进学生的全面发展为核心,强调德育的实效性和针对性,而非仅仅停留在表面的量化指标上。我们要认识到,德育的价值并非一成不变,而是随着社会的发展和时代的变迁而不断演进的。

其次,评估理念对评估内容和方法具有指导性作用。它规定了我们应当关注的德育重点,如道德认知、道德情感、道德行为等各个层面,以及如何通过定性与定量相结合的方式,科学、公正地进行评估。例如,如果我们的评估理念过于强调知识的传授,可能会忽视对学生道德情感的培养;反之,如果过于注重情感体验,又可能忽视了道德知识的教育。

最后,评估理念的实施需要贯穿于德育评估的全过程。从评估的准备阶段到实施阶段,再到结果的反馈和应用,都应体现出评估理念的指导。例如,秉持"以人为本,全面发展"的理念,那么在设计评估方案时,就要充分考虑学生的个体差异,尊重他们的主体地位,以促进每个学生的个性化发展。然而,也要意识到,评估理念并非一成不变,它需要随着教育实践的发展和理论研究的深入而不断更新和完善。因此,高校德育工作者应持续反思和探索,以适应新时代对德育工作的新要求,构建更加科学、合理的德育评估理念。

3.德育评估理念规定着德育评估的发展方向

德育评估理念,犹如一盏明灯,照亮了德育评估的道路,是评估主体在实践中形成并内化于心的世界观和价值观。它源于德育评估的实践,又高于实践,对德育评估的走向起着至关重要的导向作用。这种理念既是评估者对德育本质的理解,也是他们对未来德育理想状态的构想,它塑造了评估者的行为模式,影响着他们的决策和行动。

德育评估理念并非凭空产生,它是在长期的德育实践中,通过对德育目标、方法、效果的反思和总结,逐步形成和发展起来的。它包含了对人的道德本质、道德发展规律的认识,对德育目标的设定,对德育方法的选取,以及对德育效果的评价等多个层面的思考。这种理念既是对过去的总结，也是对未来的展望，它为高校德育评估提供了理论支撑和方向指引。

作为超越现实的规划，德育评估理念具有前瞻性与预见性。它设定了高校德育评估的目标，即培养具有高尚道德品质、良好社会行为的公民，促进个体的全面发展。它引导评估者不满足于现状，不断探索更有效的德育方式，以适应社会变迁对德育提出的新要求。这种理念就像一座灯塔，指引着德育评估的航向，防止其在现实的困境中迷失方向。

同时，德育评估理念也决定了德育评估的发展路径。它强调德育的长期性和复杂性，倡导以学生为中心，注重道德情感的培养，重视道德实践的过程，追求德育的实效性而非表面的功利效果。这种理念的实施需要评估者具备开放的视野，勇于创新的精神，以及对德育工作的深深热爱和坚定信念。

然而，理念的影响力并非自动实现，它需要通过具体的评估实践来落地生根。这就要求高校德育评估者不仅要深入理解和掌握德育评估理念，更要将理念融入日常的评估活动中，通过科学的评估方法，公正的评估标准，以及反馈改进的机制，将理念转化为具体的行动，推动德育评估的持续改进和发展。

（二）可行的德育评估制度

1.德育评估制度反映了德育评估的基本共识

德育评估制度是教育领域中一种重要的机制，它将评估的理念具体化，以规范和指导德育实践活动。这一制度的存在既彰显了评估主体的意志和理念，又对评估的本质和规律进行了深入的探索和提炼，从而实现了目标性、规律性和科学性的有机结合。

首先，德育评估制度的形成是评估主体对德育活动深刻理解的体现。它凝聚了教育者们对于道德教育目标的共识，反映了他们对个体道德成长规律的把握。这种制度化的表达使德育评估活动有了明确的方向和标准，为实践活动提供了坚实的理论基础。

其次，德育评估制度在实践中发挥着规范和指导的作用。它不仅规定了评估的程序和方法，更在制度层面确立了评估的基本原则和价值取向。这种制度化的约束力，使评估活动能够遵循一定的规范进行，避免了主观随意性

第七章　中华优秀传统文化与高校德育评估机制的创新

和片面性，保证了评估的公正性和客观性。

最后，德育评估制度也对评估的主体和客体产生了深远影响。制度的固化形成了共同的心理基础，这种共识对于评估者和被评估者来说，都具有强大的约束力和引导力。它促使双方在理解和接受评估的过程中，形成一致的期待和行为模式，从而达到思想上的共鸣、行动上的协同，共同维护和推动德育评估制度的实施。

然而，也要看到，德育评估制度并非一成不变，它需要随着时代的发展和社会的进步不断更新和完善。在实践中，应积极吸收新的教育理念，借鉴成功的评估经验，以适应不断变化的教育环境和学生需求，使德育评估制度始终保持活力和有效性。

2.德育评估制度是德育评估活动的中介

在教育的广阔领域中，德育评估理念犹如一盏明灯，照亮了我们对教育价值的理解和追求。然而，理念的光芒并不能自动照亮实践的道路，它需要通过一套有效的制度体系，才能真正渗透到评估活动的每一个角落，发挥其指导作用。正如社会学家所指出的，"价值系统不会自动地实现，而是通过有关控制系统来维系。在这方面要依靠制度化、社会化和社会控制一连串的全部机制"。[①]德育评估制度正是这样一种将理念与实践紧密联系起来的"纽带"和"桥梁"。

德育评估制度内涵丰富，包括基本方案、评估标准、指标体系、基本程序等多个层面。基本方案是制度的骨架，它明确了评估的目的、原则和方法，为评估活动提供了方向性的指导。评估标准则是衡量德育效果的标尺，它需要科学、公正、全面，以确保评估的公正性和有效性。指标体系是评估标准的具体化，它将抽象的德育目标转化为可操作、可量化的具体指标，使评估工作有据可依，有章可循。基本程序则是评估活动的运行规则，它规定了从评估的启动、实施到结果的反馈和应用的整个过程，确保评估活动的规范性和有序性。

评估主体，无论是教师、家长还是专业的教育评估人员，只有遵循并运

---

① 塔尔科特·帕森斯. 现代社会的结构与过程[M]. 北京：光明日报出版社，1988：141.

用这套制度，才能将德育评估理念真正落地生根，转化为对评估客体的实质性影响。制度的实施不仅能够引导和规范评估主体的行为，使其在评估过程中始终坚守德育的价值导向，同时也能通过反馈机制，促使评估客体——学生，对自身的道德行为进行反思和改进，从而实现德育的目标。

然而，也要看到，德育评估制度的构建和完善并非一蹴而就，它需要在实践中不断探索、调整和完善。在具体操作中，应充分考虑教育环境的变化、学生个体的差异以及社会发展的需求，使制度更具灵活性和适应性。同时，还需要加强制度的宣传和培训，提高所有教育参与者对制度的理解和执行力，以确保其在德育评估中的有效运行。

3.德育评估制度是实现评估目的的重要保障

制度是社会运行的基石，是人们行为的指南，它"预设了一般模式，这些模式为人们在社会及其各种子系统和群体中的互动设定了特定的、允许的和禁止的社会关系行为的范畴"。[①]它旨在构建一种秩序，使人们的行为可预测，从而维护社会的稳定和有序。

德育评估制度便是这样一种规范机制，它旨在引导人们在德育评估过程中采取正确的行为。通过"制定规范或秩序"，制度明确了评估主体和客体的权利和责任，界定了他们在评估实践中的活动边界。这种制度化的设定不仅确保了评估活动的公正性，也防止了可能的滥用和混乱。

德育评估制度的特性如其稳定性、有效性、持续性，是其发挥功能的关键。稳定性意味着制度能够抵御时间的冲刷，保持其基本精神不变，为评估活动提供持久的指导。有效性则确保制度能够切实地影响和改变行为，使之符合德育的目标。持续性则保证了制度的适应性和生命力，使其能够在不断变化的社会环境中持续发挥作用。

德育评估制度的存在，是为了实现德育的目的，促进个体道德素质的提升和社会道德风尚的形成。它通过规范和引导，推动评估活动的深入进行，使德育工作更加系统化、科学化。同时，制度也在实践中不断调整和完善，以更好地适应社会发展的需求，满足人们对道德教育的期待。

---

① 塔尔科特·帕森斯.现代社会的结构与过程[M].北京：光明日报出版社，1988：145.

第七章　中华优秀传统文化与高校德育评估机制的创新

总的来说，德育评估制度是社会规范机制在德育领域的具体体现，它通过设定规则，引导行为，保障评估活动的有序进行，为实现良好的道德教育环境提供了有力的支撑。①

（三）有效的德育评估管理

1.明确德育评估目的

在教育的广阔领域中，德育评估扮演着至关重要的角色，它旨在解决"为什么做"的核心问题。德育评估是对道德教育效果的系统性、科学性考察，其主要目标是确保党和国家的教育方针得以有效执行，以实现"立德树人"的崇高使命。这一使命源于我国深厚的教育传统，旨在通过教育培养出具有高尚品德、全面发展的社会公民，以推动社会的和谐进步。

德育评估的实施层次丰富多元，涵盖了学校、院（系）、班级（年级）以及学生个体等不同层面。在不同的评估客体中，评估活动的侧重点和目标各有特色。例如，学校层面的德育评估可能更关注整体教育环境的营造，以及德育政策的制定与执行；院（系）层面则可能更注重专业教育与德育的融合，培养学生的专业素养与道德品质并重；班级（年级）层面的评估可能更侧重于日常行为规范的引导和团队精神的培养；至于学生个体层面，评估则更加个性化，旨在深入了解每个学生的道德认知、情感态度和行为习惯，以提供针对性的指导和帮助。

在进行德育评估时，需要根据不同的评估对象制定相应的实施方案，确保评估活动的公正、公平和有效。同时，评估结果的处理也应因情境而异，可能包括反馈改进意见、调整教学策略、提供教育资源支持等，以实现德育工作的持续优化和提升。值得注意的是，德育评估并非孤立的活动，它与教学活动、校园文化建设、家校合作等多个方面紧密相连。因此，德育评估需要充分考虑各种内外部因素，形成全面、立体的评估体系，以促进德育工作的全方位、多层次发展。

---

① 塔尔科特·帕森斯. 现代社会的结构与过程[M]. 北京：光明日报出版社，1988：162.

2.制订德育评估方案

由于德育评估的复杂性和多元性，制定一个既符合实际情况又切实可行的方案是一项艰巨的任务。

首先，明确评估的目标。不仅包括对知识掌握程度的考察，更应关注学生的价值观、道德判断力和行为习惯的形成。例如，评估是否能激发学生的道德情感，使他们能够在面对道德困境时做出正确的选择，这是评估效果需要明确的关键点。

其次，设计评估指标和体系。需要充分考虑德育的多元维度，如道德认知、道德情感、道德意志和道德行为等。可以参考国内外的德育理论研究，结合学校的教育目标和学生的实际情况，制定出全面、公正、客观的评估标准。

再次，确定评估的程序和信息处理方法。可能包括定期的自我评估、同伴评估、教师评估，以及对各种数据的收集、整理和分析。利用现代信息技术，如大数据和人工智能，可以更科学地量化和分析评估信息，提高评估的精确度。

最后，评估结论的表述方式应具有科学性和可理解性。评估结果应以清晰、具体、具有建设性的方式反馈给学生、教师和家长，以便他们理解自身的优点和改进空间，同时也能为教学策略的调整提供依据。

3.实施德育评估程序

在探索未知的道路上，我们常常面临"做什么"的困境。这是一个需要深思熟虑、精细操作的过程，它要求我们以一种不容妥协的严谨态度和对真理追求的科学精神，逐步推进并完成预设的评估任务。这个过程实质上是对复杂问题的解构、理解与重构，旨在寻找最佳的解决方案。

首先，制订实施计划。这一步骤需要我们明确目标，细化任务，设定时间表，分配资源，确保每个环节都有明确的执行路径。如同建筑师绘制蓝图，每一个细节都需要精确无误，以确保最终的"建筑"能够稳固地矗立。其次，开展宣传动员是激发参与热情、凝聚共识的关键。通过各种渠道，如研讨会、公告、社交媒体等，将评估的目的、方法和预期结果传达给所有相关人员，让他们理解并支持这个过程。再次，搜集评估信息是获取数据、理解现状的重要阶段。包括问卷调查、深度访谈、实地考察等多种方式，以确保我们收集到的信息全面、准确、具有代表性。在信息收集完毕后,整理分析资料是提炼洞察、发现规律的关键步骤。需要运用统计学、数据分析等工具,对收集到的数据进行深入挖掘,寻找隐藏在大量信息背后的模式和趋势。最后,做出评估结论是对整个过程的总结和升华。这不仅要求我们对分析结果进行逻辑严谨的解读,提出有针对性的建议,还需要我们以开放的心态接受可能的质疑和挑战,以确保评估的公正性和可信度。

4.处理德育评估结果

评估的结果处理方式直接影响着整个评估活动的有效性和意义,因此,我们必须采取严谨、科学的手段来处理收集到的信息,以得出准确的结论,并为优化和提升高校德育工作提供指导。

首先,对德育评估的对象进行整体性的分析。不仅包括对德育状况的综合定性评估,如道德观念的形成、道德行为的表现等,也包括定量的评估,如通过具体的德育指标、数据来量化评估结果。这样的评估方式可以全面、客观地反映出德育工作的现状。

其次,基于对评估对象相关资料的深入分析,我们需要帮助他们识别存在的问题,理解问题的根源。涉及教育方式的适应性、教育资源的配置、学生个体差异的处理等多个方面。通过深入剖析,可以提出具有针对性的改进建议,以促进德育工作的持续优化。

最后,评估活动结束后,对整个过程的反思和评估同样重要。对照评估目标和指标,分析结果是否达到预期,评估过程是否科学,方法是否恰当。这一步骤有助于我们发现评估活动中的不足,提出切实可行的改进措施,以确保未来的德育评估能够更加高效、精准地进行。

三、高校德育评估体系改革设计

(一)高校德育评估新体系图示

基于对国内外评估模式的深入剖析,以及对我国当前德育评估常见模式的考量,下面提出了一种改革与创新的构想,如图7-1、7-2、7-3所示。

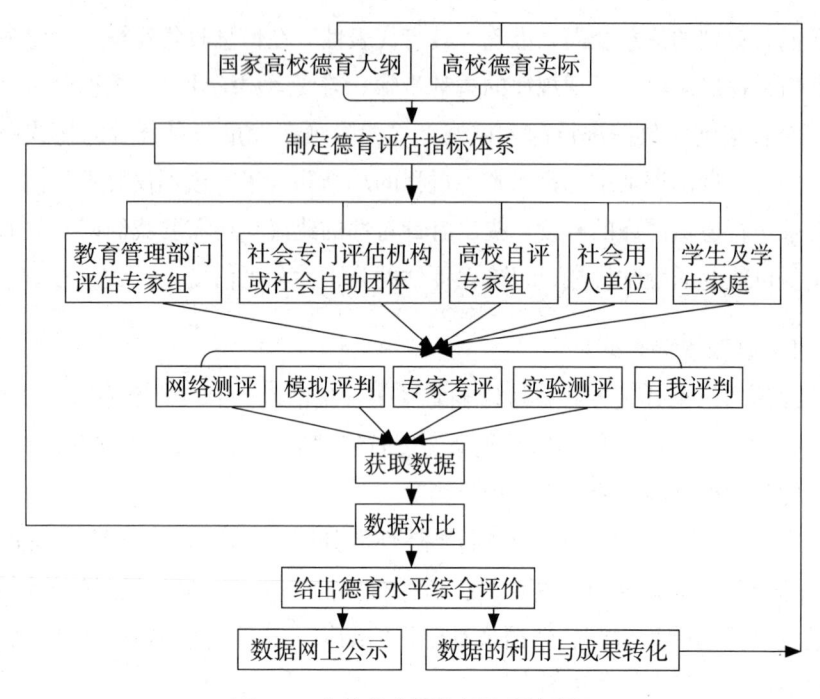

图7-1　高校德育评估新体系流程图

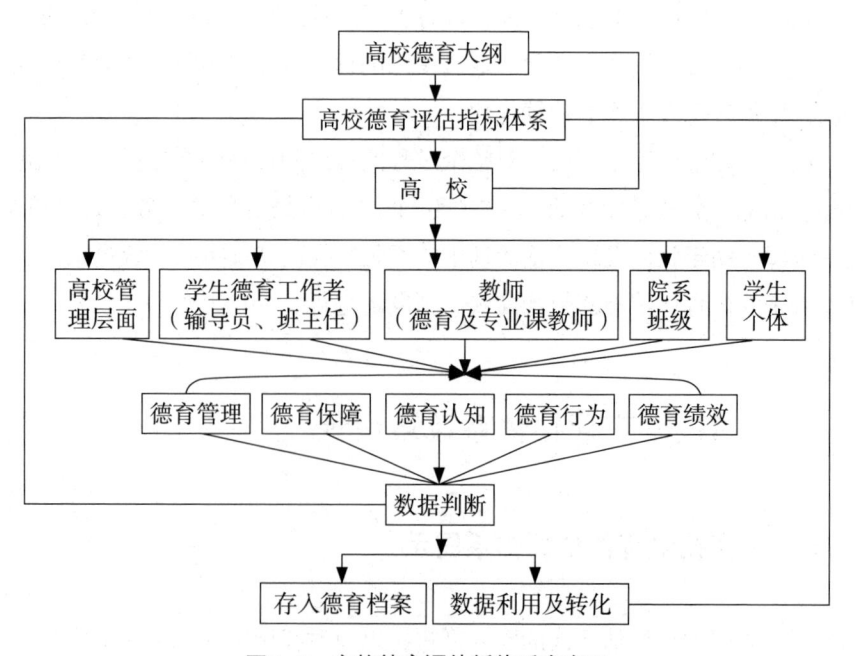

图7-2　高校德育评估新体系内容图

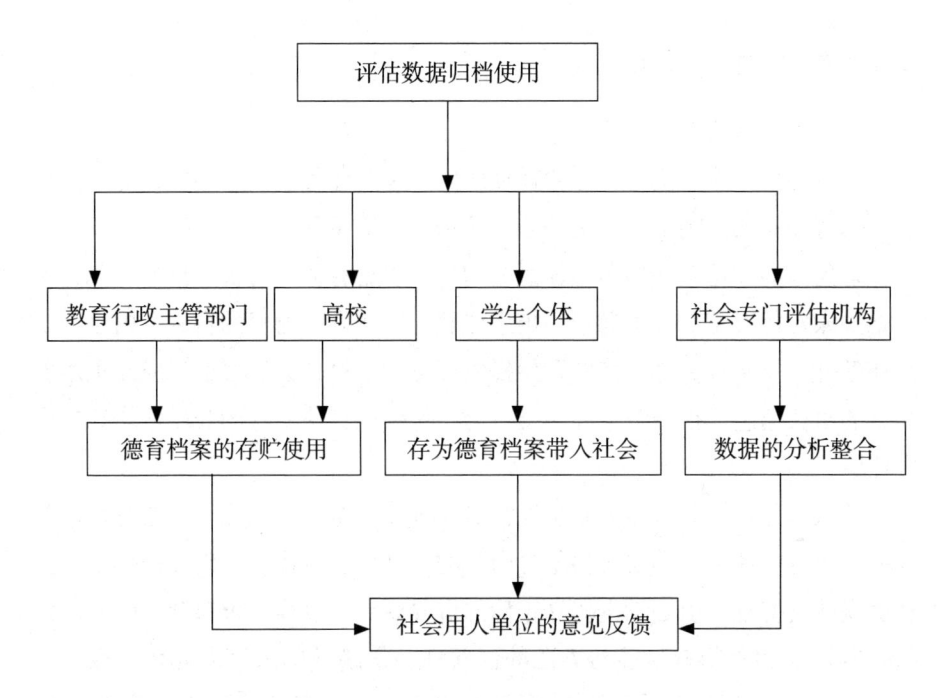

第七章 中华优秀传统文化与高校德育评估机制的创新

图7-3 高校德育评估新体系数据归档及使用循环图

（二）高校德育评估新体系的主要依据

1.德育评估目标素质化

在德育评估工作中，不仅要构建与素质教育要求相一致的评估目标体系，明确德育在教育中的核心地位，更要关注学校是否真正将德、智、体、美、劳的全面发展和协调发展作为人才培养的核心目标。评估目标的设定应体现出素质教育的全面性和均衡性。这意味着，我们不仅要评估学生在知识学习上的成绩，更要考察他们在道德品质、社会责任感、团队合作能力、创新思维等方面的综合素养。同时，也要关注教育过程中的公平性，确保每个学生都能在无歧视、无偏见的环境中得到全面而个性化的成长。这一转变的实施需要我们广泛借鉴国内外先进的教育理念和实践经验，结合我国的国情和教育实际，探索出一条符合时代要求、具有中国特色的素质教育之路。在这个过程中，教师的角色将更加重要，他们不仅是知识的传播者，更是学生

· 247 ·

全面发展的引导者和促进者。[①]

2.德育评估内容系统化

学校德育效果的优劣与德育评估的内容系统化程度息息相关，这不仅影响到德育工作的实施策略，更关乎人才培养的质量和方向。

首先，高校德育评估内容体系的构建应以德育大纲为根本指导。德育大纲是国家对德育工作基本要求的集中体现，它明确了德育的目标、内容、方法和条件，为学校德育工作的开展提供了方向。例如，德育目标应注重培养学生的道德情感、道德意志和道德行为，使他们具备良好的公民素质和社会责任感。

其次，德育评估内容的系统性特点体现在多个层面。除了对德育目标的达成情况进行评估，还要关注德育内容的丰富性和时代性，确保德育活动能够适应社会变迁，引导学生树立正确的世界观、人生观和价值观。同时，评估内容还应涵盖德育途径与方法的创新性，鼓励教师采用多元化的教学手段，激发学生的学习兴趣和参与热情。此外，德育条件的评估也不可忽视。包括学校德育环境的建设，如校园文化氛围、师生关系、班级管理等，以及德育资源的配置，如教师的专业素质、德育课程的设置、实践活动的组织等，这些因素都会对德育效果产生深远影响。

在实际操作中，应借鉴国内外先进的德育评估理念和实践经验，结合学校的实际情况，不断优化和完善德育评估内容体系。例如，可以引入第三方评估机构，提高评估的公正性和客观性；可以开展定期的德育工作研讨会，促进教师之间的交流和学习；还可以通过问卷调查、访谈等方式，收集学生、家长和社会的反馈，以持续改进德育工作。

3.德育评估过程综合化

德育评估作为教育体系中至关重要的一环，是一个复杂的系统工程，其内部的各个要素相互交织，如同一台精密的仪器，每一个部件都在影响着整

[①] 周辉，马寒. 高校德育评估体系创新改革研究[J]. 重庆教育学院学报，2011，24（01）：139-142.

第七章　中华优秀传统文化与高校德育评估机制的创新

体的运行。这个系统包括了教育目标、教育内容、教育方法、教育环境等多个层面，它们之间既存在相互依赖，又存在着相互制约的关系。这种动态的平衡与互动，构成了德育评估的复杂性和独特性。

在过去的教育模式中，由于过于强调应试教育，德育评估往往被简化为对"分数"和"结果"的追求。然而，这种片面的评估方式忽视了教育的本质，即人的全面发展。学校德育评估在反思这一误区后，开始倡导一种更为全面和深入的评估理念。它强调，德育的效果不应仅仅看作最终的"产出"，而应深入教育的过程去寻找和衡量。

这种新的评估方式注重德育过程的每一个环节，关注学生在道德认知、情感体验、行为习惯等多方面的成长。它认为，德育效果的形成是一个渐进的、积累的过程，需要在日常的学习生活中不断渗透和强化。因此，评估者需要全面考虑影响德育效果的诸多因素，如教育者的素养、教育环境的氛围、教育活动的设计等，以更全面、更深入的角度去评价和提升德育的效果。

为了实现这一目标，教育者需要采用多元化的评估工具和方法，如观察记录、自我评价、同伴评价、情景模拟等，以获取更丰富、更立体的评估信息。同时，也需要建立一个开放的反馈机制，鼓励学生、教师、家长等多元主体参与德育评估，共同促进德育工作的改进和提升。

4.德育评估途径网络化、多元化

德育评估不仅涉及国家行政部门的宏观把控和学校自身的微观实施，更需要社会中介的客观评价以及学生的自我认知。这一过程旨在形成一个多元、立体、动态的评估体系，以全面、准确地反映德育工作的成效。

首先，国家行政部门的评估是德育评估的顶层设计，它为德育工作设定标准、制定政策、提供方向。行政部门的评估具有权威性和全局性，能够从宏观层面把握德育工作的整体态势，确保其与国家的教育目标和社会的道德期待相一致。

其次，学校作为德育的主战场，其自我评估是评估体系的核心部分。学校需要根据国家的指导，结合自身的实际情况，对德育工作进行深入细致的分析和反思，以找出问题、改进方法、提升效果。同时，学校还应鼓励学生参与自我评估，通过自我反思和自我评价，培养他们的自我教育能力和道德自觉性。社会中介的评估则为德育评估提供了第三方的视角。社会中介包括教育研究机构、家长委员会、社区组织等，他们的评估结果往往更加客观、公正，能够反映出学校德育工作可能忽视的方面，为改进工作提供有价值的参考。

最后，学生的自我评估是德育评估中不可或缺的一环。学生是德育的主体，他们的感受和体验是最直接、最真实的。通过自我评估，学生可以更好地理解自己的道德观念，发现自身的优点和不足，从而更有针对性地进行自我提升。因此，构建以国家为主导、以学校为主干、以社会为辅助的网络化评估机制，是实现德育工作科学化、精细化、人性化的重要途径。这样的评估机制能够形成合力，推动德育工作的持续改进，为培养德才兼备的公民提供有力的保障。

（三）高校德育评估新体系解析

1.全程评估模式，保障德育评估效能的持续性

全程评估模式作为一种评估策略，其精髓在于对德育接受者实施全程的监控与动态的管理。该模式的核心环节如下。

首先，构建由社会专业评估机构管理的动态查询数据库是一项有效举措。通过教育部门、高等教育机构以及雇主联合会等组织的委托，专业机构可以针对学生设立专项的动态数据库。该数据库定期或依需更新学生的德育评价，包括每学期或每学年的行为表现、德育学分以及品德评价等内容，实时反映学生的德育状况，同时为学生提供自我改进的反馈。

其次，高等院校应设立专门的评估管理科室，各教学单位亦需设立相应机构或岗位，负责收集和上报学生的德育信息。这些信息经过学校管理机构的分析整理后，将分别纳入学生的个人德育档案和学校德育档案馆。德育档案将伴随学生步入社会，同时开放的德育档案馆可供社会用人单位查阅与咨询，从而全面了解学生的品德素质。

最后，实施德育学分制和德育答辩制等创新的德育评估方式，旨在对学生个体的德育行为进行强制性的管理。例如，郑州轻工业学院率先在全国范围内推行德育学分制，北京理工大学则在2004年前后实施了本科毕业生的德

第七章 中华优秀传统文化与高校德育评估机制的创新

育答辩制度。这些制度的实施实质上是将德育的管理权从学校转移至学生自身,既确保了德育评估的制度化和常规化,也激发了学生自我提升道德修养的自觉性与主动性。

2.多元评估模式,拓展评估主体的参与范围

在当前的教育改革浪潮中,构建一个全新的高校德育评估体系显得尤为重要。这个新体系的核心理念是将评估过程转变为一个开放、多元和动态的系统,以更全面、准确地反映高校德育工作的实际效果。

首先,评估主体的多元化是新体系的一大亮点。不同于以往的二元制评估模式,即仅由教育行政管理部门和相关高校进行评估,新的体系将评估主体扩展到了六个层面,包括教育行政管理部门、相关高校、社会专门评估机构、社会自助团体、社会用人单位以及学生和学生家庭。这种多元化的评估主体结构能够从不同的角度和层面,更全面地评价高校德育工作的成效,避免了单一视角可能带来的偏颇。

其次,评估主体参与范围的扩大,意味着评估过程将更加动态和全面。以往的评估往往局限于对既定指标的静态评价,而新体系中,社会用人单位、学生和家庭等新主体的加入,可以对德育工作进行持续的追踪和动态评估,从而更真实地反映出高校德育工作的全貌,提高评估结果的可信度和准确性。

最后,引入专门的评估机构将促进评估过程的制度化和常规化。由政府和高校共同设立的永久性专业评估机构,能够取代当前偶发性和临时性的评估小组,确保评估的连贯性和稳定性。同时,这样的机构能更有效地搜集和整理评估数据,通过科学化和标准化的处理,为决策提供更专业、更可信的依据,进而更有效地指导和优化德育工作的进行。

3.开放评估模式,多种评估形式相结合推动评估的科学性

在当前的教育环境中,评估和衡量德育效果的方式正在经历一场深刻的变革。为了实现更为全面、公正和有效的评估,提出了一种创新的策略,即整合网络测评、模拟测评、自我评判、调研和实地考察等多种测评形式,以多维度、多层次地收集和分析评估数据。

首先,利用网络平台,可以将需要测评的德育内容公开,利用现代技术

手段，邀请高校、学生、社会团体、学生家庭和用人单位等多元主体参与评判。这些来自不同背景的参与者将从各自独特的视角提供反馈，经过系统的归纳和整理，能获取初步的评估数据。

其次，对高校德育客体进行模拟测评，这是一种更为深入的数据收集方式。通过模拟实际情境，可以更准确地捕捉到德育实践中的各种情况，进一步丰富数据集。在收集了大量数据后，将参照《德育评估指标体系及标准》等相关制度，进行实地调研和考核，以确保评估的公正性和准确性。评估过程结束后，将评估结果再次公开，邀请各方进行深入的讨论和反馈。这不仅增加了评估的透明度，也有助于我们收集到更多有价值的建议，以提升未来的德育工作。

最后，经整理的数据将被归档，构成高校德育档案及学生个人德育档案的关键部分。同时，这些数据将被反馈至教育行政管理部门及高校，为他们优化和强化德育工作提供坚实的科学基础。

尤为值得一提的是，这种以网络评估为主，结合多种评估形式的模式，突出了大学生自我评价的关键作用。它鼓励学生从被动的"他评"转向主动的"自评"，促使他们将德育的外部要求内化为自我驱动的动力。这样，德育评价就不再仅仅是衡量工具，而是成为学生自我教育、自我调节的有效工具，充分发挥了其激励和导向的功能。

4.循环式评估模式，破除数据的采集与利用难题

高校德育评估模式旨在克服以往评估过程中的形式化问题，为国家及各级教育行政主管部门提供科学决策的依据。以下是实现这一目标的三个关键步骤。

首先，构建基于教育主干网的德育评估数据传输平台。我国的教育信息化建设已取得了显著成就，具备了构建全国性德育评估数据平台的基础。通过建立统一的数据库申报系统或专线传输系统，各高校可以实时上传其德育工作的最新数据。通过数据库的智能比对和分析，可以去除重复信息，保留独特数据，确保评估数据的时效性和创新性。

其次，利用社会专业评估机构进行数据的收集、分析和报送。随着社会分工的精细化，专业机构在数据处理方面具有显著优势。政府可以引导建立

第七章　中华优秀传统文化与高校德育评估机制的创新

由政府主导、社会专业机构参与的德育评估体系，逐步实现评估工作的专业化、科学化和持续性。这将有助于提高评估的公正性和准确性，避免内部视角的局限性。

最后，建立各德育评估管理主体的常设机构，确保数据收集、整合和报送的常态化。面对高校德育工作的复杂性和动态性，需要设立专门的管理机构，负责组织和协调评估工作，收集和管理评估资料，分析评估数据，以及推广评估成果。这样，德育评估才能真正成为推动高校德育工作改进的有力工具，其产生的数据才能被有效利用，为教育政策的制定和优化提供有力支持。

5.基于践行性高校德育理念，提升德育评估的自主性

法国启蒙时代的杰出思想家让-雅克·卢梭，以其深邃的教育理念影响了后世，他强调道德教育的核心在于其实践性。卢梭认为，道德教育不应仅仅停留在理论认知的层面，而应通过实践活动，让学生在实践中深化理解，习得行为，养成习惯，最终确立自己的价值观。这一观点在当今的高校德育工作中得到了广泛的认同和实践。

在高等教育的德育架构中，固然强调知识的传递、理论的熏陶和理性的引导，然而，对学生实践体验的培养更为关键。最新的德育评估体系恰如其分地体现了这一思想，它采用了多元化的评价模式，涵盖了学生的自我评估、小组的互评以及教师的全面评估，以克服以往单一评估方法的不足。这种多元化的评估方式促使学生在集体互动和个人反思的过程中，对社会准则有更深层次的理解和接纳，进而提升他们的道德自觉性和主动性。

第八章 中华优秀传统文化与高校德育实践活动的开展

在探寻中华优秀传统文化与高校德育实践活动的深度融合之路上，不仅要注重传承与创新，更要以实际行动践行这一理念。例如，充分利用传统节日和纪念日，组织丰富多彩的文化体验活动；开展以中华优秀传统义化为主题的讲座、研讨会和展览。组织学生参与社区服务和志愿服务活动，将传统文化的精神内涵融入实践中。中华优秀传统文化与高校德育实践活动的结合，不仅有利于传承和弘扬中华优秀传统文化，还有助于培养学生的道德品质和文化素养。高校应积极探索和创新德育实践活动的形式与内容，为学生提供更多元化、个性化的学习体验和发展空间。

第八章　中华优秀传统文化与高校德育实践活动的开展

第一节　高校德育实践活动的主要类型和形式

理论与实践经验表明，道德教育需兼顾道德内涵与表现形式的和谐统一，以促进全面的道德认知发展。因此，当前高等教育机构在道德教育方面的重要使命，即构建一个系统的德育实践框架，发掘长效的育人机制。至关重要且亟待解决的任务，是探索出科学、高效、结构完善、操作简便、形式创新且多元化的高校德育实践策略。

一、理论转化型实践

在追寻真理的征途上，理论学习、理论灌输、理论教育等途径无疑是我们掌握理论的基石。然而，理论的价值不仅仅在于其抽象的概念和逻辑，更在于其如何转化为具体实践的行动指南。马克思主义实践论深刻揭示了实践与认识的辩证关系，即实践决定认识，而认识又能动地反作用于实践。科学的理论，如马克思主义能够指引我们正确地认识世界和改造世界，而错误的理论则可能误导我们，导致实践的失败。

对于当代大学生而言，他们生活在一个信息爆炸的时代，获取知识的途径比以往任何时候都更加多元和便捷。然而，在这个知识海洋中，高校思想政治理论课的课堂教学仍然是他们接受理论教育、获取政治知识和道德知识的主渠道。这是因为，系统地讲授、集中地学习能够为学生提供全面、深入的理论知识，帮助他们建立起坚实的理论基础。任何否认课堂教学重要性的认识和做法，都将付出极大代价，严重影响教育目标的实现。

高校可以通过组织丰富多彩的实践活动，如志愿服务、社会调研、实习实训等，让学生亲身参与社会实践，感受理论的魅力。同时，教师还可以引导学生关注社会热点、分析社会现象、解决实际问题，让他们在实践中深化对理论的理解和运用。此外，教师还可以结合时代背景和学生特点，创新教学方式方法，如采用案例教学、情景模拟、角色扮演等方式，激发学生的学习兴趣和积极性。

二、活动升华型实践

高校德育实践，其本质在于将所学理论在校园内外的实践中得以运用和体现。正如1978年邓小平在全国教育工作会议上所强调的，学生的学习应与将来所从事的职业相适应。这一思想深刻揭示了高校德育实践的核心目标：培养出既具备专业能力、就业观念和职业道德的职业人，又拥有健康道德观念、法律常识的社会人。

那么，高校德育实践究竟应该如何展开，以达成其深远的教育目标呢？

首先，高校应当精心策划和组织一系列校内活动，以全面提升学生的素质和能力。这些活动不仅要具有趣味性，还要富有教育性。例如，科技创新竞赛能激发学生的创新思维，让他们在挑战中锻炼团队协作精神；创业大赛能让学生提前体验创业的艰辛与乐趣，培养他们的商业头脑和创业精神；辩论赛能锻炼学生的逻辑思维和表达能力，让他们在辩论中学会尊重他人、理解差异。这些活动在增强学生能力的同时能引导他们正确认识社会、认识自我，激发他们的创造热情和奉献精神，使他们在实践中不断接受道德陶冶，从而提升道德境界。

其次，高校德育实践应与学生的专业实践紧密结合。专业实习不仅是学生将所学知识应用于实际的过程，更是他们逐步形成职业道德的重要阶段。在实习期间，学生需要严格遵守职业道德规范，与同事、上级和客户建立良好的关系，这些实践经验都将对他们未来的职业生涯产生深远影响。此外，创业实践也是高校德育实践的重要一环。通过创业实践，学生可以培养创新意识、创业思维、规范意识、竞争意识和市场观念等，这些都将对他们的人生产生积极影响。同时，创业过程中的困难和挑战也能锤炼他们的品格和能力，使他们更加坚韧不拔、勇往直前。勤工俭学则是另一种有效的德育实践方式。学生通过自己的努力赚取生活费，不仅能缓解经济压力，还能增强他们的自信、自立、自强意识。

最后，高校还应鼓励学生积极参与社会公益活动，以回馈社会、服务群众。这些活动不仅能提升学生的理论水平和道德水准，还能让他们切身体会人民群众的创造热情和奉献精神。例如，科技、文化、卫生三下乡活动可以让学生将所学知识用于农村地区的建设和发展；社区援助活动能让学生为社区居民提供实际的帮助和支持；挂职锻炼活动能让学生深入基层、了解民情民意；慈善募捐、义务劳动、扶贫支教等各种青年志愿者活动都能让学生在实践中锻炼自己、奉献社会。通过这些活动，学生能够更加深入地了解社会、了解人民群众的需求和期望，从而培养他们的社会责任感和使命感。

综上所述，高校德育实践可以通过多种途径实现。通过精心组织和引导学生参与各类活动、紧密结合专业实践、鼓励参与社会公益活动等方式，可以全面提升学生的素质和能力，培养他们的道德观念和责任感。这些实践经验将对学生的人生产生深远的影响，使他们成为具有高尚品德和卓越能力的新时代人才。

三、生活感悟型实践

在当前的社会背景下，高校德育实践面临着新的挑战，即如何激发学生的主体性和主动性，使外在的德育实践要求与学生的内在需求相融合。马克思的实践哲学为我们提供了理论指导，他强调"社会生活在本质上是实践的"，这意味着我们应当从实践的角度理解和处理社会生活，同时，实践也是社会生活的一部分。因此，高校德育实践活动必须紧密联系实际，使其实践化和生活化，以增强其影响力和有效性。

首先，生活是德育实践的土壤。高校应立足于学生的生活环境，从日常生活中挖掘德育实践素材，丰富教育内容，使德育实践理念更加贴近学生的生活实际，从而实现理念的转变。例如，可以通过组织社区服务、环保活动等形式，让学生在实践中体验和理解道德的价值。

其次，生活化是德育实践的过程。高校德育实践是一个社会化、内化的过程，是将外部的理论和思想转化为学生自我观念和自觉行为的过程。这个过程应当与学生的学习、工作、生活紧密相连，让学生在日常生活中自然而然地接受道德熏陶，形成良好的道德习惯。

再次，生活化是德育实践的动力源泉。生动、具体、富有意义的实践活动比抽象的理论灌输更能吸引学生的注意力，激发他们的道德情感，使他们在参与中感悟人生的乐趣、意义和价值，从而提升他们的道德素养。

最后，生活化是德育实践的最终目标。德育实践的目的是培养出符合道德理念、具有高尚道德品质的人，而不仅仅是传播道德理论。因此，高校德育实践应注重实践的实效性，确保学生能够在实际生活中应用所学的道德原则，形成良好的道德行为。

在这样的理论指导下，高校德育实践生活化的形式应当是多元化的。各种形式的文化节、体育活动、学术研讨等，不仅要注重形式的创新和活动的活跃度，更应与学生的日常生活紧密相连，解决他们在生活中遇到的实际问题，引导他们主动地将德育实践理念融入自我修养中，通过反思、领悟、模仿等多种方式，塑造自我道德，从而提高德育实践的实效性。

第二节　中华优秀传统文化融入德育实践活动的意义

在华夏5000年的浩瀚历史长河中，中华民族孕育出了璀璨夺目、深邃博大的优秀传统文化，这些文化瑰宝犹如璀璨的星辰，照亮了我们前行的道路。它们不仅是中华民族的精神财富，更是我们民族身份和文化自信的源泉。在这些文化中，蕴藏着丰富的德育实践元素，它们像一条条红线，贯穿历史长河，承载着至关重要的品德教化历史责任。

第八章　中华优秀传统文化与高校德育实践活动的开展

从古代的孔子、孟子等先贤的儒家思想，到近现代的革命精神，这些传统文化无不强调品德教育的重要性。儒家思想强调"仁爱""礼义廉耻"等品德，倡导"修身、齐家、治国、平天下"的理念，这些思想不仅影响了历代帝王将相，也深深影响了普通百姓的言行举止。而近现代革命精神，则强调爱国主义、集体主义、英雄主义等精神，激励着一代又一代人为国家、为民族、为人民奋斗不息。

在当前，我们正处于践行第二个百年奋斗目标的关键阶段，这是一个充满挑战和机遇的时代。面对新时代的召唤，这些历久弥新、一脉相承的优秀传统文化，必将在新时代继续发挥其德育实践功能。它们不仅能够引导我们树立正确的世界观、人生观和价值观，还能够激发我们的爱国热情和社会责任感，让我们在追求个人梦想的同时，也为实现中华民族伟大复兴的中国梦贡献自己的力量。

近年来，越来越多的学校和社会机构开始重视传统文化的德育功能，通过开设国学课程、举办传统文化活动等方式，让青少年更好地了解和传承传统文化。这些举措不仅增强了青少年的文化自信，也让他们在实践中学会了如何做人、如何做事、如何与他人相处。同时，这些传统文化也在现代社会中焕发出新的活力，成为推动社会进步和发展的重要力量。

一、优秀传统文化是高校开展德育实践工作的资源支撑

在当下社会，高校的德育实践工作显得尤为重要。这不仅关系学生的个人成长，更关乎国家的未来。其中，优秀传统文化作为高校德育实践工作的资源支撑，发挥着不可替代的作用。

首先，优秀传统文化的深厚底蕴和丰富内涵为高校德育实践工作提供了坚实的资源基础。这种文化源远流长，历经数千年而不衰，其中蕴含的家国情怀、道德理念、责任意识等，都是中华文化的精髓所在。这些优秀的思想品质正是高校德育实践工作所需要培养的重要内容。例如，古代先贤们倡导的"仁爱""诚信""忠诚"等道德观念，至今仍是我们社会所崇尚的价值观。高校在德育实践工作中，可以深入挖掘这些传统价值，将其融入学生的

思想教育中，从而培养学生的爱国情怀和民族精神。

其次，优秀传统文化是高校德育实践工作的基础保障。这种文化彰显着中华民族的文化属性和精神特质，对于高校德育实践工作的开展具有文化导向作用。在全球化的大背景下，各种思想文化交流碰撞，高校德育实践工作面临着诸多挑战。优秀传统文化作为一种独特的文化基因，可以为高校德育实践工作提供坚实的文化支撑，使德育实践工作在保持中国特色的同时，不断吸收借鉴其他文化的优秀元素。这样，高校德育实践工作就能在"润物细无声"中不断提升学生的思想觉悟和道德水准。

最后，优秀传统文化与高校德育实践工作具有强烈的内在契合性。二者都属于道德文化范畴，都以"德"为核心导向。这种契合性使优秀传统文化与高校德育实践工作能够相辅相成、互为佐证。在德育实践工作中，高校可以充分利用优秀传统文化的丰富资源，将其融入课程教学、实践活动等各个环节中，让学生在实践中感受传统文化的魅力，提升道德水平和文明素养。同时，优秀传统文化也可以通过高校的德育实践工作得到更好的传承和弘扬，为社会的道德建设贡献力量。

近年来，越来越多的高校开始重视优秀传统文化在德育实践工作中的作用。他们通过开设相关课程、组织文化活动等方式，深入挖掘传统文化的内涵和价值，使其成为德育实践工作的有力支撑。这些实践不仅丰富了学生的文化生活，也提升了他们的道德素质和人文素养。

二、优秀传统文化融入高校德育实践有助于育人效能的发挥

在探讨高校德育实践工作的深远影响时，不得不提及融入优秀传统文化的重要性。这不仅是对大学生文化自信的一次深刻唤醒，更是对其综合素质的全面提升，同时也是对思想引领和价值观教育的有力加强。

首先，将优秀传统文化因子融入高校德育实践工作，有助于唤醒大学生的文化自信。在现今这个信息爆炸、文化多元的时代，大学生面临着来自世界各地的文化冲击。然而，通过精心策划和组织的优秀传统文化活动，如诗

词朗诵、书法比赛、传统手工艺制作等,大学生可以全面而深刻地了解、掌握中华民族的优良传统和灿烂历史。他们会被那些古老的智慧、深邃的哲理和精湛的艺术所震撼,从而强化对传统文化、本土文化的认同。这种认同感会转化为一种强烈的民族自豪感和文化自信,使他们在面对外来文化时更加自信、从容。

其次,将优秀传统文化融入高校德育实践工作,有利于提升大学生的综合素质。这不仅仅是一种文化知识的传递,更是一种文化育人的过程。在这个过程中,大学生会受到优秀传统文化的熏陶和浸润,得到有效的思想引导与灵魂塑造。这种文化育人效能的发挥使德育实践工作的实效性和人文性得以大幅提升。同时,这种文化熏陶还会对大学生的思维方式、人格品质、文化素养等方面产生深远影响。他们会更加注重道德修养,更加关注人文关怀,更加具备批判性思维和创新能力。

最后,将优秀传统文化融入高校德育实践工作,有利于加强思想引领和价值观教育。在当今社会,各种思潮层出不穷,多元文化交互冲突。对于大学生来说,他们正处于价值观形成的关键时期,很容易受到不良社会思潮的侵袭。然而,通过融入优秀传统文化,可以依托其深厚的文化底蕴和道德底蕴,为大学生提供坚实的思想支撑和道德支撑。他们会在优秀传统文化的熏陶下,自觉践行社会主义核心价值观,并养成良好的道德规范和行为准则。同时,他们也会自觉肩负起传承优秀传统美德、社会公德、职业道德、家庭美德的重要任务,成为社会的栋梁之材。据一项实证研究,通过融入优秀传统文化的高校德育实践工作,大学生的道德素质得到了显著提升。他们在面对道德问题时,更加倾向于选择正确的道德行为;在面对困难和挑战时,更加具备坚韧不拔的精神品质。这些变化都充分证明了优秀传统文化在高校德育实践工作中的重要作用和价值。

三、优秀传统文化为高校开展德育实践工作提供了肥沃土壤

中华优秀传统文化,历经5000年的岁月长河,如同一块经过精心雕琢的

瑰宝，闪烁着智慧与美德的光芒。在这漫长的历史进程中，我们的祖先们通过"取其精华，去其糟粕"的智慧选择，留下了无数闪耀着人性光辉的宝贵财富。这些不仅仅体现在流传千古的经典德育实践文献和道德规范典章中，更深深植根于中华民族不同历史阶段的审美观念、思维方式、伦理道德、交往习俗、价值判断、理想信念等方方面面。

"位卑未敢忘忧国，事定犹须待阖棺"，这是古代先贤对爱国情怀的生动诠释。在历史的长河中，无数仁人志士以国家为重，以民族为念，他们的爱国情怀激励着一代又一代的中华儿女。同样，"长风破浪会有时，直挂云帆济沧海"，这是古人对理想抱负的坚定追求。他们不畏艰难，不惧困苦，勇往直前的精神，是我们当代大学生应当学习的宝贵品质。此外，"不是一番寒彻骨，怎得梅花扑鼻香？"这句诗则告诫我们，要勇于面对挫折和困难，只有经历过风雨的洗礼，才能收获成功的果实。

第三节　中华优秀传统文化融入德育实践活动的设计与实施

一、优秀传统文化融入高校德育实践的四个维度

当前形势下，将我国卓越的传统文化有效地嵌入高校德育实践中，需摒弃以往过度政治化的倾向，因其已无法满足现代社会的发展需求。基于现实考量，高校德育实践应当更加具体化，紧密联系大学生的实际生活。其发展方向应涵盖社会、家庭、职业和个人层面，以充分满足大学生在个人成长和道德修养方面的需求。

第八章 中华优秀传统文化与高校德育实践活动的开展

（一）将天人合一融入生态德育实践中

在当今社会，高校德育实践的重要性日益凸显，其核心目标是引导学生正确认识并处理"人类—社会—自然"之间的和谐关系。构建现代德育实践内容体系，应从人与自然、人与社会两个维度进行深入探讨和实践。

首先，优化德育实践的自然生态，是实现人与自然和谐共处的关键。中国传统文化中的"天人合一"理念，强调人与自然的统一，这一思想在现代社会的背景下更具深远意义。随着工业化进程的加速，生态环境的恶化引起了全球关注，1992年的《世界科学家对人类的警告》就明确指出人类活动与自然环境的冲突，这在一定程度上反映出西方"天人二分"的哲学观念对现实的影响。因此，高校在生态德育实践中应引导学生更新生态道德意识，理解塑料制品等环境问题的严重性；加强生态知识教育，使他们具备生态认知力，明白生态平衡的重要性；强调生态法治教育，培养大学生遵守生态法律法规的自觉性。

其次，优化德育实践的社会生态，旨在促进人与社会的和谐共处。社会生态是大学生接触社会、形成社会角色的重要环境，其质量直接影响到德育实践的效果。德育实践工作者应以开放和民主的态度，整合社会中的各种教育资源，如社区服务、志愿服务、社会实践等，将这些资源融入课堂教学，促进社会信息与学校信息的互动。这样既能使学生在实践中学习社会规则，理解社会公平、公正的价值观，也能培养他们的社会责任感和公民意识。

（二）将诚信勤学融入专业德育实践中

道德教育是一个持续不断的学习过程。在高等教育阶段，道德教育的实施不应仅仅局限于思想政治理论课程的课堂，而应深入大学生所学习的专业课程中。这是因为大学所学的专业知识往往预示着学生未来可能从事的职业领域，将德育实践与专业教育相结合，有助于培养出既具备专业技能又拥有高尚品质的青年才俊。

首先，专业课渗透教育是实现这一目标的关键。无论是强调人文精神的学科，还是注重技术性的专业，高校的专业课程都为德育实践提供了理想的平台。教师在教授专业知识的同时,应将道德教育融入其中,通过设计道德情境,引导学生探讨可能遇到的道德问题。例如,医学和遗传学专业的学生需要深入理解伦理原则,明白他们的专业不仅关乎技术,更关乎生命尊严;计算机专业的学生需要认识到技术的双刃剑特性,理解其对社会伦理的影响;生物和化工专业的学生应接受生态道德教育,理解科技进步与环境保护的平衡。这种因材施教的德育方法能帮助学生以道德视角审视专业,根据他们的道德认知能力进行个性化指导。高等教育在传播知识方面的作用不言而喻,而专业课程中的德育渗透教育更是其不可忽视的组成部分。

其次,职业诚信教育同样至关重要。在中国的传统文化中,诚信被视为立身之本,是个人在社会中生存和发展的基石。然而,根据《大学生道德状况问卷调查》显示,仍有相当一部分学生在兼职过程中未能做到诚实守信,这表明诚信教育仍有待加强。为此,高校应强化校园职业诚信的宣传,通过各种形式传播诚信理念,营造诚信为荣的校园氛围。同时,通过举办诚信实践活动,如讲座、班会、签名活动、征文比赛等,让学生在参与中深化对诚信的理解,培养诚信行为习惯。

(三)将忠孝文化融入感恩德育实践中

在当今的高校德育实践中,感恩教育以其独特的情感影响力,对大学生的个人成长和社会责任的承担起到了至关重要的作用。感恩教育的核心在于培养学生的感恩情感和实践感恩行为,以此激发他们的内在良知,增强他们对社会的归属感和责任感。

首先,培育感恩之心是感恩教育的基石。孝道被视为感恩的源泉,因为对父母的孝敬之情是所有感恩情感的起点。教育工作者应引导大学生尊重父母的辛勤付出,避免因攀比而产生的过度消费,这不仅是对父母劳动成果的尊重,也是培养责任感的必要途径。同时,大学生应关注父母的精神需求,与父母保持良好的沟通,让感恩之情实现从言语到行动的转变。此外,鼓励学生与师长、朋友交流,理解他人的帮助对自身成长的重要性,这有助于培养他们的同理心和感恩意识。

其次,树立社会感恩榜样,让学生认识到社会各行各业的人都在为祖国

第八章　中华优秀传统文化与高校德育实践活动的开展

的繁荣付出，激发他们对社会的感恩之情和回报社会的决心。感恩是构建和谐人际关系的基础，它能激发人们积极向上的精神，使大学生在感受到恩惠的同时，产生回馈社会的强烈愿望。然而，感恩之心的形成只是第一步，更重要的是将感恩之心转化为具体的感恩行为。高校应与社会资源相结合，为学生提供实践平台，让他们在实习、志愿服务中体验到自己的付出对社会的价值。同时，鼓励学生通过文艺创作表达感恩，以自我创作的形式传播感恩精神，使感恩教育更加生动、深入人心。

最后，为了使感恩教育达到最佳效果，德育实践工作者还需要注重提升学生的文化素养和道德自律。只有当他们具备了深厚的文化底蕴和高尚的道德品质，才能使感恩之情在他们的生活中得到持久的体现，从而提升他们的道德境界。

（四）将人格修养融入幸福德育实践中

道德作为社会秩序的重要维护者，不仅能够约束个体的不良行为，更能够塑造一个和谐有序的社会环境。在高等教育的背景下，许多学生对德育实践课程的重视程度和兴趣往往较低，他们倾向于将德育实践视为枯燥无味的义务。因此，需要在德育实践的改革中倡导"幸福德育实践"的理念，将我国博大精深的传统文化融入其中，以激发学生的学习热情，同时培养他们的良好品格和社会责任感。

幸福德育实践的核心目标是实现自我人格的完善与过度欲望的克制。

首先，自我人格的完善是个人幸福和社会和谐的基础。我国传统文化中的"内圣外王"理念，强调个体内心的修养与外在社会角色的统一，这与现代德育实践的目标不谋而合。通过实践，如儒家提倡的"反求诸己"，鼓励学生在日常生活中多反思、多自省，以不断提升自我道德修养。同时，德育实践的路径也应注重引导学生逐步完善自我，先从内心开始，再逐步影响外部世界，实现内外兼修。

其次，克服过分的欲望是保持个体和社会平衡的关键。在物质主义盛行的现代社会，大学生容易受到拜金主义、个人主义等不良风气的影响，过度追求物质享受，忽视了精神层面的充实。根据《大学生道德状况调查问卷》

显示，大部分学生做兼职的原因是出于对金钱的需求，而非自我提升。因此，高校德育实践应强调"勤俭"和"自持"的价值，通过树立榜样和实践活动，教育学生理解勤劳的价值，理解节俭的意义，使他们明白真正的幸福不完全依赖于物质的丰富，而更多地源于内心的满足和自我价值的实现。

二、优秀传统文化融入高校德育实践工作的路径

我国优秀传统文化的融入高校德育实践工作，是一项综合性极强的系统工程，其涵盖思想政治教育的广泛领域。为确保这一工作的顺利推进，需从政府、学校、教师、网络这四大关键主体出发，形成有力的阵地支撑。这四个主体应各自承担其职责，并协同合作，形成强大的合力，以确保优秀传统文化在高校德育实践中得以有效融入与传承。

（一）学校保障，渐进融入

在弘扬我国优秀传统文化，将其融入高校德育实践的道路上，我们面临着新的挑战与机遇。高校在加强传统文化教育的同时，应更加重视德育实践的全面评价，避免单一的学业成绩导向，充分挖掘和培养学生的多元品质。这需要我们坚定地站在学校德育实践的阵地上，以优秀传统文化为引领，共同打造优质的育人环境。

首先，学校应发挥主导作用，携手家庭共同构建德育实践的良好环境。家庭是德育的第一课堂，而大学则成为学生道德成长的重要阶段。学校应充分利用青年教师的影响力，他们年轻活力，与学生有更深层次的共鸣。青年教师应成为榜样，分享他们的成长故事，用真实的经历激发学生的共鸣，以自身的道德意志影响学生，营造积极向上的教育氛围。同时，辅导员和家长之间的紧密沟通至关重要。通过各种渠道定期反馈学生的道德状况，让家长参与传统文化育人的过程，形成学校与家庭的协同育人机制，预防可能出现的问题。

其次，倡导传统文化精神，丰富多样的校园文化活动是实现这一目标的

第八章　中华优秀传统文化与高校德育实践活动的开展

有效途径。通过庆祝传统节日，学生可以更深入地了解和尊重传统习俗；通过创作和表演以道德为主题的话剧和小品，可以营造良好的道德氛围；学术交流活动可以让专家学者引导学生理解和探讨传统文化，激发他们的思考和表达。这些活动应以潜移默化的方式融入学生的生活，避免形式主义，确保德育实践的实效性。然而，需要注意的是，弘扬优秀传统文化并不仅仅是举办一系列活动，更重要的是要让其精神内化为学生的道德意识，成为他们行为的指南。这需要有计划、有策略地进行，逐步引导，使传统文化的影响力深入人心。

（二）加强师资，注重实效

在当前的教育体系中，高校德育实践体制的完善性一直是教育界关注的重点。然而，由于种种因素的制约，目前的高校德育实践教学往往以灌输为主，忽视了学生的主体地位和实践能力的培养。这种现状要求我们必须深入探讨德育实践教学的新途径，特别是在德育教师队伍建设和传统文化融入方面下功夫。

首先，增强德育教师对传统文化的情感。在传统文化教育中，学校作为主阵地，肩负着传承和弘扬中华优秀传统文化的重任。德育教师作为这一过程中的传播者，其态度和行动对于传统文化的传承具有决定性的影响。因此，必须让德育教师队伍在思想上重视传统文化，深刻理解其内涵和价值，从而在行动上积极践行。只有当德育教师真正从心底里认同和喜爱传统文化，才能在教学中自然地流露出对传统文化的热爱和敬畏，从而带动学生对传统文化的兴趣和学习。

为了提升德育教师队伍的素质，可以采取多种措施。一方面，可以组织德育教师参加各种形式的传统文化培训和学习，让他们更加全面地了解传统文化的知识体系和历史渊源；另一方面，可以鼓励德育教师将传统文化融入日常教学中，通过案例教学、小组讨论等方式，让学生在实践中感受传统文化的魅力。此外，还可以邀请传统文化领域的专家学者来校举办讲座和交流，为德育教师提供学习和交流的平台。

其次，鼓励德育教师转变教育方式。传统的灌输式教学方式已经无法满足当代大学生的需求，因此，必须积极探索新的教学方式。在这个过程中，可以借鉴我国优秀传统文化的德育实践思想，如重视生态、崇尚和谐、存诚信、勤学敬业、孝顺之道、良好家风、内圣外王的理想人格和勤俭节约等。这些思想不仅体现了中华民族特有的民族性格、思维方式和价值观念，也为现代社会的德育实践提供了宝贵的借鉴。

在具体的教学实践中，可以结合现实生活进行讨论，如考试作弊该不该宽容、老人摔倒究竟该不该扶、拜金的根源所在、农村为何慢慢凋敝等热点问题。通过这些问题，引导学生深入思考传统文化的现代价值和实践意义，从而增强他们的文化自信和民族自豪感。同时，还可以采用"翻转课堂"等新型教学方式，让学生成为课堂的主人，通过自主学习和小组讨论等方式，激发他们的学习兴趣和创造力。在这个过程中，德育教师的作用至关重要。他们不仅要热爱我国的传统文化，还要对德育工作抱有热情。只有这样，他们才能在课堂上真正做到知行合一，用自己的言传身教影响和感染学生。同时，德育教师还需要不断学习新的教学理念和方法，提高自己的教学水平和能力，以更好地适应时代的发展和学生的需求。

三、中华优秀传统文化融入德育实践活动的实施

（一）发扬优秀传统文化，助力德育实践创新

对于历代传承下来的历史文化和价值观念，我们应当秉持古为今用、推陈出新的原则，审慎地鉴别，有选择地继承，致力于运用中华民族的卓越精神财富来启迪人心、培育人格。

1.坚持文化传承，增强德育实践的感召力

在全球化的大潮中，我国的高校德育实践正面临着前所未有的挑战。政治经济的全球化带来了多元价值观的碰撞，传统文化在现代文明的冲击下显得日益式微。同时，思想文化的多元化、人际沟通的信息化、社会形态的多样化以及个体特征的差异化等现象，使高校德育工作的复杂性和艰巨性日益

第八章　中华优秀传统文化与高校德育实践活动的开展

凸显。在这种背景下,"坚持高校德育实践一元主导与多元发展的辩证统一"的理念应运而生。这一理念强调,高校德育实践在目标设定、内容构建、活动载体和实施方式等方面既要保持一元主导,确保德育工作的方向性和针对性,又要注重多元化发展,以适应社会的多元化需求。

然而,如何在"一元主导"与"多元化发展"之间找到平衡,是当前高校德育实践亟待解决的问题。"一元主导"是德育实践的基石,它为德育工作提供了明确的方向和核心价值。如果忽视了"一元主导",单纯追求多样化,可能会导致德育内容的混乱,甚至出现价值失焦的现象。因此,高校在进行德育实践时必须牢牢把握住德育实践内容的核心部分,确保其一致性与连贯性。

优秀传统文化的传承正是这个核心内容的重要组成部分。传统文化承载着民族的智慧和精神,是塑造青年大学生价值观的重要资源。在当前社会背景下,应当坚持传统文化的守正与创新并举,既要保护和传承其精髓,又要敢于创新,使其与现代社会相适应。通过优秀传统文化的教育,可以深入影响青年大学生的情感、意志和行为,激发他们的道德情感,提升他们的道德认知,增强德育实践的吸引力和影响力。

2.阐发文化内涵,发展德育实践的新媒体平台

随着新媒体技术的迅猛发展,信息传播的方式和渠道发生了翻天覆地的变化。这些新媒体以其碎片化、即时化、去中心化的特点,深刻地影响着大学生的思想观念和行为习惯。在这样的背景下,传统的德育实践形式和平台面临着前所未有的挑战,其教育效果被进一步弱化。因此,利用新媒体进行高校德育实践,已经成为我们不得不面对且必须深入探索的重要路径。

面对新媒体的冲击和挑战,高校德育实践必须明确方向,坚定内涵,以传统文化为纽带,凝聚德育实践的核心力量。在多样的内容中,需要有清晰的社会主义核心价值观作为指导;在多样的形式中,需要有明确的主线贯穿始终;在多元的碰撞中,需要有坚定的主导思想引领方向。在这一过程中,传统文化的凝聚功能显得尤为重要。

中华优秀传统文化博大精深,蕴含着丰富的德育资源和智慧。通过在新媒体平台中深入挖掘和阐发优秀传统文化的内涵,可以让青年大学生在轻松愉快的氛围中接收到传统文化的熏陶和启迪。这种以文化人、以文育人的方式，不仅能够提升德育实践的效果，还能够增强青年大学生的文化自信和民族自豪感。

同时，新媒体平台的虚拟隐蔽、传播迅速、信息海量等特点，为传统文化的传承、传播和创新提供了广阔的舞台。可以通过新媒体平台建设，将传统文化与现代社会紧密结合，让传统文化焕发出新的生机和活力。这样的做法不仅能够吸引更多的大学生关注和参与德育实践，还能够让高校德育实践工作更加生动、有趣、富有成效。

3.创新文化形式，增强学生实践的针对性

高校德育实践，作为塑造学生人格、价值观和道德素养的重要环节，其有效实施离不开深厚的校园文化土壤。校园文化，如同一座大学的灵魂，既包括可见的物质文化，如校园建筑、景观、标识等，也涵盖了无形的精神文化，如历史传统、价值理念、精神追求等。这种多元化的文化形态，为高校德育提供了丰富的资源和广阔的空间。

传统文化作为中华民族的瑰宝，是校园精神文化的重要组成部分，它赋予了校园文化以深厚的历史底蕴和独特的文化魅力。例如，许多高校将《论语》《大学》等经典中的智慧融入校训，以此引导学生树立正确的世界观和人生观。同时，传统文化也在丰富物质文化的形式和内容中发挥着作用，如在校园景观设计中融入历史人物、文化符号等元素，使学生在日常生活中潜移默化地接受传统文化的熏陶。

在创新课堂教学中，高校可以将传统文化与现代教育理念相结合，通过案例教学、实践活动等形式，使学生在参与中体验、在体验中理解，从而深化对传统文化的认识。此外，加强校园文化建设，如举办传统文化节、讲座、展览等活动，可以激发学生对传统文化的兴趣，增强其文化自信。在推动融媒体发展方面，利用新媒体技术传播传统文化，如制作传统文化主题的短视频、网络课程等，可以更有效地吸引青年大学生的注意力，提高德育实践的实效性。高校的物质文化载体，如建筑物、道路标牌等，是传统文化传播的重要媒介。它们可以被设计成富含文化元素的实体，使学生在日常行走中感受到历史的痕迹和文化的温度。精神文化载体，如校训、精神追求等，

第八章　中华优秀传统文化与高校德育实践活动的开展

则是塑造校园精神风貌的重要手段，它们通过传统文化的传承和时代特质的展现，形成独特的校园文化标识，体现出深厚的人文情怀。

针对高校青年大学生的特性，创新校园文化形式时，应充分考虑他们的兴趣爱好、认知特点和社交习惯，使校园文化更符合青年的群体特征，易于被他们接受、学习和传播。例如，可以开展以传统文化为主题的社团活动，制作符合青年审美的文化产品，通过互动性强、参与度高的方式，提高德育实践的针对性和吸引力。

4.创设文化情境，提升德育实践的实效性

在当前高校德育实践中，文化氛围的创设对于学生的品德培养和价值观形成具有举足轻重的地位。要想在文化氛围创设方面取得突破性的进展，深入而全面地融入传统文化无疑是一个重要的策略。

首先，教学工作作为高校的核心任务，其内容的丰富性和深度直接关系德育实践的成效。因此，传统文化必须深入融合到教学内容体系中。具体而言，可以在思想政治课中设置专门的传统文化模块，通过系统的教学计划，将传统文化知识融入其中，使学生在学习思想政治理论的同时，也能领略到传统文化的博大精深。此外，在其他专业课程中，也应立足学校特色，巧妙地将传统文化元素融入其中，让传统文化成为学校教育教学的重要组成部分。例如，在历史课上，可以通过讲解历史事件和人物，展现传统文化的独特魅力；在文学课上，可以通过阅读经典文学作品，感受传统文化的深厚底蕴。这样的教学方式不仅能够丰富学生的学习内容，还能够培养学生的文化自觉和文化自信。

其次，高校教师的传统文化素养对于德育实践的成败同样具有重要影响。作为知识的传播者和学生的引路人，教师不仅要具备扎实的专业知识，还要具备深厚的文化底蕴。因此，高校应该加强对教师的传统文化培训，提高教师的传统文化素养。同时，教师也应该树立"立德树人"的教育理念，将传统文化的精髓融入教学中去，用传统文化来引导学生树立正确的价值观和人生观。例如，教师可以通过讲解古代先贤的故事，传授他们的道德品质和人生智慧；可以通过组织文化讲座、文化沙龙等活动，让学生在轻松愉快的氛围中领略传统文化的魅力。

最后，优秀传统文化教育是一个开放的体系，需要我们不断创新教育形式和方法。除了课堂教学之外，可以通过开展丰富多彩的校内外活动来传承和弘扬传统文化。例如，可以组织学生参加传统文化知识竞赛、书法绘画比赛等活动，让学生在实践中感受传统文化的魅力；也可以邀请文化名人、专家学者来校举办讲座、研讨会等活动，让学生与大师面对面交流，拓宽文化视野。此外，可以结合时代文化、流行文化，制作符合网络传播、新媒体平台、手机载体的文化内容，打造文化品牌，构建课堂内外、校园内外、线上线下相互结合、互相补充的传统文化教育格局。这样不仅能够激发学生的学习兴趣和积极性，还能够提高德育实践的实效性。

（二）创新优秀传统文化与德育实践教育联动载体

在当前高等教育的德育实践中，必须深入探讨并挖掘传统文化的卓越内涵，同时确定其与高校德育实践的交集，以多元化的策略强化优秀传统文化在高校德育实践教育中的渗透和应用。

在21世纪的今天，互联网已经渗透到我们生活的方方面面。它不仅作为信息获取、知识学习的重要平台，更在推动优秀传统文化传承与高校德育实践教育创新中发挥着不可替代的作用。互联网的普及，为"互联网 + 优秀传统文化传承"提供了广阔的舞台，使传统文化的传播方式得以突破时空的限制，更加生动、直观地呈现在大学生面前。在这一背景下，利用网络课堂的创新模式，将中国博大精深的优秀传统文化与新时代的德育实践教育思想相结合，显得尤为必要。可以借助动画、视频等多媒体手段，将传统文化中的智慧和价值观念以更符合年轻人审美和接受习惯的方式呈现出来。例如，通过制作关于古代孝道故事的动画，或者以历史人物为题材的短视频，让大学生在轻松愉快地观看过程中，自然而然地接受传统文化的熏陶。同时，网络课堂的互动性也使得大学生能够积极参与德育实践教育中。他们可以在观看视频后发表自己的见解，与同学们进行深度的交流和讨论，这种参与感和互动性极大地提高了他们对德育实践教育课程的兴趣和参与度。正如教育学家所强调的，教育不应是单向的灌输，而应是激发学生的主动学习和思考，网络课堂的模式正好满足了这一需求。此外，这种创新模式也有助于大学生

第八章　中华优秀传统文化与高校德育实践活动的开展

将德育实践教育思想内化为自身的行为准则。通过互联网的力量，传统文化的精髓得以深入大学生的内心，他们在理解和接纳传统文化的同时，也会将其中的道德观念和价值追求融入日常生活中，形成良好的道德品质和社会责任感。

1.深挖优秀传统文化德育实践内涵

在新时代的背景下，我国的主流宣传方式正在经历一场深刻的变革，更加注重将优秀传统文化的精髓融入德育实践教育中，以期在年轻一代中塑造深厚的文化底蕴和强烈的社会责任感。这一转变的核心在于，既要深入挖掘中华优秀传统文化的价值，又要创新方式方法，使其在新时代的德育实践中焕发出新的活力。

首先，强化对传统文化价值的挖掘和舆论引导。面对当前大学生对西方传统节日的热烈追捧，应积极倡导和传播中华民族的优秀文化，如通过讲述与传统节日紧密相连的神话传说，让大学生更深入地理解并欣赏我国的传统文化。这种认知度的提升不仅能够增强他们对传统文化的认同感和自豪感，更能在比较中激发他们对本土文化的热爱和尊重。

其次，将优秀传统文化融入校园文化。应深入挖掘学校的历史、校训和校风中蕴含的传统文化元素，通过校园广播、宣传栏等多样的形式，使这些元素在校园中生根发芽。同时，举办"优秀传统艺术进校园""时代楷模进校园"等活动，可以有效地发挥传统文化的美育功能，让大学生在潜移默化中接受文化的熏陶，提高他们的家国情怀，增强他们的民族责任感。

在这个过程中，不能忽视的是，优秀传统文化的传播并非一蹴而就，而是需要长期的积累和持续的努力。这需要教育者们以创新的思维和开放的态度，不断探索适应新时代的教育方式，让传统文化在新的历史阶段中继续发挥其独特的教育和引导作用。

2.提升德育教师对优秀传统文化的践行能力

高校在传承和发扬中华优秀传统文化，培养具有高尚道德品质的大学生方面，扮演着至关重要的角色。作为德育实践教育的主战场，高校需要充分利用其独特优势，持续推动德育实践教育的创新与发展。这离不开德育实践工作者的辛勤付出和专业素养的提升。他们的教学理念、研究能力直接影响着德育实践教育的成效和质量。

中华民族的优秀文化，如璀璨的明珠，博大精深，涵盖了道德、哲学、艺术等多个领域，是德育实践教育的宝贵资源。为了将这些传统文化的精髓融入学生的德育实践中，高校应重视师资队伍的建设，提升德育实践工作者的综合素质。一方面，要激发德育教师对优秀传统文化的探索热情，提升他们对传统文化知识的掌握和运用能力；另一方面，应加强德育教师的培训，提高他们在德育课程中灵活运用传统文化的能力，以增强课程的吸引力和感染力。

同时，师生之间的互动是德育实践教育的重要环节。德育教师应引导学生积极参与，通过互动式的教学方式，使学生在实践中理解和感悟优秀传统文化，实现传统文化与德育实践教育的深度融合。在德育实践中，既要坚守传统文化的精髓，又要勇于创新，使其在新时代的背景下焕发出新的活力。

在开展大学生德育实践教育的过程中，应将优秀传统文化的元素有机融入其中，寻找德育实践与传统文化之间的最佳结合点。在理解和把握新时代德育实践教育的新需求和新特征的同时，要处理好传统文化的"守"与"变"的关系。既要坚守传统文化的根与魂，又要敢于创新，使其在新的历史条件下展现出新的生命力，以此创造出富有感染力和影响力的德育实践教育资源，实现传统与创新的和谐统一。

（三）深化育人模式的创新，构建数字化育人模式

在当前全球化背景下，优秀传统文化与德育实践工作的深度融合显得尤为重要。高校作为培养未来社会精英的重要场所，应当以全员育人、全过程育人和全方位育人的理念为引领，探索并创新德育实践工作的实施路径。这一过程不仅要求我们深入挖掘传统文化的内涵，更需要将之与现代教育手段相结合，以适应时代发展的需求。

首先，将德育实践教育与专业学科教学相结合，是实现传统文化教育有效渗透的关键。各专业教师应将优秀传统文化的精髓融入专业知识的传授中，使其成为教学过程中的鲜活案例和生动教材。例如，在历史课中讲述孝

第八章　中华优秀传统文化与高校德育实践活动的开展

道文化，在艺术课中解析中国传统美学，在科学课中揭示古代科技的智慧，以此激发学生对传统文化的兴趣，自然而然地进行德育教育。

其次，高校应设立专门的优秀传统文化课程，根据大学生不同阶段的成长需求，设计有针对性的教学内容。例如，通过开设《中国传统文化概论》《古代诗词鉴赏》等课程，引导学生深入理解传统文化的内涵，同时，通过举办传统文化讲座、文化节等活动，让学生在参与中感受传统文化的魅力，从而提升他们的思想境界和道德素养。

再次，将优秀传统文化融入大学生的日常生活，是实现德育实践工作全面覆盖的重要途径。包括在校园环境中融入传统文化元素，如设立文化长廊、举办传统节日庆祝活动等，使学生在日常生活中潜移默化地接受传统文化的熏陶。同时，高校还应将传统文化教育融入学生社团活动、志愿服务、社会实践等多元化的教育场景，让传统文化成为引导学生行为规范的核心力量。

最后，利用新媒体技术，构建线上德育实践教育平台，是扩大传统文化教育影响力的有效手段。高校可以建立优秀传统文化资源共享数据库，汇集丰富的教学资源，通过在线课程、互动论坛等形式，打破时间和空间的限制，使学生能够随时随地学习和探讨传统文化。同时，借助新媒体的互动功能，加强师生间的交流，鼓励学生分享学习心得，形成良好的学习氛围，从而实现优秀传统文化与大学生德育实践的深度融合。

（四）提升教育内容的丰富性，增强德育实践工作吸引力

在当今高等教育的德育实践工作中，如何将博大精深的优秀传统文化与现代德育理念相结合，以激发大学生的内在认同感和文化自豪感，是一项至关重要的任务。德育实践工作者应深入挖掘传统文化的丰富资源，创新教育方式，将传统文化的多元形态生动地呈现出来。这不仅限于诗词歌赋、史书典籍等文字载体，还包括民乐的韵律之美、戏剧的表演艺术、国画的意境深远、汉服的服饰文化以及剪纸的民间智慧等，让大学生在多角度、全方位的体验中，深刻理解中华民族的文化底蕴和精神价值。

同时要意识到，传统文化的传承并非孤立的，它需要与现代社会、国际

环境相融合，与大学生的生活实际和兴趣爱好相结合。因此，高校和德育实践工作者应密切关注时代发展，把握国际时事的脉搏，关注大学生关注的热点问题和民生议题，将这些现代元素融入德育实践教育中。例如，可以通过讨论全球气候变化、社会公平正义、科技创新等话题，引导大学生从传统文化的角度进行思考和解读，使他们在面对现实问题时能够借鉴传统文化的智慧，形成有深度、有温度的价值观。

此外，还应鼓励大学生积极参与传统文化的实践活动，如举办传统文化节、开展文化研究项目、参与社区文化传承活动等，让他们在实践中感受传统文化的魅力，增强文化自信，同时提升自身的道德素养和创新能力。这样，优秀传统文化就能在德育实践中发挥出鲜活的教育效能，为培养具有深厚文化底蕴和全球视野的现代大学生提供有力支撑。

（五）加强施教手段的多元化，全面实施隐性教育方式

在当今社会，优秀传统文化与大学生德育实践教育的深度融合已成为高等教育的重要课题。面对全球化浪潮的冲击，如何在培养具有国际视野的现代青年的同时，传承和发扬我国深厚的文化底蕴，是高校和德育实践工作者亟待解决的问题。因此，教育者们需要积极探索新的教育模式，将传统文化的精髓融入日常教学和活动中，以激发学生对传统文化的热爱和尊重。

高校与德育实践工作者应强化协同合作，共同构建一个以优秀传统文化为主题的多元化教育环境。校园文化建设是其中的关键一环，可以通过举办诗词朗诵比赛、传统节日庆典、国学讲座等活动，使学生在日常生活中接触和理解传统文化。同时，鼓励学生参与社会实践，如组织他们参观历史遗迹，参与传统文化的保护和传承项目，使他们在实践中深化对传统文化的认识。此外，学生社团组织也是推动传统文化教育的重要载体。支持学生自发成立古琴社、书法社、京剧社等社团，让他们在组织和参与活动中，亲身感受传统文化的魅力，提升自身的文化素养和艺术修养。这种"以学生为中心"的教育模式，可以有效激发学生的主动性和创新性，使他们在自我实践中实现自我教育。在科技日新月异的今天，德育实践工作者还应充分利用现

第八章　中华优秀传统文化与高校德育实践活动的开展

代科技手段，创新教学方式。例如，利用虚拟现实技术，创建沉浸式的传统文化体验环境，让学生仿佛穿越时空，亲身体验古代的生活场景，感受传统文化的深远影响。同时，大数据分析可以为教育者提供更精准的教学反馈，帮助他们更好地理解和满足学生的学习需求。

第九章 中华优秀传统文化与高校校园德育工作的结合

育人为本的教育核心理念旨在确保中国高等院校能够培养出为建成中国特色社会主义事业所需的建设者与接班人。其中，德育为首，意味着必须以社会主义核心价值观为思想基石，将德育教育置于优先位置。中国传统文化的内涵涵盖了以和为贵、尊重差异、谨慎融洽、民胞物与、天人合一的观念，以及坚持不懈、自强不息的积极态度与民贵君轻、以人为本的民本理念。将中华优秀传统文化融入校园德育工作，不仅为新时代的大学生德育教育提供了新载体和重要途径，更是对社会主义核心价值体系内容的丰富与深化。因此，在校园德育工作中，应当积极汲取传统文化的精髓，通过凝练与升华，将其融入德育教育中，以确保德育工作取得实效。

第九章　中华优秀传统文化与高校校园德育工作的结合

第一节　高校校园德育工作的现状

大学时期是青年学生思想品德形成与发展的决定性阶段，这一阶段的校园道德教育环境对大学生的思想政治素质培养及高等教育机构的德育工作效果具有深远影响。目前，大多数公立本科院校和知名高校能够深刻理解校园内部德育环境建设与优化对于学生成长成才的决定性作用。他们在校园基础设施建设、德育管理机制创新、教学团队发展、德育课程设计、校园文化建设、德育信息化建设等多个方面进行了深入的探索和改革，取得了明显的成果，获得了广大师生及社会的广泛赞誉，其积极效应也在持续扩大。

然而，一部分高校，特别是某些民办高校和职业院校，对校园德育环境建设的重视程度不够。无论是物质条件还是人文环境，都存在一定的欠缺，这对大学生道德素质的塑造及学校德育工作的推进造成了不利影响。具体问题主要表现在以下几个方面。

一、校园硬件环境条件落后

完善的基础设施和优美的环境是构建积极校园氛围、激发学生学习热情的重要因素；反之，硬件环境的不足可能会导致学生的消极情绪，甚至产生自我放弃的心态。当前，我国高校在校园硬件环境方面面临着一些严峻的挑战。

首先，一些高校尤其是那些近期晋升的高职院校，由于长期的办学历史和不足的办学实力并存，硬件设施条件普遍较差。这些学校往往因为经费紧张，缺乏长远的规划，导致设施陈旧，几十年未见更新。学生宿舍和教室的条件昏暗，缺乏现代化的设施，且校园内绿地稀少，生活垃圾处理不当。更缺乏能够体现高校独特办学特色和教育理念的基础设施与标志性建筑，整体上与现代教育的需求存在显著差距。

其次，一些高校在硬件环境建设上过于注重外表而忽视了内在质量。为了吸引更多的学生，他们可能会投入大量资金建设宏伟的校门和高档的观光电梯，以提升对外的形象。然而，这些高校在提升教育质量、构建校园核心价值上的投入相对不足，过分强调外在形象，忽视了教育质量的提升，这对学生的影响是深远的。此外，部分高校过于追求行政办公的舒适环境，而将教学楼设在较为偏僻的区域，设施老旧，光线不足，这种现象容易在学生中滋生权力至上的观念，其负面影响不容忽视。

再次，校园文化设施的不健全也是当前部分高校面临的一大挑战。一些高等教育机构特别是私立院校，由于过于追求经济效益，对提升校园文化生活的硬件设施投入不足。包括现代化的文化娱乐、图书馆、体育活动及广播等设施的匮乏，导致大学生校园文化活动的多样性下降，对他们的品格塑造及健康发展产生了严重的消极影响。

最后，校园硬件设施的管理和维护也是一个不容忽视的问题。由于部分大学生的不当行为，如随意破坏设施，以及校方后勤管理部门监管力度不足，导致校园设施破损严重，课桌和墙壁上的涂鸦现象普遍。这些不文明行为未能得到有效遏制，对学生产生了负面的示范效应，影响了校园环境的和谐与整洁。

二、部分高校师德失范现象严重

在当前的高等教育环境中，高校教师群体的道德品质总体呈现出一种健康、积极、向上的发展态势。这源于他们深厚的学术底蕴，对教育的热爱与执着，以及对党的事业的忠诚。众多教师在教育教学的岗位上，不仅注重专业知识的传授，更强调师德修养的重要性，他们秉持着先进的思想观念，坚守着教育的初心，以精湛的业务能力和严谨治学的态度，为学生树立了良好的榜样。

第九章　中华优秀传统文化与高校校园德育工作的结合

然而，正如任何社会群体都存在个体差异一样，高校教师群体中也存在一些师德问题，这些问题不容忽视。

首先，部分教师在思想政治倾向方面有所淡化。他们过于关注业务能力和教学技能的提升，却忽视了师德培养和思想政治觉悟的提高。这部分教师往往未能深入学习党的基本路线、方针、政策，对思想道德建设和政治理论问题缺乏足够的关注。在课堂上或公开场合，他们甚至可能发表与党的教育路线相悖、反对社会主义的错误言论，这不仅误导了学生，也对社会造成了不良影响。

其次，受市场经济的影响，部分教师的敬业精神不足，功利倾向明显。他们将教师职业视为稳定的"铁饭碗"，对教学投入精力不足，职业道德意识淡化。这些教师缺乏对教学方法和效果的研究与探索，将更多的精力投入其他职业活动，以谋取经济利益。这种行为不仅影响了教学质量，也对学校的学术氛围造成了一定的影响。一些教师备课不充分，教学内容简单，教学方法单调，导致教学效果不佳。他们仅在评职称时才从事教育教学研究，研究水平低下，学术氛围淡薄。

再次，部分教师在育人意识方面有所退化。他们过于注重知识传授，却忽视了对学生的德育教育。在当前全面建设社会主义和谐社会的关键时期，青年大学生面临着来自西方思想的冲击和社会诱惑的增多，他们易产生困惑和误解。此时，教师作为思想政治教育的主体，应当承担起正确的引导责任。但部分教师育人意识淡薄，缺乏思想政治理论知识，与学生交流较少，难以全面掌握学生的思想动态。在面对学生遇到的问题时，他们难以及时妥善处理，未能有效履行思想政治教育的职责。

最后，部分教师在师表形象方面受损。他们未能注意在学生中的形象，缺乏自尊自爱的意识，为人师表的责任感淡薄。这些教师存在上课迟到早退、自由散漫、上课时间接电话、在学生面前抽烟吐痰、服饰不雅、言谈粗俗等不良行为，严重损害了教师的形象。更有甚者，个别教师利用考试机会接受学生礼物，考试送"感情分"，这种行为不仅破坏了考试的公平性，也对学生产生了不良的影响。还有一些教师不注意言行，在课堂上发泄不满情绪，甚至传播个人成见、封建迷信思想和反党反社会主义的言论，这不仅影响了学生的心理健康，也对社会的稳定造成了威胁。

三、学校管理制度不健全

高校德育工作的有效推进,是构建和谐校园、培养高素质人才的关键所在。然而,当前我国高校在道德教育方面面临的一大挑战,便是师生道德自觉性的普遍缺失。这一现象揭示出,建立和完善一套科学、公正的学校管理制度,对于提升师生道德素质,营造良好的教育环境至关重要。

首先,学校制度作为高校管理的基石,其设计与执行的合理性和公正性,对师生的思想道德建设具有决定性影响。良好的制度能够规范师生行为,引导他们树立正确的价值观,从而促进道德品质的提升。然而,如果制度设计不合理,或者在执行过程中出现偏差,可能会导致师生的道德发展受阻,甚至可能诱发违规行为。近年来,我国高校在内部管理体制的改革上取得了显著成效,管理制度日益规范化和科学化。但不可忽视的是,仍有部分高校在制度建设上存在漏洞,如制度不完善、执行不力等,这些问题对学校的德育工作和师生的道德风貌产生了消极影响。

其次,学校德育制度作为德育工作的重要保障,其完善程度和执行效果直接影响到德育的实效性。目前,一些高校在德育制度的制定上,存在目标设定模糊、实施路径不清晰、层次结构混乱等问题,这使德育工作缺乏针对性和可操作性。此外,部分高校在追求学术排名和就业率的压力下,过于强调专业技能的培养,而忽视了对学生道德品质的塑造,导致德育工作流于形式,难以深入人心。同时,德育评价体系的不健全和不合理,也是制约德育工作深入展开的重要因素。因此,高校应深入反思和改革德育制度,明确目标,细化流程,确保德育工作的有效实施。

四、校园文化导向和教育功能弱化

校园文化是由教育者和学生群体在长期教育过程中共同构建的,其特点是独特的校园气息,可被定义为群体文化的一个子集。它在大学的道德教育体系中发挥着直接影响,对塑造和影响大学生的道德素质具有深远影响。目前，大多数高等教育机构已经认识到校园文化环境建设的重要性，并已取得显著的进步。然而，校园文化环境建设中也存在一些不容忽视的问题，这些问题同样值得我们深入研究和关注。

（一）高校校园文化的主体单一

在当下众多高校的校园文化建设中，大学生群体无疑被赋予了举足轻重的角色。他们是推动校园文化发展的主力军，特别是在学生会、团委会和各类社团组织中，那些表现出色、具备卓越特长的学生更是扮演着至关重要的角色。他们通过组织各类文化活动、倡导积极向上的价值观，为校园文化的繁荣注入了源源不断的活力。

然而，不能忽视的是，教师与员工这两大群体在校园文化建设中的参与度相对较低。教师往往因为专注于专业教学、科研工作和职称评定，而无暇顾及校园文化环境的建设。员工则更多地追求经济利益，对校园文化建设的热情并不高。这种现象导致了校园文化活动的实施往往过于表面化，缺乏深入人心的内涵。

很多校园文化活动往往只停留在高调宣传、口号呼喊、形式化走过场的层面，这些活动往往由上级或主管部门主导，师生员工的积极性、主动性和创造性并未得到充分的发挥。他们往往处于被动地位，只是被动地接受和执行上级的决策，而无法真正地参与校园文化建设的实践。

这种校园文化主体单一化的现象，不仅未能达到预期的文化建设效果，而且可能对学生的健康成长产生不利影响。学生文化在一定程度上取代了校园文化的整体内涵，导致校园文化缺乏多元性和包容性。在这样的环境下，学生的视野和思维可能会受到局限，无法形成全面、开放、包容的世界观。

（二）高校校园文化内容相对贫乏

高校的校园文化环境，作为孕育学术思想、塑造人格特质、传承创新文化的重要载体，其多元性和丰富性对于学生的全面发展至关重要。然而，当前的校园文化现状却呈现出一些不容忽视的问题。一方面，通俗文化在校园中占据主导地位，而高雅文化的缺失成为一种普遍现象。学生在课余时间往往沉浸在流行音乐、舞蹈、网络社交和电子游戏中，这些活动虽然能带来短暂的娱乐和放松，但往往缺乏深度和内涵，导致校园文化活动的品位普遍偏低。相比之下，如书法、围棋、合唱等富含中国传统文化元素的活动却鲜有问津，使学生的文化生活显得单一且缺乏底蕴。

另一方面，校园文化中的娱乐性活动过于繁盛，科技文化的培育则显得力不从心。在许多高校中，学术氛围的营造并不浓厚，科技知识的学习和探索并未受到足够的重视。学生参与科研活动的机会有限，科研成果的数量和质量也往往不尽如人意。相比之下，体育、艺术等娱乐性活动在校园中占据了主导地位，科技型和学术型的社团及活动则较少受到关注，这无疑限制了校园文化在学术和科技领域的广度和深度。此外，校园文化的内容和形式在很大程度上仍以学生为主体，缺乏覆盖师生员工共同参与的文化活动和社团组织。这样的情况使校园文化的影响力和辐射面受到了限制，不利于构建一个全员参与、共享共融的校园文化环境。

（三）校园文化受到各种社会思潮和世俗文化影响严重

随着时代的进步和信息的爆炸性增长，大学生所接触到的文化思潮日益多元化。在这个背景下，新自由主义、拜金主义、历史虚无主义、崇洋媚外等多元社会思潮，以及通俗低级的世俗文化，正悄然渗透至高校校园之中，对原本纯净而富有活力的校园文化活动造成了严重的消极影响。

首先，校园文化活动的品质正面临着巨大的挑战。在数字化和社交媒体的冲击下，校内期刊、广播、文艺表演等文化载体更多地以个人情感、小众生活、时尚前卫为主题，追求的是短平快的娱乐效果。这使原本应该充满智慧与启迪的校园文化活动，变得愈发肤浅和浮躁。积极向上的精神内容相对匮乏，多数活动仍停留在自我娱乐的初级阶段，缺乏高雅且有深度的作品。这种趋势与高等教育对素质教育的期望存在巨大的差距，无法为学生提供足够的精神滋养和心灵启迪。

其次，校园文化活动的商业化倾向愈发明显。在市场经济的冲击下，各种商业广告充斥着校园宣传平台，成为校园文化中不可或缺的一部分。许多

第九章　中华优秀传统文化与高校校园德育工作的结合

文化活动依赖商家赞助,这不仅在一定程度上削弱了高校校园文化的格调,还使校园文化活动失去了原有的独立性和自主性。商业化的校园文化活动往往追求的是短期的经济效益,而忽视了长远的文化价值和教育意义。

最后,校园文化的功利性和实用性趋势也在加剧。在竞争激烈的现代社会中,大学生面临着巨大的就业压力和人生选择。在处理个人利益与集体利益的冲突时,他们往往倾向于短期的、眼前的实际利益。这种功利的心态使大学生对长远的理想信念和精神追求的培养显得不足。在他们的认知中,掌握专业知识是个人发展的关键,技术学习旨在获取稳定的工作,而出国深造则成为重要的目标。这种功利的心态不仅限制了大学生的全面发展,也削弱了校园文化活动的精神内涵和教育价值。

第二节　中华优秀传统文化在校园德育工作中的重要性

中华优秀传统文化在校园德育工作中的重要性,不仅体现在它深厚的文化底蕴和丰富的道德内涵上,更在于其对学生心灵的深远影响。在快速发展的现代社会,我们更加需要传统文化的滋养,以塑造学生健康向上的人生观和价值观。中华优秀传统文化在校园德育工作中具有举足轻重的地位,其重要性体现在多个方面。

一、塑造核心价值观

中华优秀传统文化,如同一座深邃而瑰丽的宝库,其中蕴含着诸多璀璨的道德观念和价值追求。这些道德观念和价值追求,诸如仁爱、诚信、礼义、廉耻、孝悌等，不仅是中华民族的独特标识，更是塑造学生核心价值观的重要基石。在当代社会，随着全球化的深入发展，各种思潮和价值观相互碰撞，对于青少年而言，如何形成正确的世界观、人生观和价值观显得尤为重要。仁爱作为中华文化的核心精神之一，强调人与人之间的和谐共处，关爱他人如同关爱自己。这种思想对于培养学生的人文情怀和同情心具有深远影响。通过学习和传承仁爱精神，学生将学会尊重他人、关心社会，成为有爱心、有同情心的社会成员。诚信是中华文化中另一个重要的道德观念。它要求人们言行一致，信守承诺，不欺诈、不虚伪。在当今社会，诚信已经成为一个人立身处世的根本。通过学习诚信精神，学生将明白诚实守信的重要性，并在日常生活中践行这一美德，成为值得信赖和尊敬的人。礼义是中华文化中对于人际关系和社会秩序的规范。它要求人们尊重传统、尊重他人、尊重社会规范。通过学习和传承礼义精神，学生将学会在人际交往中保持谦逊、礼貌和尊重，形成良好的社交习惯，为未来的社会生活打下坚实的基础。廉耻是中华文化中对于个人品德的重要要求。它要求人们有羞耻心、有良知、有道德底线。通过学习和传承廉耻精神，学生将明白什么是正确的行为准则，什么是应该坚守的道德底线，从而成为一个有道德、有底线的人。孝悌是中华文化中对于家庭关系的重视。它要求子女尊敬父母、孝顺长辈，兄弟姐妹之间和睦相处。这种思想对于培养学生的家庭责任感和亲情观念具有重要意义。通过学习和传承孝悌精神，学生将学会珍惜家庭、关爱亲人，成为有家庭责任感的人。

二、增强民族认同感和文化自信

中华优秀传统文化作为中华民族5000多年文明的积淀，无疑是我们民族的瑰宝，它不仅是历史的见证，更是民族精神的集中体现。在当今世界，文化多样性日益显著，如何保持并弘扬自身的文化特色，对于每个国家和民族来说都是至关重要的。在校园德育的舞台上，中华优秀传统文化的融入尤为重要。

在校园德育中融入中华优秀传统文化，不仅仅是简单的知识传授，更是一种文化的熏陶和精神的传承。通过系统的课程设置和丰富的文化活动，学生能够深入了解中华文化的博大精深，从而更加认同自己的文化根源。从经典的

第九章　中华优秀传统文化与高校校园德育工作的结合

《诗经》《论语》到书法、绘画、戏曲等艺术形式，每一处都蕴含着中华民族的智慧和情感，它们不仅能够陶冶学生的情操，更能够增强他们的民族自豪感和归属感。同时，这种文化的融入也是培养学生文化自信的重要途径。在当今全球化的背景下，各种文化相互碰撞、交融，学生在接触多元文化的同时，也面临着文化认同的困惑。中华优秀传统文化的融入，能够让学生更加清晰地认识到自己的文化特色和价值，从而在面对多元文化冲击时能够坚守文化立场，传承和弘扬民族文化。

值得一提的是，中华优秀传统文化的融入并不仅仅局限于课堂教育。在校园文化的建设中也可以看到中华文化的身影。比如，在学校的建筑设计中，可以融入传统的建筑元素；在学校的文艺活动中，可以表演传统的戏曲、舞蹈等艺术形式；在学校的社团组织中，可以设立与传统文化相关的社团，如书法社、茶艺社等。这些举措不仅能够丰富学生的校园生活，更能够让他们在参与中深入了解中华文化，增强文化自信。

三、促进全面发展

中华优秀传统文化，作为中华民族智慧的结晶，自古以来就注重人的全面发展。它强调德、智、体、美、劳的有机结合，旨在培养既有高尚品德，又有深厚学识，同时还具备强健体魄和审美能力的新一代人才。在校园德育的实践中，应积极引导学生参与书法、国画、诗词、经典诵读等传统文化活动，这些活动不仅为学生提供了学习传统文化的宝贵机会，更在潜移默化中提升了他们的文化素养和艺术修养。书法作为中华文化的瑰宝，不仅要求学生掌握笔墨纸砚的技艺，更强调心性的修炼。在书法的世界里，学生能够体会到"心正则笔正"的道理，通过练习书法，他们的心性得到了磨炼，性情变得更加沉稳。同时，书法还能培养学生的审美情趣和创新能力，让他们在挥毫泼墨中表达自己的情感和思想。国画以其独特的笔墨韵味和构图布局，吸引了众多学生的目光。在国画的学习中，学生不仅要学习如何运笔、用墨、构图，还要了解国画背后的文化内涵和审美理念。通过欣赏和创作国画，学生的审美能力和艺术修养得到了显著提升。诗词作为中华文化的瑰宝之一，以其精练的语言和深远的意境，深深吸引着学生们的心。在校园中，鼓励学生诵读经典诗词，通过诗词的熏陶，学生的文学素养得到了提高，同时也培养了他们的审美情趣和人文素养。经典诵读更是校园德育中不可或缺的一环。引导学生诵读《论语》《大学》《中庸》等经典著作，让他们在诵读中领悟传统文化的精髓，理解"仁爱""诚信""自强不息"等核心价值观。通过经典诵读，学生不仅学到了知识，更在心灵深处得到了熏陶和启迪。

四、提升道德品质

中华优秀传统文化作为中华民族数千年的精神瑰宝，其中蕴含的道德教育资源无疑是博大精深的。这些资源如同一座座璀璨的宝库，不仅记录了古代先贤的嘉言懿行，还传承了无数传统美德故事。在当今日益复杂多变的社会环境中，这些宝贵资源为校园德育提供了源源不断的素材和鲜活的案例，使学生在成长的道路上能够汲取到丰富的道德养分。

首先，古代先贤的嘉言懿行，如同一面面镜子，映照出高尚品德的光辉。孔子、孟子、老子等古代先贤，他们的言行举止充满了智慧和道德的力量。他们强调仁爱、诚信、忠诚、勇敢等品质，这些品质在当今社会仍然具有极高的价值。通过学习和模仿古代先贤的高尚品德，学生可以逐渐树立起正确的道德观念，形成积极向上的人生态度。

其次，传统美德故事以其生动有趣的情节和深刻的道德内涵，深受学生的喜爱。如《孔融让梨》《卧冰求鲤》等故事，不仅展示了古人对尊老爱幼、诚信友善等美德的坚守，还传递了助人为乐、无私奉献等精神。这些故事具有很强的感染力和启发性，能够使学生在轻松愉快的氛围中接受道德教育，从而在内心深处形成坚定的道德信念。

最后，校园德育还需要注重实践环节。通过组织各种形式的道德实践活动，如志愿服务、社区服务等，让学生在实践中感受道德的力量，体验道德的价值。同时，学校还可以结合传统文化节日，如春节、清明节、端午节等，开展一系列具有传统文化特色的德育活动，让学生在传统文化的熏陶下，增强对中华优秀传统文化的认同感和自豪感。

第九章　中华优秀传统文化与高校校园德育工作的结合

五、构建和谐校园文化

中华优秀传统文化自古以来便是中华民族智慧的结晶，其中蕴含的和谐共生、和而不同的思想，不仅是对个人修养的要求，更是对社会和谐的深切呼唤。在构建和谐的校园文化中，这一思想显得尤为重要，它如同一盏明灯，照亮了我们前行的道路。

"和谐共生、和而不同"这一思想强调的是在保持各自特色的基础上，实现相互的和谐共处。在校园德育中，这一思想被赋予了新的内涵。通过弘扬中华优秀传统文化中的和谐理念，引导学生认识到，每个人都有自己的独特之处，但同时也要学会尊重他人，与他人和谐共处。这种教育方式不仅有助于培养学生的宽容心态，更能促进他们之间的相互理解和尊重，为班级和学校的凝聚力奠定坚实的基础。

在校园文化的建设中，这种和谐理念更是发挥了巨大的作用。它如同一股清流，冲刷着校园中的浮躁和功利，让校园文化回归本真。在这种文化氛围下，学生更加关注自己的内心成长，注重个人修养的提升。同时，他们也更加关注集体的荣誉，愿意为班级和学校的发展贡献自己的力量。这种积极向上的校园文化氛围为学生的学习和成长提供了良好的环境，让他们能够在和谐的环境中茁壮成长。举例来说，可以借鉴古代儒家思想中的"仁爱"观念，将其融入校园德育中。通过引导学生关爱他人、关心集体，培养他们的集体荣誉感和责任感。同时，还可以利用传统节日、文化活动等机会，让学生深入了解中华优秀传统文化的内涵，感受传统文化的魅力。这种教育方式不仅有助于传承和弘扬中华优秀传统文化，更能培养学生们的文化素养和人文情怀。

总之，中华优秀传统文化在校园德育工作中具有不可替代的作用。应该充分利用这一宝贵资源，加强学生的道德教育，培养他们的道德品质和人格魅力。同时，也要注重传统文化的传承和创新，让它在现代社会中焕发出新的生机和活力。

第三节　加强校园德育工作与中华优秀传统文化融合的具体措施

一、中华优秀传统文化融入校园德育工作的原则

在校园内实施德育工作与弘扬中华优秀传统文化所遵循的核心理念是相契合的。学校作为优秀传统文化传播的核心场所，其职责不仅限于学科知识的传授，更在于塑造学生的核心价值观，营造浓郁的思想道德学习氛围。校园文化建设的推进，对于深化中华优秀传统文化的宣传具有重要意义，同时也为学校的思想建设提供了有利的舆论导向环境。在构建校园文化的过程中，既要符合时代的需求，承续中华优秀传统文化的精髓，又需彰显学校的独特风格。①

中华优秀传统文化汇聚了我国数千年的智慧结晶，深刻反映了我国的民族精神。这些具有鲜明时代特色的文化精神，不仅能够引领健康的社会风尚，还能有效地将优秀传统文化融入校园文化建设的实践中。在坚守优秀传统文化基本内涵的基础上，校园主体文化更应凸显其独特之处，着重强调个人的品德修养。优秀传统文化为校园主体提供了坚实的精神支撑，为学生的全面发展奠定了坚实的基础。

---

① 张芳芳. 艺术类大学生思想政治教育路径选择——以首批9个全国艺术类样板支部为例[J]. 高校辅导员学刊, 2020, 12 (6): 69-73.

第九章　中华优秀传统文化与高校校园德育工作的结合

（一）政治性原则

在深入开展德育工作的过程中，必须坚守中国共产主义的核心理念，坚定不移地弘扬中国特色社会主义理想。这一理想不仅是国家的灵魂，更是德育工作的根本指针。德育工作的方向必须以党的路线、政策、方针及内容为基础，确保每一步都走在正确的道路上。

政治性原则作为德育工作的基石，从深层次上揭示了德育工作的实质和目的。这一原则不仅是开展德育工作的准则，更是利用和传承中华优秀传统文化的前提。在这一原则的指引下，要注重培养学生的民族自豪感和团结向心力，让他们深刻感受到自己作为中华儿女的责任和使命。

具体来说，可以通过丰富多彩的德育活动，让学生深入了解中华优秀传统文化的博大精深。例如，可以组织学生参观历史博物馆、文化遗址，让他们亲身感受中华民族悠久的历史和灿烂的文化；可以邀请文化名人、专家学者走进校园，为学生带来精彩的讲座和报告，让他们领略到中华文化的独特魅力和深邃内涵。同时，还要注重将中华优秀传统文化与德育工作相结合，让学生在传承文化的过程中，学会如何做人、如何做事。要引导学生树立正确的世界观、人生观和价值观，让他们明白什么是真善美、什么是假恶丑；要教育学生学会尊重他人、关心他人、帮助他人，培养他们的爱心和同情心；要鼓励学生勇于探索、敢于创新，培养他们的创造力和创新精神。

在德育工作中，还要特别强调坚持走中国特色社会主义道路的重要性。这一道路是党领导人民在长期革命、建设和改革实践中形成的，是实现中华民族伟大复兴的必由之路。要让学生明白，只有坚持走中国特色社会主义道路，才能实现中华民族的伟大复兴；只有坚持这一道路，才能让我们的国家更加繁荣昌盛、人民更加幸福安康。

（二）主体性原则

在教育的广阔领域中，教师承担着传承中华优秀传统文化的重任。他们不仅是知识的传播者，更是引导学生自我发现和自我提升的引路人。主体性原则在其中扮演着至关重要的角色，它强调教育应以学生为中心，尊重他们的个体差异和独特性，以此激发学生的学习热情，推动他们主动参与知识的探索。

教师在实施教育时应充分认识到学生是具有独立思考能力的个体。他们不再是被动接受知识的容器，而是主动构建知识体系的主体。学生在接触传统文化知识时会根据自身的价值观、兴趣和理解能力进行选择性吸收，甚至会对知识进行批判性思考，这正是他们对知识进行"完善及重造"的过程。这种自我构建的知识体系更能深入学生的内心，成为他们个性和素养的一部分，从而提升他们的综合素养和道德素质。如果忽视了学生的主体性，将他们视为被动接受知识的对象，那么德育教育的效果将会大打折扣。教育工作可能会变成单向的知识灌输，而无法引发学生的内在共鸣和深度反思。这样的教育无法实现知识的内化，即学生无法将所学知识转化为自己的道德观念和行为准则，也无法实现知识的外化，即无法将这些知识应用到实际生活中，解决实际问题。因此，教师在进行校园德育工作时应积极创造条件，让学生充分参与教育过程，鼓励他们提出问题，表达观点，甚至挑战既有的知识框架。通过这样的互动和对话，学生的主体性才能得到充分的体现，德育教育的目标才能真正实现。只有尊重和激发学生的主体性，才能培养出具有独立思考能力、深厚文化素养和高尚道德品质的新一代。

（三）浸润性原则

浸润性原则强调了在向学生传授中华文化精髓时，必须将其与学校的其他各项工作深度融合，使教育与科研、教育与管理、教育与教学以及教学方法与教学要素之间形成紧密的联系，从而推动德育工作的不断深化。浸润如同春雨润物细无声，与渗透有异曲同工之妙。但浸润并非一蹴而就，它有时间的长短之分，也有能力的强弱之别。为了让德育工作取得实质性的成效，校内德育工作人员必须全方位、多角度地贯彻浸润性原则。

随着社会的快速发展，当代学生的思想意识、精神实质及思维模式已呈现出鲜明的时代特征。他们渴望自我表达，追求个性独立，对传统教育模式中的灌输式教育往往持有抵触情绪。因此，在组织传统文化背景下的德育工作时，必须充分利用浸润性原则，采用逐步渗透式的教育教学方式。

第九章　中华优秀传统文化与高校校园德育工作的结合

具体来说，浸润性原则要求我们在德育工作中做到以下几点。

首先，教育与科研相结合。通过深入研究中华优秀传统文化的内涵和价值，将科研成果转化为教育教学的生动素材，使学生在学习中感受到传统文化的魅力和力量。

其次，教育与管理相结合。学校应建立健全的德育管理体系，将德育工作纳入学校管理的各个环节，形成全员参与、全程关注的德育氛围。

再次，教育与教学相结合。在教学过程中，教师应注重将传统文化元素融入课堂教学，通过案例分析、角色扮演等方式，让学生在实践中感悟传统文化的智慧和力量。

最后，教学方法与教学要素相结合。教师应根据学生的年龄、性格、兴趣等特点，灵活运用多种教学方法和手段，使传统文化教育更加生动有趣、易于接受。

通过贯彻浸润性原则，可以使学生在潜移默化中接受传统文化的熏陶，形成正确的世界观、人生观和价值观。同时，这种逐步渗透式的教学方式也有助于培养学生的自主学习能力和创新思维能力，为他们未来的发展奠定坚实的基础。

（四）层次性原则

在学校德育工作的实施过程中，深刻理解和全面掌握受教育者的思想觉悟情况是至关重要的。这不仅有助于我们深入了解每个学生的内心世界，更是因材施教、实现德育目标的基础。在德育实践中，层次性原则的实质内涵在于我们根据受教育者的思想觉悟高度，将他们划分为多个层次，从而确立不同层次的德育目标和内容。

具体而言，可以将学生按照思想觉悟、入学年份、群众、预备党员、党员等不同维度进行归类，形成不同的德育层次。在每个层次中，进一步确立具体的德育准则和范围，以确保德育工作的针对性和实效性。例如，在新生入学阶段，可以将新生作为一个独立的德育层次，通过入学教育、校史教育等方式，引导他们树立正确的世界观、人生观和价值观。[①]对于已经在校学习一段时间的学生，可以根据他们的思想觉悟水平，将他们划分为不同的层次，如群众、预备党员、党员等。在每个层次中，采取不同的德育模式和内容，如政治理论学习、社会实践活动、志愿服务等，以满足他们不同的德育需求。值得注意的是，层次性原则并非一成不变。随着学生身份和思想觉悟的变化，他们的德育层次也会相应调整。例如，一名群众学生经过一段时间的努力学习和实践锻炼后，思想觉悟得到了提高，达到了预备党员的标准，那么就应该将他调整到预备党员这一层次进行德育培养。

在中华优秀传统文化教育中，因材施教的原则同样适用。针对不同学生的政治思想水平，采用不同的教学方法和手段，如讲解、讨论、案例分析等，使学生能够深入理解中华优秀传统文化的内涵和价值，提高他们的文化素养和道德水平。通过实施层次性原则和因材施教的教学方法，可以使德育工作更加具有针对性和实效性。这不仅有助于提高学生的思想道德素质，还能够促进他们全面发展，为社会的繁荣和进步做出贡献。同时，这也要求我们在德育工作中要不断探索和创新，以适应不断变化的时代要求和学生需求。

二、中华优秀传统文化融入校园德育工作的路径研究

（一）中华优秀传统文化融入校园物质文化建设

在构建校园文化的道路上，不仅要关注校园物质文化的建设，更要深入挖掘和培育校园精神文化的内涵。校园文化的建设是一个多层次、复杂且需全面考量的系统工程，其核心在于通过环境、设施、活动等多种方式，共同塑造一个富有人文精神、文化内涵和时代特色的校园环境。

[①] 刘洋. 中国优秀传统文化融入高校德育方法创新研究[D]. 郑州：华北水利水电大学，2017.

第九章　中华优秀传统文化与高校校园德育工作的结合

必须明确，仅依靠环境布置是无法真正激发校园文化的活力和作用的。诚然，美观整洁的校园环境、现代化的教学设施是校园文化建设的物质基础，但更重要的是如何将这些物质元素转化为能够影响学生思想、行为、情感的文化力量。因此，在校园物质文化建设的过程中，必须重视物质文化氛围的营造，将校园的人文精神和文化内涵融入其中。

除了环境布置外，还可以结合传统节日或重要节日，举办优秀传统文化活动比赛。这些活动不仅可以丰富学生的课余生活，还可以让学生在参与中深入了解传统文化的内涵和价值，进一步激发他们的历史使命感。例如，在春节期间举办书法比赛、灯谜会等传统文化活动，让学生感受到浓厚的节日氛围，同时也能够在比赛中展示自己的才华和技艺。

此外，还需要注重校园精神文化的建设。包括学校的办学理念、校风、教风、学风等多个方面。在办学理念上，应该强调"以人为本"，注重培养学生的全面发展和创新精神；在校风上，应该倡导"团结、奋进、求实、创新"的精神，让学生在良好的校园氛围中健康成长；在教风上，应该注重教师的师德师风建设，让教师成为学生的良师益友；在学风上，应该鼓励学生勤奋学习、独立思考、勇于创新。

（二）中华优秀传统文化融入校园精神文化建设

校园精神的建设是一项深远且持久的工程。这一过程不仅要求我们在时间的沉淀中逐渐积累精神文化的底蕴，更需要在实践中不断打磨、塑造，最终形成独具特色的校园文化。在这个过程中，学生的积极参与至关重要，他们不仅是学校文化建设的受益者，更是推动者，他们的热情与投入，将直接影响到文化价值的渗透和校园文化的建设。

为了建设积极向上的校园文化，必须深入挖掘并传承中华优秀传统文化。这些文化蕴含着中华民族的智慧与力量，是校园精神的重要源泉。需要在校园内广泛宣传这些优秀传统文化，将其与校园精神相融合，让学生在耳濡目染中感受到文化的魅力，从而进一步发挥校园文化的引导作用。同时，也应对传统优秀文化的起源保持敬畏之心。这些文化是我们的根，是我们的魂。应该结合学生所学的专业，通过课程思政的方式，在日常教学活动中贯穿优秀传统文化的渗透。例如，在历史课上，教师可以讲述一些经典的历史故事，让学生从中领略到古人的智慧与勇气；在语文课上，教师可以引导学生阅读经典文学作品，感受中华文化的博大精深。这样，学生不仅能够在课堂上学习到知识，更能够在实践中感受到文化的力量。

在校园文化建设的过程中，不能仅仅停留在理论建设的层面，还需要将理论与实践相结合。可以通过组织学生参加社会实践活动，让他们在实践中感受优秀传统文化的内涵。比如，可以组织学生参观历史博物馆、文化遗址等，让他们亲身感受历史的厚重与文化的魅力；也可以组织学生进行志愿服务、社区活动等，让他们在实践中践行中华优秀传统美德。这样，学生不仅能够在课堂上学习到知识，更能够在实践中体验到文化的力量，从而进一步明白优秀传统文化的内涵。此外，教师作为校园文化的建设者和传承者，更应该充分发挥自身的育人作用。他们不仅要在课堂上传授知识，更要在日常生活中以身作则，为学生树立榜样。他们应该用自己的言行举止来影响学生，让他们感受到文化的力量，从而增强对校园文化的认同感。

（三）中华优秀传统文化与校园制度文化建设

校园制度如同一座城市的法律，是学校日常运作的基石，旨在维护一个有序、和谐的学习环境。这些制度，通常以校纪校规的形式存在，旨在规范学生的行为，帮助他们形成良好的习惯，为他们的成长之路铺设坚实的基石。但我们不能忽视，制度的设立并非仅仅为了约束，更深层次的意图是通过制度的引导，激发学生的自我约束力，让他们自愿遵循规章制度，形成自我管理和自我教育的能力。

制度文化的建设初衷并非简单的管理工具，而是教育的一部分，旨在通过奖惩机制，鼓励学生积极向上，同时对不良行为进行纠正。这需要学校在制定和执行制度时，充分考虑到学生的需求和感受，体现出人文关怀，使制度成为学生的朋友，而非敌人。例如，学校可以通过设立奖学金、荣誉证书等方式，对遵守规则、表现优秀的学生进行表彰，激发他们的积极性和进取心。在实际操作中，制度文化的建设需要与校园文化知识、精神文明建设等多方面紧密结合。学校应注重培养学生的道德素养，让他们理解，遵守制度

第九章 中华优秀传统文化与高校校园德育工作的结合

不仅是对他人的尊重，也是自我价值的体现。同时，也需要建立有效的反馈机制，让学生的声音被听到，让制度在不断调整和完善中更加贴近学生，更具有生命力。

制度文化是传承中华优秀传统文化的重要载体。在建设过程中，学校应积极引导学生深入理解传统文化的内涵，通过学习和实践，使他们能够从中汲取智慧，形成正确的价值观和行为准则。例如，可以通过举办传统文化活动，如诗词朗诵、书法比赛等，让学生在参与中感受传统文化的魅力，同时，通过制度的执行，对符合传统文化精神的行为给予肯定，对偏离的行为进行纠正，使学生在实践中理解和接纳优秀传统文化。

（四）中华优秀传统文化元素融入校园实践活动

校园文化建设作为塑造学生全面发展的重要一环，其途径繁多且各有特色。其中，校园内丰富多彩的实践活动无疑是校园文化建设的璀璨明珠。这些实践活动不仅为学生提供了体验课余生活的机会，更为他们搭建了一个展示自己才华的广阔舞台。通过参与各种活动，学生不仅能够感受到校园文化的独特魅力，还能够在实践中提升自己的参与能力和学习能力。

校园活动作为中华优秀传统文化传播的重要载体，其意义深远。在这些丰富多彩的活动中，学生能够更加深入地了解中华优秀传统文化的内涵和精髓。通过亲身体验和实践，学生可以进一步感受到传统文化的魅力，从而增强对传统文化的认同感和自豪感。

为了推动中华优秀传统文化与校园活动的深度融合，需要从多个方面入手。

首先，在活动的策划和组织过程中，应该深入挖掘更多与中华优秀传统文化相关的主题，将传统文化元素融入活动的各个环节。例如，可以利用传统节日作为开展活动的契机，举办具有浓厚文化氛围的庆祝活动，让学生在参与中感受到传统文化的独特魅力。

其次，可以积极邀请校外的专家教授为学生开展中华优秀传统文化的讲座。这些讲座不仅可以为学生提供宝贵的知识资源，更能够拓宽他们的视野和知识面。通过聆听专家的讲解和分享，学生可以更加深入地了解传统文化的历史渊源、发展脉络和现实意义。此外，还可以开展知识竞赛或优秀传统文化比赛等活动，激发学生的参与热情和学习兴趣。这些比赛不仅可以让学生积极准备、丰富自己的文化知识，更能够培养他们的团队协作能力和竞争意识。同时，通过比赛的形式，学生还可以将所学到的知识应用到实践中去，真正做到学以致用。

最后，还可以利用各种文艺活动，让学生以优秀传统文化为主题，参与各种社会公益活动。这些活动不仅可以让学生将所学到的知识应用到实际的社会活动中去，更能够培养他们的社会责任感和公民意识。

通过参与这些活动，学生可以更加深入地了解社会、关注社会、服务社会，为传承和弘扬中华优秀传统文化贡献自己的力量。

（五）利用新媒体创新优秀传统文化教育方式

在日新月异的新时代浪潮中，新兴媒体如雨后春笋般不断涌现，它们以其独特的魅力和强大的影响力，逐渐在思想政治教育和德育教育中占据了举足轻重的地位。这一变化正是时代发展的必然结果，也体现了高校教育模式的创新与进步。传统的课堂教学模式虽然经典且有效，但在信息爆炸的今天，已经不能完全满足当代大学生的知识渴求和文化需求。网络作为一种创新的教育方式，其优势在于能够打破时空的限制，使学习变得更加灵活和高效。更重要的是，它更符合当代大学生的生活习惯和思维方式，能够更有效地传播知识和文化，促进受教育者综合素质的全面提升。

在高校中，学生来自五湖四海、各个民族，他们带着各自的文化背景和成长经历，共同构成了丰富多彩的校园文化。构建中华民族共同体意识，成了促进民族团结的必由之路。通过新兴媒体的传播，可以更好地满足学生对中华优秀传统文化的学习需求，使他们在专业学习、社会实践之余，也能对民族文化有更深入的了解和认识。

具体来说，可以通过以下三种途径来发挥新兴媒体在传承中华优秀传统文化中的作用。

首先，利用学校官微、微博、校报等媒介，结合时事热点，制作富有趣味性的视频、电影等，将中华优秀传统文化的精髓融入其中，让学生在轻松

第九章　中华优秀传统文化与高校校园德育工作的结合

愉快的氛围中接受文化的熏陶。

其次，由于大学生的思想觉悟存在差异，可以根据不同层次、不同类别的大学生，推荐适合的文化文献，如《黄帝内经》《论语心得》《老子的智慧》等，这些文献蕴含着深厚的文化底蕴，能够帮助学生更好地理解和传承传统文化。

最后，利用抖音、优酷、辅导员自媒体等大学生喜爱的平台，组织观看具有红色文化基因的电影或电视剧，如《建党伟业》《建国大业》《建军大业》《开国大典》和《半条被子》等，让学生在欣赏影视作品的同时感受到红色文化的魅力和力量。

（六）创新传统文化融入校园德育工作模式

在波澜壮阔的历史长河中，社会的发展变迁往往通过其独特的文化形式得以体现。对于拥有5000年文明史的中华民族来说，经过时间的洗礼和岁月的沉淀，我们积累了丰富多彩、博大精深的文化遗产和历史精华。这些宝贵的财富在传承与发展的过程中，逐渐形成了独具中国特色的社会主义文化，成为中华民族共同的精神家园和宝贵财富。

中华文化宛如一条奔腾不息的河流，承载着民族的记忆和梦想，滋养着一代又一代的华夏儿女。但一旦我们忽视了文化的时代性，或者对文化的价值产生怀疑和否定，就可能导致文化的停滞不前，甚至陷入故步自封的境地。因此，必须充分认识到中华文化的时代价值，并积极推动其在新时代的传承与发展。

对于青少年学生而言，他们是国家的未来和希望，也是传承和发展中华文化的重要力量。因此，应该让中华文化突破时空的壁垒，由浅入深地对学生群体产生影响。通过课堂教学、课外实践等多种方式，让学生深入了解中华文化的历史渊源、精神内涵和时代价值，激发他们的文化自信心和自豪感。同时，还应该结合当今社会形势和发展要求，将道德价值取向与中华文化相结合，培养学生成为有道德、有文化、有理想、有作为的优秀人才。在推动中华文化传承与发展的过程中，还需要积极吸收其他民族的优秀文化。文化的多样性是人类文明进步的重要标志，也是推动世界文化交流互鉴的重要动力。应该以开放包容的心态,学习借鉴其他民族的文化成果,将其与中华文化相互融合、相互借鉴,共同推动人类文明的繁荣发展。

当然,在吸收其他民族文化的过程中,也应该保持中华文化的独特性和独立性。中华文化是中华民族的根和魂,是区别于其他民族的重要标志。应该在继承传统的基础上,进行批判性思考和创新性发展,推动中华文化在新时代的传承与创新。同时,还需要警惕文化虚无主义和历史虚无主义的侵蚀,坚决维护中华文化的尊严和地位。

第十章 中华优秀传统文化与高校德育教育融合的技术创新

在当今信息化、数字化的时代,中华优秀传统文化的传承与高校德育教育的融合正面临着前所未有的机遇与挑战。技术创新为中华优秀传统文化的传承与高校德育教育的融合提供了广阔的空间和丰富的可能性。应该充分利用这些技术手段,推动二者的深度融合和创新发展,为培养具有高尚品德和丰富文化素养的人才作出更大的贡献。

第一节　中华优秀传统文化的数字化传承

中华优秀传统文化作为中华民族数千年的智慧结晶，不仅是中国历史和文化的重要部分，更是世界文化宝库中的瑰宝。在科技日新月异的今天，数字文化作为文化信息化转化的重要途径之一，其影响力和覆盖面正逐步扩大。数字文化的兴起，为传统文化的传承与发展注入了新的活力，使二者之间的联系越发紧密。数字文化以其虚拟、互动、立体等特点，打破了传统媒介的界限，为文化的传播与交流提供了更为广阔的平台。在数字化时代，人们可以轻松地通过互联网、虚拟现实、增强现实等技术手段，感受到传统文化的魅力。传统文化则依赖于口传、绘画、戏曲等传统媒介，历经千年仍能保持其独特的韵味。数字文化与传统文化的融合创新，是推动中华优秀传统文化发展的关键所在。这种融合并不是简单的叠加，而是需要深入挖掘传统文化的精髓，将其与现代数字技术相结合，创造出具有时代特色、文化内涵的新作品、新产品。

一、数字化技术赋能高校德育的发展契机

在当前信息化社会的背景下，如何客观公正地评估学校德育效果，成为教育领域亟待解决的重要问题。这不仅关系德育教学活动的完善，更是推动学校德育工作质量提升的关键所在。随着物联网、大数据、5G技术等新一代信息技术的快速发展，数字化技术手段的多样化应用，为学校德育评价带来了前所未有的变革，使其呈现出差异化、立体化和动态化的趋势，逐步打破了原有的时空限制，开启了向"超时空"评价的跨越。

第十章　中华优秀传统文化与高校德育教育融合的技术创新

我们应当清醒地认识到，数字化技术赋能学校德育并不是简单的技术叠加，而是一种深度的融合与创新。它不是将数字技术简单地嫁接在德育活动上，而是通过现代化信息技术，从广度、深度和逻辑层面赋予德育评价新的生命力，推动其全面迭代升级。这需要我们深入挖掘信息技术的潜力，将其与德育的内在需求紧密结合，以实现更高效、更精准的评价效果。

在具体实践中，数字化技术的运用能够使德育评价更加立体化。传统的评价方式，如学生评价、教师自评和专家评审，往往受限于时间和空间，难以实现对德育过程的实时动态追踪。数字化技术通过大数据分析可以构建全面、客观、精准的德育评价体系。它能够实时收集和处理来自多渠道、多维度的数据，形成对学生道德素养的立体画像，从而更准确地评估德育的效果。此外，数字化技术的高速数据传输和信息处理能力，有助于构建动态、灵活的德育评价机制。借助这些技术，可以快速识别德育过程中的薄弱环节，及时调整教学策略，以适应不断变化的教育环境。同时，通过对大量德育数据的深度分析，可以为教学方法的优化提供有力支持，从而推动德育教学活动向高质量、高效率的方向发展。

二、数字化背景下中华优秀传统文化与高校德育教育融合的策略

在数字化时代背景下，中华优秀传统文化的传承与高校德育教育的融合显得尤为重要。随着信息技术的飞速发展，有更多元化的方式和手段来推广和深化这一融合过程。

（一）利用数字化平台，打造传统文化与德育教育融合的新阵地

高校可以利用校园网、微信公众号、APP等数字化平台，开设传统文化与德育教育专栏，定期发布相关内容，如传统文化故事、名人轶事、德育案例分析等，以图文并茂、音视频结合的形式吸引学生的关注。同时，可以邀请专家学者进行在线讲座或直播互动，与学生共同探讨传统文化与德育教育

的价值内涵和实践路径。

（二）创新教学方式，将传统文化融入德育课程

高校可以在德育课程中增加传统文化元素，通过案例教学、情景模拟、角色扮演等方式，引导学生深入理解和体验传统文化的精髓。同时，可以开展跨学科融合教学，将传统文化与文学、艺术、历史等学科相结合，拓宽学生的知识视野和思维深度。

（三）加强师资培训，提升教师传统文化素养和德育能力

高校应该加大对教师的培训力度，提高教师的传统文化素养和德育能力。可以邀请专家学者进行专题讲座和研讨会，分享传统文化与德育教育的最新研究成果和实践经验。同时，可以组织教师赴传统文化发源地或博物馆等地进行实地考察和交流学习，增强教师的文化自觉和文化自信。

（四）开展丰富多彩的实践活动，促进传统文化与德育教育的深度融合

高校可以组织学生开展各类实践活动，如传统文化知识竞赛、文艺汇演、志愿服务等，让学生在亲身参与中感受传统文化的魅力和德育教育的价值。同时，可以建立学生社团或兴趣小组，鼓励学生自主开展传统文化和德育教育的相关研究和实践活动，培养学生的创新精神和实践能力。

（五）建立长效机制，确保传统文化与德育教育的持续发展

高校应该建立长效机制，确保传统文化与德育教育的持续发展。可以制定相关政策和制度，明确传统文化与德育教育的目标和任务，加强考核和评估工作。同时，可以加强与政府、企业、社会等各方面的合作与交流，共同推动传统文化与德育教育的融合发展。

第十章　中华优秀传统文化与高校德育教育融合的技术创新

第二节　在线课程与远程教育的德育教育功能

一、在线德育：特定时期的德育形态

（一）在线德育的内涵

在线德育是一种在新冠肺炎疫情全球肆虐的特殊时期，教育领域创新的产物，它在教育的线上化、数字化进程中应运而生。这种新型的德育形态是在传统学校教育无法正常开展的困境中，教育者们主动适应、积极应对的智慧结晶，是教育者在面对公共卫生危机时的主动选择，而非单纯的被动接受。因此，理解在线德育的本质，关键在于认识到它是教育应对突发情况的应急机制，是辅助常规学校德育的重要补充。

在线德育的出现打破了传统德育的时空限制，借助互联网技术，如网络平台、教育APP等在线载体，将道德教育的触角延伸到每一个学生的居家环境。它以灵活多样的形式，如在线讨论、互动教学、虚拟实践等，引导学生进行深入的道德学习和反思，使道德教育在特殊时期也能持续、有效地进行。作为一种新的德育形态，在线德育展现出鲜明的特性。

（二）中华优秀传统文化与高校在线德育教育融合的策略

中华优秀传统文化与高校在线德育教育的融合除了已有的理论探讨和实践尝试外，还需要进一步深化和细化这一融合的过程，以确保其效果的最大化。

1.构建一个全面且系统的在线德育教育平台

这个平台不仅要涵盖传统文化知识，如儒家、道家、法家等思想流派的核心观点，还要结合当代社会的实际情况，分析这些传统文化在现代社会的应用价值。同时，平台应该具备互动性，使学生能够参与讨论，通过交流深化对传统文化的理解。

2.设置专门的传统文化与德育教育融合模块

这些模块可以邀请传统文化专家、道德模范等作为讲师，分享他们的经验和见解。同时，可以利用虚拟现实（VR）和增强现实（AR）等先进技术，为学生创造沉浸式的学习体验，使他们能够更直观地感受到传统文化的魅力。

3.加强高校与社区、企业等机构的合作

这些机构可以为学生提供丰富的实践机会，让他们在实践中体验传统文化的力量，同时也能够在实践中提升自己的道德素质。此外，还可以通过举办传统文化与德育教育相关的比赛、展览等活动，进一步推动这一融合过程的发展。

4.注重对学生学习效果的评估

包括对学生在线课程的学习情况、参与讨论的情况、实践活动的情况等进行全面的评估。通过评估，可以了解学生的学习效果，发现存在的问题，并及时进行改进。

二、远程教育：高校德育管理创新

（一）高校远程教育学生德育管理

1.坚持长善救失的德育教育方法

《礼记·学记》中阐述的教诲原则："教者，乃长善以补其失者也。"此原则，即"长善救失"，是我国古代教育智慧中对于处理学生优缺点的恰当

第十章　中华优秀传统文化与高校德育教育融合的技术创新

方针。它倡导因材施教，强调积极引导，鼓励学生发挥所长，弥补所短。在远程高等教育的德育实践中，这一原则要求我们充分考虑成人学习者的职业特性，及时认可其优点，同时指出并纠正其不足，以助其战胜学习挑战，提升学习热情，增强对远程教育模式的认同感。实施"长善救失"教育策略，需关注两点：其一，每一项德育工作都应以培育良好习惯为目标，注重实际效果，推动学生的持续进步；其二，学校应建立相应的政策机制，对表现出色的学生和道德模范给予及时的表彰和激励。

2.以合力教育培养高素质人才

远程高等教育的学生群体主要由在职人士构成，他们在学习的同时需面对工作、家庭、社会等多维度的挑战。为此，"协同教育原则"应运而生，该原则旨在确保与远程高等教育相关的所有参与者，包括学校、工作单位、家庭及社会，在理念、政策、期望和策略上达成共识，以产生协同效应，指导学生在职业、学习、生活等各个层面的行为，促进他们形成优良的习惯和高尚的品格，以培养出符合社会需求的高素质人才。

（二）中华优秀传统文化与高校远程德育教育融合的策略

中华优秀传统文化与高校远程德育教育的融合不仅是一个简单的理念结合，更是对现代教育模式的一种深度探索和创新。在实际操作层面，可以从以下几个方面入手，实现两者的有效融合。

1.课程内容的深度融合

在远程德育教育的课程设置中，应充分考虑中华优秀传统文化的元素，将其融入课程内容中。例如，在德育课程中增加对《论语》《道德经》等经典著作的解读，让学生在学习德育知识的同时，深入了解传统文化的精髓。同时，也可以开设专门的传统文化课程，让学生在系统的学习中感受传统文化的魅力。

2.教学方式的创新

远程德育教育利用现代科技手段进行教学，这为传统文化的传播提供了新的途径。可以利用视频、音频、动画等多种形式，将传统文化的内容生动形象地呈现给学生。

3.实践活动的结合

除了课堂教学，实践活动也是德育教育的重要组成部分。高校可以组织学生开展各种与传统文化相关的实践活动，如诗词朗诵、书法比赛、传统节日庆祝等。这些活动不仅可以让学生深入了解传统文化，还可以培养他们的审美情趣和人文素养。

4.师资力量的培养

教师是德育教育的重要实施者，他们的素质和能力直接关系德育教育的效果。因此，高校应加强对教师的培训，提高他们的传统文化素养和远程教育技能。同时，也可以邀请传统文化领域的专家学者来校举办讲座或授课，为学生提供更优质的教学资源。

5.评价体系的完善

评价体系的完善是确保德育教育质量的关键。在融合中华优秀传统文化的过程中，高校应建立科学的评价体系，对学生的德育素养和传统文化素养进行全面评估。同时，也可以将传统文化的学习成果纳入学生的综合评价体系之中，以激励学生更加积极地学习传统文化。

通过以上几个方面的努力，可以实现中华优秀传统文化与高校远程德育教育的有效融合。这不仅有助于提升德育教育的质量和水平，也有助于传承和弘扬中华优秀传统文化。

第三节 人工智能与大数据在德育教育中的运用

一、人工智能赋能高校德育教育

教育始终占据我国政府关注的首要位置，尤其在新时代的背景下，我们积极推动新技术的引入，以期通过人工智能强化德育教育。这不仅是国家倡导的主要策略，也是各地区持续进步和发展的基础。

（一）人工智能赋能高校德育课及"智能德育"研究

在21世纪的科技浪潮中，人工智能（AI）已经从科幻概念转变为现实生活的组成部分，它无处不在地影响着我们的工作、生活和学习。在教育领域，这一趋势尤为明显。随着互联网和物联网的广泛应用，人工智能德育教育也开始崭露头角，成为教育创新的重要方向。据中国教育科学研究院的最新研究报告显示，北京、上海、广州等一线城市在探索人工智能与德育教育的深度融合上走在了前列。

这些城市利用人工智能的个性化、智能化特点，创新德育教育模式，将科技元素巧妙地融入教学过程中。通过AI技术，教育机构可以精准分析学生的学习习惯、兴趣和道德行为，从而提供定制化的教学方案，提高教学效率和质量。这种教学方式不仅能够满足学生多元化、个性化的学习需求，还能够培养他们的创新思维和道德素养，为社会培养出更多具备良好道德品质的新时代人才。

但我们也应看到，我国在人工智能德育教育的发展上存在明显的地域差异。一线城市和部分发达地区的人工智能教育设施和资源丰富，而偏远和乡村地区则相对匮乏。据教育部2019年的统计数据，约有30%的农村学校尚未配备人工智能教育设备，这加大了城乡教育的差距，影响了全国范围内人工智能德育教育的均衡发展。

面对这一挑战，国家和各级政府已经开始采取措施，加大在人工智能教育领域的投入，推动教育资源的公平分配。例如，实施"人工智能+教育"行动计划，通过政策引导、资金支持等方式，鼓励和支持中西部和农村地区引进和应用人工智能教育技术。同时，通过远程教育、在线学习平台等手段，打破地域限制，让优质教育资源惠及更多地区和学生。

（二）人工智能背景下中华优秀传统文化与高校德育教育融合的策略

在人工智能的浪潮下，中华优秀传统文化与高校德育教育的融合显得尤为重要。这种融合不仅有助于传承和弘扬中华文化的精髓，还能为高校德育教育注入新的活力和深度。

1.构建智能化德育教育平台

利用人工智能技术，可以构建一个集学习、交流、实践于一体的智能化德育教育平台。在这个平台上，学生可以通过虚拟现实、增强现实等技术，亲身体验中华优秀传统文化的魅力，如参观古代书院、参与传统礼仪等。同时，平台还可以提供丰富的德育教育资源，如经典诵读、道德故事、案例分析等，帮助学生深入了解并内化中华优秀传统文化的精神内核。

2.创新德育教育方式方法

人工智能技术的应用也为德育教育的方式方法带来了创新的可能。例如，可以利用大数据和人工智能技术，对学生的道德品质进行个性化评估，为每个学生提供量身定制的德育教育方案。此外，还可以利用智能机器人等技术，为学生提供更加生动、有趣的德育教育体验，如通过角色扮演、模拟情境等方式，让学生在互动中学习和成长。

3.加强德育教育师资力量培养

为了更好地融合中华优秀传统文化与高校德育教育，还需要加强德育教育师资力量的培养。可以通过开设相关课程、组织培训等方式，提高教师的文化素养和德育教育能力。同时，也可以利用人工智能技术，为教师提供更加便捷、高效的德育教育工具和资源，如智能教学助手、在线教学资源库等。

4.推动校园文化建设与德育教育相结合

校园文化建设是德育教育的重要载体之一。在人工智能背景下，可以将校园文化建设与德育教育相结合，通过举办各种文化活动、展览、讲座等方式，营造浓厚的文化氛围，激发学生对中华优秀传统文化的兴趣和热爱。同时，也可以通过校园文化的传播和影响，提升学生的道德品质和文化素养。

二、大数据赋能高校德育教育

在大数据的浪潮中，中华优秀传统文化与高校德育教育的融合越发显得重要且紧迫。为了更有效地实现这一融合，不仅需要深入理解两者的核心价值，还需借助大数据的力量，探索更多创新的策略。

（一）利用大数据技术进行学生德育需求的精准分析

通过收集和分析学生的学习、生活、社交等多方面的数据，可以更准确地把握学生的德育需求和兴趣点。基于这些数据，可以设计更具针对性的德育课程和活动，提高德育教育的针对性和实效性。

（二）构建中华优秀传统文化数据库

可以将经典的传统文化作品、历史文献、名人传记等进行数字化处理，形成一个庞大的数据库。通过这个数据库，学生可以随时随地访问和学习，深入了解中华优秀传统文化的精髓。同时，教师也可以利用这个数据库进行课程设计和教学准备，使德育教育更加生动和有趣。

（三）利用大数据技术进行德育教育效果的评估与反馈

通过收集和分析学生的学习成果、行为表现等数据，可以对德育教育的效果进行客观评估。同时，还可以利用这些数据为学生提供个性化的反馈和建议，帮助他们更好地认识自己、提升自我。

（四）通过大数据平台进行跨学科的交流和合作

中华优秀传统文化不仅涵盖了文学、历史、哲学等多个学科领域，还与现代科技、社会热点等密切相关。因此，可以利用大数据平台邀请不同学科领域的专家学者进行交流和合作，共同推动中华优秀传统文化与高校德育教育的融合与发展。

（五）注重培养学生的数据素养和批判性思维

在大数据时代，信息爆炸和虚假信息泛滥成为人们面临的严峻挑战。因此，需要培养学生的数据素养和批判性思维，使他们能够正确地获取、分析和利用信息，避免被虚假信息所误导。

综上所述，大数据背景下中华优秀传统文化与高校德育教育的融合需要从多个方面入手，利用大数据技术的力量推动德育教育的创新和发展。只有这样，才能更好地传承和弘扬中华优秀传统文化，培养出更多具有高尚品德和创新能力的人才。

第四节 教育游戏与模拟仿真在德育教育中的创新

一、教育游戏：德育与游戏的有机融合

教育游戏在推动中华优秀传统文化与高校德育教育融合的过程中，展现出了其独特的魅力和价值。为了进一步深入这一融合过程，可以采取以下几种策略。

（一）设计沉浸式教育游戏

设计以中华优秀传统文化和高校德育教育为主题的沉浸式教育游戏，让玩家在游戏中身临其境地感受传统文化的魅力，同时学习德育知识。这类游戏可以通过虚拟现实（VR）或增强现实（AR）技术，为玩家创造出一个真实而又富有教育意义的游戏环境。玩家在游戏中需要完成一系列与传统文化和德育相关的任务，通过互动和体验，深化对传统文化的理解和德育知识的认知。

（二）融入互动元素

在教育游戏中融入丰富的互动元素，如角色扮演、团队合作、竞技挑战等，可以激发玩家的参与热情，提高游戏的教育效果。通过角色扮演，玩家可以深入了解历史人物和事件，感受传统文化的深厚底蕴；通过团队合作，玩家可以学会沟通、协作和领导能力，培养团队精神；通过竞技挑战，玩家可以锻炼自己的意志力和竞争意识，激发个人潜能。

（三）结合现实生活场景

将教育游戏与现实生活场景相结合，让玩家在游戏中体验现实生活中的道德问题和传统文化价值。例如，设计一款以校园生活为背景的教育游戏，让玩家在游戏中扮演学生或教师，面对各种道德问题和传统文化挑战，通过思考和决策，提升自己的道德素质和传统文化素养。这种结合现实生活场景的游戏设计，可以让玩家在游戏中感受到传统文化的实用性和德育教育的现实意义。

（四）跨学科融合

在教育游戏的设计中，可以尝试跨学科融合的策略，将传统文化、德育教育与其他学科如历史、文学、艺术等相结合。通过跨学科的游戏设计，可以让玩家在游戏中全面了解传统文化的内涵和外延，同时培养跨学科思维能力和综合素质。这种融合策略有助于打破学科壁垒，促进知识的整合和创新。

（五）持续更新与优化

为了保持教育游戏的吸引力和教育效果，需要不断对游戏进行更新与优化。包括添加新的游戏内容、改进游戏机制、优化用户体验等方面。同时，还可以根据玩家的反馈和数据分析，对游戏进行针对性的改进和优化，以满足不同玩家的需求和期望。通过持续更新与优化，可以让教育游戏始终保持活力和新鲜感，为传统文化的传承和德育教育的推广提供有力支持。

二、模拟仿真技术应用于高校德育教育

高校德育课程借助信息化教学手段，通过模拟教学环境，来贴近实际企业运营的实际情况。该教学模式融合了理论讲解与实例分析，小组研讨与角色扮

第十章 中华优秀传统文化与高校德育教育融合的技术创新

演,以及经验分享与创业实践,从而全方位地再现真实企业的创业管理过程。

(一)模拟环境教学实现的仿真教学系统

1.模拟环境教学系统

模拟环境教学是一种创新的教学模式,旨在为学生提供一个实践性的学习平台,让他们能够深入理解电子玩具产品行业的公司运营。在这个精心设计的课程中,学生将被分成20个小组,每组2—3人,共同模拟运营一家企业,进行一场长达17周的虚拟市场竞争。教学过程分为四个小时的单元,总计17周,时间跨度足以让学生充分体验企业生命周期的各个阶段。课程开始于一个仿真的商业环境,学生需要管理公司的研发、生产、批发和零售等关键环节。为了增加挑战性,设定的背景是已有20家企业在这个行业中激烈竞争,模拟了现实市场中的高度竞争状态。每个团队在开始时将获得60万元的启动资金,这需要他们根据创业计划书进行明智的决策,分配资源并确定公司的战略方向。在模拟的四个季度中,学生不仅要计算和控制成本,保证公司的正常运营,还要应对市场变化,制定适应的策略。此外,为了提高学生的参与度和竞争感,整个模拟过程将以比赛的形式进行。每个季度结束后,将根据各公司的财务状况、市场份额、创新能力等多个维度进行评分。最终,综合分数最高的团队将被宣布为胜者,这种竞争机制旨在激发学生的创新思维和团队协作能力。

通过这样的模拟环境教学,学生不仅能够学习到理论知识,还能在实践中锻炼决策能力、问题解决能力和团队合作技巧。这种教学方式将理论与实践相结合,为学生未来可能面临的实际工作挑战做好准备,同时也使学习过程更加生动有趣。

2.模拟环境教学的优势

在当今快速发展的商业社会中,理解和运用财务知识是评估企业健康状况的关键。在虚拟仿真环境的教学中,利用软件的辅助功能,让学生在模拟的经营环境中,深入理解企业运营的复杂性。例如,通过生成现金流量表、资产负债表和资产存货率等关键财务指标,学生可以学习如何分析盈亏模式,从而评估公司的经营状况。当发现经营状况不佳,如在模拟的第二、三季度出现资金紧张的情况时,学生需要学习如何调整投资决策,如减少原材料购买、优化广告投入或调整生产线设备,以适应市场变化,培养其战略决策的能力。

此外,虚拟环境教学也强调团队合作和企业文化的建设。一个成功的企业需各部门明确职责并协同工作。例如,总经理负责整体运营和决策,市场总监关注销售总量,财务总监则关注财务状况,他们需要频繁沟通,共同解决问题。这种模拟课堂的设置,使学生能够亲身体验到团队合作和人力资源管理在企业运营中的重要性,每次课堂的模拟比赛成绩也能验证团队合作策略的有效性。

更重要的是,虚拟环境教学强调实践性,而非单纯的理论学习。动态变化的市场环境要求学生灵活应对,没有固定的成功公式。他们需要根据市场分析和竞争对手的策略,不断调整自己的经营策略。例如,当大多数竞争对手都在争夺实惠型产品订单时,学生可以发现市场缺口,转而专注于经济型产品的生产;当其他小组在没有充分市场研究的情况下盲目设计产品时,他们可以通过生产高品质产品,以质量赢得市场和口碑,这充分体现了实践在商业决策中的核心地位。

(二)虚拟仿真技术应用于中华优秀传统文化与高校德育教育融合的策略

虚拟仿真技术在推动中华优秀传统文化与高校德育教育融合方面,展现出了巨大的潜力和价值。为了进一步发挥这一技术的优势,可以采取以下策略来深化两者的融合。

1.构建虚拟仿真德育教育平台

为了使学生能够身临其境地感受中华优秀传统文化的魅力,高校可以构建虚拟仿真德育教育平台。这个平台可以模拟古代书院、寺庙、宫殿等场景,让学生在虚拟环境中进行互动学习。例如,学生可以在虚拟书院中聆听古代学者的讲座,参与讨论;在虚拟寺庙中体验禅修,感受内心的平静与宁

第十章　中华优秀传统文化与高校德育教育融合的技术创新

和；在虚拟宫殿中了解历史事件，感受国家的兴衰与变迁。

2.开发互动性强的虚拟仿真课程

为了提高学生的参与度和兴趣，高校可以开发互动性强的虚拟仿真课程。这些课程可以包括角色扮演、游戏化学习等多种形式。例如，学生可以扮演古代文人墨客，体验他们的生活方式和创作过程；或者参与虚拟历史战争，了解历史事件背后的原因和影响。通过这些互动性强的课程，学生可以更加深入地了解中华优秀传统文化的内涵和价值。

3.利用大数据技术进行学习效果评估

虚拟仿真技术可以收集学生在学习过程中的大量数据，高校可以利用这些数据进行学习效果评估。通过分析学生的学习行为、互动记录等数据，教师可以了解学生的学习进度、难点和兴趣点等信息，从而进行针对性的教学指导和帮助。同时，这些数据也可以为高校改进和优化德育教育方案提供有力的支持。

4.加强国际交流与合作

中华优秀传统文化是中华民族的瑰宝，也是全人类共同的文化遗产。高校可以利用虚拟仿真技术加强国际交流与合作，推动中华优秀传统文化的国际传播和交流。例如，高校可以与国际知名高校合作开发虚拟仿真德育教育项目，共同探索德育教育的新模式和方法；或者组织国际学生来华参加虚拟仿真德育教育体验活动，让他们亲身感受中华优秀传统文化的魅力。

5.注重实践应用与社会服务

虚拟仿真技术不仅可以在校园内发挥作用，还可以为社会服务提供支持。高校可以利用虚拟仿真技术开展社会服务项目，将中华优秀传统文化与德育教育融入社区服务、文化传承等领域中。例如，高校可以组织志愿者利用虚拟仿真技术为社区居民提供文化教育服务；或者与地方政府合作开展文化旅游项目，利用虚拟仿真技术展示当地的历史文化和自然景观。这些实践应用不仅可以增强学生对中华优秀传统文化的认同感和自豪感，还可以为社会作出贡献。

第五节 虚拟现实与增强现实技术在德育教育中的应用

一、虚拟现实技术引入高校德育教育

虚拟现实技术（Virtual Reality，VR）是一种综合性的技术，集立体显示、场景建模和自然交互等技术于一体，它能模拟真实世界的感官体验，包括视觉、听觉和触觉，为学生提供更为真实的教学环境，增强视觉感受，并实现沉浸式的交互视景仿真。该技术的特点包括多感知性、沉浸感、交互性、自主性和想象性。[1]

（一）构建一个全面的虚拟现实教学资源库

这个资源库不仅包含传统的经典文献、历史场景、名人故事等，还应涵盖各种现代德育教育内容，如道德伦理、社会责任、公民意识等。通过虚拟现实技术，可以将这些内容以更加生动、直观的方式呈现给学生，让他们仿佛置身于历史的长河中，亲身感受中华文化的博大精深。

---

[1] 罗恒，冯秦娜，李格格等.虚拟现实技术应用于基础教育的研究综述（2000—2019年）[J].电化教育研究，2021，42（05）：77-85.

（二）加强虚拟现实技术在高校德育教育课程中的应用

包括开发专门的虚拟现实课程，利用虚拟现实技术进行课堂教学和模拟实践。例如，在讲述中国古代历史时，可以通过虚拟现实技术让学生"穿越"到古代，与历史人物互动，体验当时的生活方式和价值观念。这样的教学方式不仅能够激发学生的学习兴趣，还能够加深他们对中华文化的理解和认同。

（三）积极探索虚拟现实技术在校园文化和社团活动中的应用

通过虚拟现实技术，可以创建各种虚拟场景和活动，让学生在其中进行角色扮演、模拟实践等活动，培养他们的团队协作、创新思维和解决问题的能力。这些活动不仅能够丰富校园文化生活，还能够提高学生的综合素质和德育水平。

（四）加强虚拟现实技术在高校德育教育中的评估和反馈机制

通过收集和分析学生在虚拟现实环境中的学习数据和行为表现，可以了解他们的学习情况和心理变化，为他们提供更加精准、个性化的教育服务。同时，还可以根据评估结果及时调整教学策略和方法，确保教育质量和效果的最大化。

二、增强现实技术引入高校德育教育

增强现实（Augmented Reality，AR）是一种革命性的技术，它将虚拟信息无缝融合到真实世界中，为用户提供沉浸式的交互体验。这项技术实时计算摄影机的位置和角度，并在真实场景中叠加相应的图像，使用户能够感知到原本不存在的信息。AR技术不仅丰富了我们的感知体验，还在教育、导航、娱乐等多个领域展现出巨大的潜力。

（一）增强现实技术应用于高校德育教育

在教育领域，AR技术的运用更是为传统的教学模式注入了新的活力。特别是在高校德育课上，AR技术的应用具有极大的潜力和价值。下面通过设计AR教学课件、开展AR模拟实验、利用AR技术构建虚拟社区以及整合AR资源与现有课程等策略，可以将AR技术与德育课紧密结合，为学生提供更加丰富、生动的学习体验。同时，也需要正视面临的挑战，不断探索和创新，推动AR技术在教育领域的应用和发展。

1.设计AR教学课件

随着科技的进步和教育理念的更新，传统的教学方式已经无法满足现代学生的学习需求。特别是在德育课中，如何激发学生的学习兴趣，提高教学效果，成为每位教师都面临的挑战。在这个背景下，利用AR技术设计具有互动性和趣味性的教学课件，成为一种创新的教学尝试。

AR技术通过将虚拟信息与真实世界相结合，为学生创造了一个全新的学习环境。在德育课中，教师可以根据课程内容，设计具有互动性和趣味性的AR教学课件。AR技术可以用于模拟现实生活中的场景，让学生在互动中加深对理论知识的理解。例如，在讲解政治理论时，教师可以设计一些AR互动游戏，让学生在游戏中理解和掌握政治理论的核心内容。这样的教学方式不仅能让学生在轻松愉快的氛围中学习，还能提高他们的自主学习能力和实践能力。此外，AR教学课件的设计还需要注重细节和视觉效果。通过使用丰富的色彩、生动的动画和逼真的音效，教师可以打造出更具吸引力和感染力的教学环境。同时，教师还需要根据学生的年龄特点和认知水平，设计符合他们学习需求的教学课件，确保教学效果的最大化。

2.开展AR模拟实验

AR技术为德育课的实践教学提供了全新的可能性。通过利用这种技术开展模拟实验，教师可以让学生在虚拟的环境中进行实践操作，从而加深对政治理论的理解。这种教学方式不仅可以提高学生的学习效果，还可以培养他们的实践能力和解决问题的能力。

在德育课中，教师可以利用AR技术开展模拟实验，让学生在虚拟的环

第十章 中华优秀传统文化与高校德育教育融合的技术创新

境中进行实践操作。例如，教师可以设计一个模拟投票的场景，让学生在其中扮演不同的角色，体验投票的过程，了解投票制度的基本规则和原则。通过这样的模拟实验，学生可以更加深入地理解民主政治的基本精神和运行机制。此外，AR技术还可以应用于模拟决策的过程中。教师可以设计一个虚拟的决策场景，让学生在其中扮演决策者的角色，面对各种复杂的决策问题。学生需要运用所学的政治理论，分析问题的本质和影响因素，制定合适的决策方案。这样的模拟实验不仅可以帮助学生加深对政治理论的理解，还可以锻炼他们的决策能力和解决问题的能力。

AR技术在德育课中的应用，不仅可以提供更加丰富、生动的学习体验，还可以有效地提高学生的学习效果。研究表明，通过模拟实验的方式进行学习，可以更好地激发学生的学习兴趣和积极性，提高他们的学习投入度和参与度。同时，这种学习方式还可以帮助学生更好地理解和应用所学的政治理论，提高他们的政治素养和综合素质。

3.利用AR技术构建虚拟社区

德育课通常涉及较为抽象和深奥的理论知识，这对于许多学生来说可能会感到枯燥乏味。通过利用AR技术，教师可以构建一个虚拟的社区环境，让学生在其中进行互动学习。这个虚拟社区可以模拟真实的社会环境，让学生仿佛置身于其中，更加直观地理解和感受思想政治理论知识的实际应用。

在虚拟社区中，学生可以自由参与讨论、交流思想。这样的学习方式不仅打破了传统课堂的束缚，让学生能够在更加自由的环境中表达自己的观点，还能促进他们之间的合作与互动。通过与其他同学的交流，学生可以更加深入地理解思想政治理论知识的内涵和外延，同时也能够提高自己的思维能力和表达能力。此外，AR技术还能够为德育课带来更加生动形象的教学内容。教师可以利用AR技术将抽象的理论知识具象化，通过图像、声音等多种方式呈现给学生，让他们更加直观地理解和掌握。这样的教学方式不仅能够激发学生的学习兴趣，还能提高他们的学习效果。

4.整合AR资源与现有课程

AR技术能够通过创建逼真的虚拟环境，将抽象的理论知识具象化，从而提高学生的学习兴趣和参与度。因此，德育课教师应该积极探索如何将

AR技术与课程内容紧密结合，以提升教学效果。

在整合AR资源与现有课程时，教师需要首先明确课程目标和教学内容，确保AR技术的应用能够服务于教学目标的实现。以马克思主义基本原理课程为例，教师可以通过AR技术展示马克思主义的发展历程和思想体系，让学生在沉浸式的虚拟环境中感受马克思主义理论的魅力。例如，教师可以利用AR技术模拟马克思生活的时代背景，让学生在虚拟的历史场景中感受马克思主义理论产生的历史必然性。此外，教师还可以利用AR技术设计互动环节，增强学生的学习体验。例如，在介绍马克思主义政治经济学时，教师可以利用AR技术构建一个虚拟的市场环境，让学生在模拟的市场交易中理解价值规律、剩余价值等核心概念。这样的教学方式不仅能够激发学生的学习兴趣，还能够帮助学生更好地理解和记忆理论知识。

除了提升学生的学习效果，AR技术还能够为德育课教师提供丰富的教学资源和手段。教师可以利用AR技术创建虚拟的博物馆、纪念馆等教育场所，让学生在虚拟环境中感受我国革命、建设和改革的历史进程。这样的教学方式不仅能够拓宽学生的视野，还能够培养学生的爱国主义情感和民族精神。

（二）增强现实技术应用于中华优秀传统文化与高校德育教育融合的策略

在深入探讨增强现实技术（AR）与中华优秀传统文化与高校德育教育融合的策略时，不得不提到这一技术所带来的创新教学方式和丰富的互动体验。以下是几种可能的策略，旨在进一步推动这一融合过程。

首先，利用AR技术重现历史场景，让学生在虚拟现实中体验传统文化的魅力。例如，在教授古代文学或历史课程时，教师可以通过AR技术将古代宫殿、市井生活等场景呈现在学生眼前。学生可以通过穿戴AR设备，身临其境地感受古代社会的风貌，从而更深入地理解传统文化的内涵。

其次，结合AR技术设计互动游戏，让学生在娱乐中学习传统文化知识。这些游戏可以涵盖诗词歌赋、书法绘画、传统音乐等多个方面，让学生在游戏中体验传统文化的魅力，同时提高学习的趣味性和参与度。此外，教师还可以通过游戏结果评估学生的学习效果，以便进行有针对性的教学。

再次，利用AR技术开展模拟实践活动，让学生在实践中践行传统美德。例如，在德育教育中，教师可以利用AR技术模拟社会场景，让学生在虚拟环境中进行角色扮演，体验道德决策的过程。通过这种方式，学生可以更直观地理解传统美德的内涵，同时提高道德判断能力和行为自觉性。此外，为了促进AR技术在高校德育教育中的广泛应用，还需要加强师资培训和教学资源建设。高校可以组织相关培训活动，提高教师对AR技术的认识和应用能力。同时，积极引进和开发优质的教学资源，如AR教材、教学案例等，为教师提供丰富的教学素材和参考。

最后，加强校企合作，推动AR技术在高校德育教育中的创新应用。企业可以提供技术支持和资金保障，推动AR技术在高校德育教育中的研究和应用。高校则可以发挥学科优势和研究实力，为企业提供有针对性的解决方案和研究成果。通过校企合作，可以共同推动AR技术在高校德育教育中的创新应用和发展。

总之，将增强现实技术应用于中华优秀传统文化与高校德育教育的融合中具有重要意义。通过采用上述策略，可以进一步推动这一融合过程的发展，提高学生的文化素养和道德水平。

第六节 社交媒体与网络社区在德育教育中的互动作用

一、社交媒体应用于高校德育教育

2019年3月18日，习近平总书记在主持学校思想政治理论课教师座谈会时明确指出:"思想政治理论课在立德树人根本任务中占据核心地位。青少年时期,作为人生的'拔节孕穗期',尤需精细地指导和培养。"①在当前融媒体迅猛发展的时代背景下,习近平总书记进一步强调:"应充分运用新媒体新技术,激发工作活力,推动思想政治工作传统优势与信息技术的深度融合,从而增强其时代感和吸引力。"②

当前阶段,手机媒体的迅猛发展已全面渗透到青少年的日常生活和学习之中,对其身心发展产生深远影响,并对青少年价值判断和行为选择的形成具有不可忽视的塑造作用。鉴于此,传统的德育教育方法已无法充分满足青少年德育发展的需求,因此,借助手机媒体来拓宽德育的影响力和感染力显得尤为迫切。

(一)手机媒体视域下高校德育教育的优势

1.扩大德育范围

根据中国互联网信息中心于2020年9月公布的《第46次中国互联网络发展状况统计报告》所示,2020年我国的手机网民规模持续增长。截至2020年6月,手机网民数量达到9.32亿,相较于2020年3月增加了3546万,手机网民在总体网民中的比例持续提升,手机上网比例高达99.2%,显示出手机媒体的强劲发展潜力。在网民群体中,学生群体占比最高,达到23.7%。③手机媒体作为大众传播的重要载体,对青少年群体具有极高的吸引力,逐渐成为青少年获取信息的主要平台。因此,德育工作者如果能充分利用手机媒体庞大的用户资源,将能够迅速扩大德育的覆盖范围和影响力,有效弥补传统德育模式的局限性。借助手机媒体来创新和发展德育工作,已成为德育工作的新

---

① 用新时代中国特色社会主义思想铸魂育人贯彻党的教育方针落实立德树人根本任务[N].人民日报,2019-03-19.

② 习近平.总体布局统筹各方创新发展努力把我国建设成为网络强国[N].人民日报,2014-02-28(1).

③ 中国互联网信息中心.第46次中国互联网发展状况统计报告[EB/OL].(2020-09-29). http://www.cac.gov.cn/2020-09/29/c_1602939918747816.htm.

第十章　中华优秀传统文化与高校德育教育融合的技术创新

趋势。

2.创新德育形式

传统的青少年道德教育模式侧重于社会导向，主要通过教师在课堂上输送德育知识，常采用"灌输式"或"填鸭式"教学，往往忽视了青少年独特的认知、情感和心理需求，导致学生在发展中处于被动地位，无法充分满足他们的个性化需求。而手机媒体的广泛应用在青少年德育工作中起到了扩展教育方式的作用，提供了更多非正式学习的机会，其自主性、社会性、选择性特征更加尊重青少年的个性化需求，允许他们自由选择学习的时间、内容、地点和方式，不再局限于课本知识或长辈的教导，有助于培养青少年的独立思考能力和创新思维。此外，德育工作者也能借助手机媒体及时掌握青少年的情感动态、心理状况和学习情况，迅速占据青少年的思想领域。例如，通过微信、微博、QQ等社交平台，德育工作者可以及时与青少年进行交流，解答他们的思想困惑和心理问题，及时识别并解决德育问题，从而提升德育的成效。

3.丰富德育内容

移动媒体拥有丰富的信息资源库，能够有效地聚合与整合全社会的道德教育资料，从而拓宽青少年的德育知识面。凭借其高效的信息传递特性，用户能迅速获取所需信息，实现快速传播，且信息内容多样，深受青少年群体的青睐。教育工作者可以利用手机媒体，将具有教育意义的红色故事、感人事件、道德模范等制作成短视频，以动态、生动的形式触动观众，提供更为立体、直观和形象的视觉体验，从而丰富德育的表达方式。借助手机媒体进行道德教育，可以实现图像、文字、视频、动画等多种媒介的同步传播，使德育内容更加生动，加深青少年对德育内容的理解和印象，提高德育信息的集中度，进而提升德育效果。

（二）手机媒体视域下中华优秀传统文化与高校德育教育融合的策略

在手机媒体视域下，推动中华优秀传统文化与高校德育教育的深度融合，需要我们从多个方面进行策略性的规划与实施。以下是一些建议，旨在促进二者间的和谐共生与相互促进。

1. 构建移动学习平台，实现文化资源共享

高校可以搭建移动学习平台，将中华优秀传统文化的经典著作、历史故事、艺术作品等数字化资源集中展示，供学生随时随地访问学习。同时，结合德育教育内容，设计具有互动性和启发性的学习模块，让学生在浏览文化资源的同时，能够深入思考道德伦理、人生哲理等问题。

2. 开展主题教育活动，强化文化认同与道德自觉

高校可以定期举办以中华优秀传统文化为主题的教育活动，如诗词朗诵比赛、书法展览、传统节日庆典等。这些活动不仅可以丰富学生的课余生活，还能让学生在参与中深入了解中华文化的博大精深，增强文化自信心和认同感。同时，结合德育教育目标，引导学生在活动中体验道德价值，提升道德自觉和道德实践能力。

3. 加强师资培训，提升教师文化素养与德育能力

高校应加强对教师的文化素养和德育能力培训，让教师深入了解中华优秀传统文化的内涵和价值，掌握将传统文化融入德育教育的有效方法。同时，鼓励教师积极探索创新性的教学模式和教学方法，提升教学水平和教育质量。

4. 建立家校社联动机制，共同营造良好育人环境

高校应积极与家长、社区建立联动机制，共同营造有利于中华优秀传统文化与德育教育融合的良好育人环境。家长是孩子的第一任老师，他们的言传身教对孩子的影响至关重要。因此，高校可以通过家长会、家访等方式与家长沟通交流，引导家长重视传统文化教育，为孩子的健康成长提供有力支持。同时，高校还可以与社区合作开展文化活动和志愿服务活动，让学生在实践中感受中华文化的魅力，增强社会责任感和奉献精神。

5. 注重国际交流与合作，推动中华优秀传统文化的国际传播

在全球化的背景下，高校应注重国际交流与合作，推动中华优秀传统文

第十章　中华优秀传统文化与高校德育教育融合的技术创新

化的国际传播。可以通过组织国际学术会议、文化交流活动等方式，邀请国外学者和学生共同探讨中华文化的价值和发展趋势。同时，鼓励本校师生积极参与国际交流项目，将中华优秀传统文化带向世界各地，增进不同文化间的相互理解和尊重。这不仅有助于提升中华文化的国际影响力，还能为高校德育教育注入新的活力和内涵。

二、网络社区应用于高校德育教育

在当前物质利益丰厚、科技发展迅速的社会背景下，传统的"灌输式"和"说教式"教育手段显得力不从心。现代高校的主体是出生于思想观念开放、价值观多元时代的"05后"青年，他们注重自我权益的保护和价值追求，因此，缺乏互动和公平自由的教育方法在他们身上效果微弱。他们更倾向于采用丰富多彩、互动性强、能即时交流的平台和方式，如目前广受欢迎的微博。

从道德情感的本质来看，它是一个潜移默化的过程。道德情感的形成需要主体全身心地融入特定环境并与环境各要素互动，而这正是传统德育方式所欠缺的。传统课堂教学受限于时空，难以实现信息的跨区域共享，也无法确保信息传递的时效性和完整性，无法让学生真正融入特定环境。即使在课堂上播放影视资料，学生也只是旁观者，而非参与者。

网络虚拟社区的即时通信特性有助于打破时空限制。学生可以轻松地进入这个虚拟但真实的领域，自由地表达情感、表明态度和提出主张。情感和态度的顺畅表达有助于维持学生的情绪稳定和心态正常，为他们的健康发展提供了坚实基础。随着科技的快速发展，手机即时通信迅速普及。

网络虚拟社区的"人—机—人"运行模式将大学生的交往范围局限于网络空间，阻碍了他们与现实生活中的同学和老师的正常交流，交流对象由真人转变为数据代码，缺乏生动的表情和眼神交流，导致青少年的现实"自我"意识逐渐淡化，群体意识变得浅薄，人际关系变得冷漠，这将削弱高校的凝聚力，影响思想政治工作的实施。过度依赖网络沟通可能会导致大学生对网络的沉迷，使他们越来越难以适应现实社会的道德约束和法律法规，最终造成虚拟自我与现实自我的分离。

（一）高校德育网络社区的建设

1.保持用户活跃度

一个繁荣且具有稳定活力的校园网络环境关键在于用户的积极参与。其构建通常涵盖几个核心领域：用户注册、新闻浏览、专题论坛、学习资源的共享以及休闲娱乐。维持和运营这样的社区需要大量的时间和人力投入，更需专业的推广和管理策略。

首先，确保校园网络社区的信息及时更新和充实，收集的内容应紧贴时事，共享的资源应尽可能满足学生的学术和生活需求，同时，需要对发布的信息进行监管和审批。

其次，论坛的维护至关重要，需提供吸引学生关注的议题，并能保持讨论的热度，同时进行适当的方向引导。网络社区应使学生能够获取信息和资源，并与现实世界保持紧密联系，以此展现其独特的特性和优势，以维持用户的活跃度。

2.提升德育教师的关注度与参与度

面对新的教育形势和环境，必须摒弃传统的教育思维模式，积极适应时代变革。

首先，高校德育工作者需提升个人的网络信息技术能力，确保能够熟练、有效地参与网络交流。

其次，应充分利用网络资源，及时掌握学生群体的思想动态，以便准确把握德育教育的重点。

再次，通过网络平台与学生进行平等交流，打破传统思想政治教育中的单向教学模式，提升教育的实效性。

最后，应深刻认识到网络德育的特殊价值，掌握网络德育教育的基本方法。

为确保网络德育教育的有效实施，高校不仅应保障充足的师资力量投入，还需为德育工作者提供有针对性、有计划的网络专业技术培训，以提升

第十章　中华优秀传统文化与高校德育教育融合的技术创新

他们的工作能力。同时，应将网络教育工作纳入绩效考核体系，以确保网络德育教育的质量和效果。

3. 发挥学生社团及骨干人员的带头示范作用

校园网络社区主要由学生组织及一群积极参与的学生成员维系。网络作为一种独特的社交环境，其从众效应较现实生活更为显著。因此，如何充分利用学生组织及校园网络社区的核心人物作为引领示范，显得至关重要。

对于学生社团的管理，应从实体空间拓展至虚拟空间，支持并促进优秀社团在校园网络社区中发挥正面影响，协助他们扩大在线影响力，吸引更广泛的学生群体关注。学校管理层需对社团活动进行指导，并对社团负责人进行思想政治教育。同时，应有策略地培养一批网络领导者，实施个体化的教育指导，引导他们学习并遵守网络法律法规，以培养其高尚的网络道德素质和应对网络舆情的基本技能。社团负责人及校园网络社区的核心成员应深刻理解自身网络形象和行为的影响力，积极传播正能量，发挥积极向上的网络引导作用。

（二）网络社区应用于中华优秀传统文化与高校德育教育融合的策略

随着信息技术的飞速发展，网络社区已成为人们获取信息、交流思想的重要平台。将中华优秀传统文化与高校德育教育有效融合，不仅能够提升学生的道德修养和文化素质，还能为传统文化的传承与发展注入新的活力。以下是关于如何进一步利用网络社区推动中华优秀传统文化与高校德育教育融合的几点策略。

1. 构建主题鲜明的网络德育社区

高校可以建立专门的网络德育社区，围绕中华优秀传统文化设置多个主题板块，如"经典诵读""道德讲堂""文化沙龙"等。通过这些板块，学生可以在线学习传统文化知识，分享学习心得，进行思想交流。同时，高校可以邀请专家学者、文化名人等担任社区导师，为学生提供专业的指导和帮助。

2.开展丰富多彩的线上文化活动

网络社区具有互动性强的特点，高校可以充分利用这一优势，开展多种形式的线上文化活动。例如，举办"网络诗词大会""线上书法展""云端音乐会"等，让学生在参与活动的过程中感受传统文化的魅力。此外，还可以结合重大节日、纪念日等时机，开展主题鲜明的网络文化活动，如"清明节网上祭奠""端午节网络龙舟赛"等，让学生在传承文化的同时，增强民族认同感和归属感。

3.注重网络德育与课堂教育的结合

网络社区作为课堂教育的延伸和补充，应当与课堂教育形成有效的衔接和互动。高校可以在课堂上引入网络社区资源，如让学生在线观看传统文化讲座、参与网络文化讨论等。同时，教师也可以将网络社区作为教学辅助工具，收集学生的学习反馈和意见建议，进一步优化教学内容和方法。

4.加强网络社区的管理与引导

网络社区虽然为学生提供了广阔的学习和交流空间，但也存在着信息繁杂、良莠不齐的问题。因此，高校应当加强网络社区的管理与引导，建立健全信息审核、发布机制，确保社区内容的健康、积极向上。同时，高校还可以建立学生自治组织，让学生参与社区的管理，提高他们的自我管理和自我教育能力。

5.推动网络德育的国际化交流

中华优秀传统文化是中华民族的瑰宝，也是世界文化的重要组成部分。高校可以充分利用网络社区平台，推动中华优秀传统文化的国际化交流。例如，可以与其他国家和地区的高校建立合作关系，共同开展网络文化交流活动；可以邀请国外学者和学生参与网络德育社区，共同学习和探讨传统文化知识；还可以通过网络平台展示中华文化的魅力，增强中华文化在国际上的影响力和传播力。

通过以上策略的实施，可以更好地利用网络社区平台推动中华优秀传统文化与高校德育教育的融合，为培养具有高尚品德和丰富文化素养的优秀人才贡献力量。

第十一章 结语

中华优秀传统文化，作为我国5000多年文明的积淀，承载着丰富的历史底蕴和独特的价值观念。在当今社会，随着全球化的深入发展，高校德育教育面临着前所未有的挑战与机遇。将中华优秀传统文化与高校德育教育相融合，不仅有助于传承与发展传统文化，更是关系国家未来人才培养的质量和社会文明的进步。

中华优秀传统文化与高校德育教育融合的启示

首先，有助于培养学生的文化自信。中华优秀传统文化是中华民族的根和魂，它蕴含着中华民族的精神追求和价值观念。通过将传统文化融入高校德育教育，学生可以深入了解和学习传统文化，感受其深厚的历史底蕴和独特的魅力。这不仅可以增强他们的文化认同感和自豪感，还可以培养他们的文化自信，使他们在面对多元文化的冲击时，能够坚守自己的文化根脉。

其次，可以深化道德教育的内涵。传统文化中的道德观念，如仁爱、诚信、礼仪等，是中华民族的传统美德，也是德育教育的核心内容。通过将传统文化与德育教育相结合，可以使学生更加深入地理解这些道德规范，并在学习和实践中更好地践行。这种教育方式不仅可以提高学生的道德素质，还可以培养他们的社会责任感和公民意识，使他们成为具有高尚品德和良好行为习惯的优秀人才。

再次，为德育教育方法的创新提供了新的思路。传统的德育教育方法往往注重理论灌输和说教，难以引起学生的兴趣和共鸣。将传统文化融入德育教育，可以通过故事讲述、角色扮演、情景模拟等多样化的教学手段，使学生在轻松愉快的氛围中学习和感悟。这种教学方式不仅可以提高学生的学习兴趣和参与度，还可以使他们在实践中深化对道德规范的理解和认识。此外，促进教师队伍的建设。教师是德育教育的实施者和引导者，他们的传统文化素养和教育教学能力直接影响到融合的效果。因此，高校应该加强对教师的传统文化培训和教育，提高他们的传统文化素养和教育教学能力。同时，还应该鼓励教师积极探索和实践融合的教学方式和方法，为德育教育的发展注入新的活力和动力。

最后，创新和完善高校德育评估机制。传统的德育评估机制往往注重结果评价，忽视了过程评价和学生个性化发展的需求。将传统文化融入德育教育后，需要建立多元化、过程化的评估体系，全面考查学生的道德修养和文化素养。这种评估方式不仅可以更加客观地反映学生的德育水平，还可以为学生的个性化发展提供更多的支持和帮助。

中华优秀传统文化与高校德育教育融合的未来展望

高校德育教育作为塑造学生品格、培养社会责任感的重要途径，与中华优秀传统文化的融合更是具有深远的意义。未来，我们期望看到这种融合在理论与实践、跨学科研究、个性化与定制化教育、技术手段应用、国际视野拓展、社会参与和文化创新等多个方面取得更加丰硕的成果。

理论与实践的结合是中华优秀传统文化与高校德育教育融合的核心。未来的研究应进一步深化这一结合，通过案例分析、实证研究等方法，探索更多传统文化与现代教育技术融合的途径。例如，可以借鉴古代"经世致用"的思想将传统文化的智慧与现代教育的实际需求相结合，开发出更多具有针对性和实效性的德育课程。同时，可以通过设立专项基金、建立研究团队等方式，鼓励和支持更多的学者和教师投身于这一领域的研究与实践。

跨学科的研究是推动中华优秀传统文化与高校德育教育融合的重要途径。应该结合教育学、心理学、社会学、信息技术等多个领域的知识，以更全面地推动德育教育的创新和发展。这种跨学科的视角有助于我们深入理解传统文化与德育教育融合的内在机制和外在影响。例如，可以借助心理学的

第十一章 结语

理论和方法，研究传统文化对学生心理健康和人格发展的影响；借助信息技术的手段，创新传统文化的传播方式和教育形式。

随着教育理念的更新和技术的发展，未来的德育教育应更加注重个性化和定制化。应该根据学生的兴趣、特长和需求，提供差异化的教育内容和方法，以实现教育的个性化发展。例如，可以通过开展"一对一"的辅导、设立"兴趣小组"等方式，满足不同学生的个性化需求。同时，还可以借助大数据、人工智能等技术手段，对学生的学习情况进行精准分析，为每个学生量身定制适合他们的学习计划和课程。

技术手段的应用将为传统文化的传播和教育的创新提供新的平台和工具。应该充分利用现代信息技术，如数字化、网络化、智能化等，为传统文化的传播和教育的创新提供新的可能。例如，可以通过开设在线课程、建立虚拟博物馆等方式，让更多的人了解和学习传统文化；通过虚拟现实、增强现实等技术手段，让学生身临其境地感受传统文化的魅力；通过人工智能等技术手段，实现智能化的教学管理和学习支持。

在全球化背景下，应该积极探索如何将中华优秀传统文化与世界文化交流融合，提升国际影响力。通过国际合作、文化交流等途径，可以展示中华文化的独特魅力，促进不同文化的相互理解和尊重。例如，可以与国外的教育机构合作开展联合办学、文化交流等活动；组织国际性的学术研讨会、文化节等活动；推动中华优秀传统文化的国际传播和推广。

高校德育教育应更加注重与社会的联系和互动。通过志愿服务、社区参与、社会实践等活动，可以使学生在参与社会生活的过程中，体验传统文化的价值，培养社会责任感。例如，可以组织学生参与社区的环境保护、文化传承等活动；开展"支教""扶贫"等社会实践活动；鼓励学生在社会实践中发挥自身的优势和特长。在传承传统文化的基础上，还应该鼓励创新和发展。结合时代特点和社会需求，对传统文化进行创造性转化和创新性发展，使其更加符合现代社会的要求，更好地服务于人才培养和社会进步。例如，可以将传统文化与现代科技相结合，开发出具有创新性和实用性的文化产品；将传统文化与现代生活相结合，推动传统文化的时尚化和生活化；将传统文化与产业发展相结合，推动文化产业的发展和创新。将传统文化的学习和德育教育融入终身教育体系。通过终身教育，可以不断提升个人的道德修养和文化素养，实现个人与社会的和谐发展。例如，可以开设传统文化课程、举办文化活动等方式，鼓励人们在不同的阶段和领域持续学习和实践；通过设立文化奖励、开展文化竞赛等方式，激发人们对传统文化的热爱和追求。

参考文献

[1]白翠红.高校德育思维方式发展研究[M].广州：中山大学出版社，2018.

[2]曾学龙，贺佃奎，张齐学.大学生德育实践概论[M].北京：中国农业出版社，2005.

[3]柴世钦.我国现代高校德育解析[M].沈阳：辽宁大学出版社，2008.

[4]陈娟.传统文化与高校德育教育工作融合研究[M].北京/西安：世界图书出版公司，2018.

[5]陈守聪，王珍喜.中国传统文化的价值与现代德育构建[M].北京：光明日报出版社，2013.

[6]陈文华.老子思想的教育之"道"[M].北京：中国科学技术出版社，2008.

[7]陈中建.高校德育系统工程研究[M].南京：南京师范大学出版社，2015.

[8]初明利，范书生.高校德育新视野高校德育的创新与实效[M].天津：天津社会科学院出版社，2004.

[9]崔戴飞，徐浪静.高校德育成果文库思政活动课程建设案例集有爱篇[M].北京：光明日报出版社，2020.

[10]冯世勇.高校德育工作的理论研究和实践探索[M].太原：山西人民出版社，2014.

[11]傅大友，吴继霞，陈晓强.高校德育创新论[M].南京：江苏教育出版社，2005.

[12]龚海泉，张晋峰，张耀灿,20世纪的中国高等教育德育卷[M].北京：高等教育出版社，2003.

[13]桂捷.高校德育与心理健康教育研究[M].沈阳：东北大学出版社，2018.

[14]韩方希.民办高校德育工作探索与实践[M].济南：泰山出版社，2008.

[15]胡斌武.社会转型时期学校德育的现代化[M].北京：中央编译出版社，2006.

[16]胡琦，陈海燕.高校德育社会化综论[M].杭州：浙江大学出版社，2016.

[17]黄蓉生.高校后勤社会化改革与大学生德育论[M].成都：四川人民出版社，2006.

[18]黄向阳.德育原理[M].上海：华东师范大学出版社，2000.

[19]黄钊.儒家德育学说论纲[M].武汉：武汉大学出版社，2006.

[20]蒋笃运，张国臣.高校德育新论[M].郑州：河南医科大学出版社，1997.

[21]金琪.中和育人浸润中华优秀传统文化的德育探索[M].上海：上海教育出版社，2017.

[22]靳诺.我国民办高校德育通论[M].合肥：合肥工业大学出版社，2006.

[23]孔亮.高校德育教育引入传统文化的创新研究[M].北京/西安：世界图书出版公司，2018.

[24]李宝银.高校德育成果文库文明之路福建师范大学文明校园创建纪实[M].北京：光明日报出版社，2019.

[25]李程.传统文化精神与大学生思政教育[M].北京：光明日报出版社，2013.

[26]李刁.互联网+时代高校德育实践创新研究[M].武汉：华中师范大学出版社，2019.

[27]李莉.新时期高校德育理论与实践研究[M].长沙：湖南大学出版社，2002.

[28]李卫东.地方院校德育研究第11辑用习近平新时代中国特色社会主义思想引领高校德育[M].武汉：武汉大学出版社，2019.

[29]李兆敏.高校德育工作新思维[M].东营：中国石油大学出版社，2006.

[30]刘丽波.新时期高校德育教育创新发展研究[M].石家庄：河北人民出版社，2018.

[31]刘新科.中国传统文化与教育[M].长春：东北师范大学出版社，2016.

[32]刘忠孝，陈桂芝，刘金莹.高校德育论[M].哈尔滨：黑龙江人民出版社，2019.

[33]卢黎歌.高校德育新探[M].西安：西安交通大学出版社，2009.

[34]罗家英.网络影响下高校德育模式变革与构建[M].武汉：华中科技大学出版社，2005.

[35]孟东方.高校德育新论[M].北京：中国文史出版社，2004.

[36]米如群，王小锡等.高校德育工程论[M].南京：南京师范大学出版社，2006.

[37]任少波等.高校德育共同体[M].杭州：浙江大学出版社，2018.

[38]宋元林.中国传统文化与思想政治教育研究[M].长沙：湖南大学出版社，2012.

[39]宋长生，唐国忠.高校德育体系的发展与创新[M].哈尔滨：哈尔滨工程大学出版社，2005.

[40]孙庆珠.高校校园文化概论[M].济南：山东大学出版社，2008.

[41]孙晓峰.中西方高校德育管理比较研究[M].合肥：安徽科学技术出版社，2015.

[42]谭仁杰.地方院校德育研究第9辑　社会实践与高校德育[M].武汉：武汉大学出版社，2017.

[43]谭仁杰.中国梦与高校德育[M].武汉：武汉大学出版社，2016.

[44]王爱华，杨斌.高校德育与校园和谐[M].武汉：武汉大学出版社，2011.

[45]王超等.比较德育学[M].武汉：湖北人民出版社，2005.

[46]王一鸣.新形势下应用型高校德育和创新创业[M].北京：光明日报出版社，2018.

[47]吴起华.高校德育管理研究[M].海口：南海出版公司，2005.

[48]杨福荣，邰蕾芳.中国传统文化与大学生德育教育研究[M].西安：西

安交通大学出版社，2017.

[49]赵金昭.高校德育环境建设实践论[M].郑州：河南人民出版社，2004.

[50]郑益生，杨纪武.高校德育研究[M].昆明：云南科技出版社，2009.

[51]祝建兵，郭诗华.德育论丛[M].昆明：云南科技出版社，2017.

[52]蔡东伶.中华优秀传统文化中立德树人思想研究[D].河南工业大学，2021.

[53]陈丽旭.中华优秀传统文化融入中小学德育全过程的路径研究[D].西南科技大学，2020.

[54]陈美含.中华优秀传统文化融入大学生思想政治教育研究[D].长春工业大学，2021.

[55]程喆.中华优秀传统文化融入青年马克思主义者培养路径研究[D].长春中医药大学，2022.

[56]范曦文.中华优秀传统文化融入高中《文化生活》的课堂教学研究[D].新疆师范大学，2022.

[57]冯奕佳.思政课提升大学生中华优秀传统文化自信研究[D].西华师范大学，2022.

[58]邰静宇.中华优秀传统仁文化融入初中《道德与法治》课教学研究[D].青海师范大学，2022.

[59]郭自强.儒家仁学思想与社会主义核心价值观融合研究[D].中原工学院，2022.

[60]韩爽.高中思想政治课有效实施中华优秀传统文化教育研究[D].哈尔滨师范大学，2022.

[61]黄垚.中华优秀传统文化融入初中德育存在问题及对策研究[D].河北师范大学，2021.

[62]姜新宇.习近平关于传统文化的重要论述及其德育价值研究[D].广西大学，2019.

[63]李晨阳.统编版初中语文教材中的中华优秀传统文化要素研究[D].浙江海洋大学，2022.

[64]李晓丹.中华优秀传统文化融入小学道德教育的实践路径研究[D].沈阳大学，2022.

参考文献

[65]梁志玲.新时代大学生中华优秀传统文化自信培育研究[D].广西师范大学，2022.

[66]刘涔.中华优秀传统文化融入大学生思想政治教育的价值及实现路径研究[D].重庆理工大学，2021.

[67]刘佳欣.中华优秀传统文化在大学生思想政治教育中的运用研究[D].西南科技大学，2019.

[68]刘奥泽.中华优秀传统文化类校本课程资源开发研究[D].东北师范大学，2022.

[69]刘雨.中华优秀传统文化融入高中思想政治课教学研究[D].山东师范大学，2022.

[70]龙槿彦.中学生物学教学中渗透中华优秀传统文化的研究[D].安庆师范大学，2022.

[71]卢成观.习近平关于网络文化建设重要论述研究[D].贵州师范大学，2022.

[72]路倩.中华优秀传统文化涵养青少年道德人格研究[D].阜阳师范大学，2022.

[73]骆津晶.中华优秀传统文化融入新时代高校德育教育研究[D].北京外国语大学，2021.

[74]马靖.高中英语中华优秀传统文化选修课程开发与应用[D].延安大学，2022.

[75]梅莎莎.孔子仁学思想在大学生思想政治教育中的应用研究[D].云南师范大学，2022.

[76]师慧慧.统编高中文言文教学与中华优秀传统文化深度融合的研究[D].吉林外国语大学，2022.

[77]石琼.中华优秀传统文化融入初中道德与法治课的策略研究[D].喀什大学，2022.

[78]石琼.中华优秀传统文化融入初中道德与法治课的策略研究[D].喀什大学，2022.

[79]田倩倩.新时代大学生中华优秀传统文化认同研究[D].石家庄铁道大学，2022.

[80]田文靖.中华优秀传统文化融入中职思想政治教育的研究[D].广西师范大学,2021.

[81]王步云."文化润疆"背景下中华优秀传统文化融入阿克苏地区初中语文教学研究[D].塔里木大学,2022.

[82]王静.中华优秀传统文化融入大学生思想政治教育的SWOT分析[D].山西师范大学,2021.

[83]王晓晶.中华优秀传统文化浸润思想政治教育的研究[D].南京师范大学,2021.

[84]韦喜芬.儒家"仁爱"思想融入中学生社会公德培育研究[D].广西民族大学,2022.

[85]文广.中华传统美德融入大学生思想政治教育研究[D].西华师范大学,2022.

[86]向云鹭.中华优秀传统文化大学生思想政治教育功能发挥研究[D].华中师范大学,2020.

[87]信慧慧.中国共产党传承中华优秀传统文化的历史进程与基本经验研究[D].山东大学,2022.

[88]熊苏婷.先秦儒家优秀德育思想融入大学生道德教育研究[D].东华理工大学,2022.

[89]晏振宇.中华优秀传统文化融入大学生思想政治教育研究[D].山东大学,2021.

[90]杨焱婷.中华传统蒙学教育的德育功能及其现代启示研究[D].喀什大学,2022.

[91]袁安妮.中华优秀传统文化融入高校德育研究[D].西安理工大学,2019.

[92]翟绎杰.中华优秀传统文化运用于高校立德树人的实践研究[D].海南大学,2022.

[93]张迪.中华优秀传统文化融入小学德育的现状及路径研究[D].西安理工大学,2019.

[94]张韩.知行合一视域下大学生中华优秀传统文化教育路径研究[D].长春师范大学,2022.

[95]张静.老子生死观及其对大学生生命教育的启示研究[D].华中农业大学，2022.

[96]张杨.中国优秀传统文化中的家国情怀研究[D].吉林农业大学，2022.

[97]张潆文.思想政治教育视野下中华优秀传统文化现代化研究[D].东北师范大学，2020.

[98]张雨旸.习近平文化观视阈下我国乡村文化振兴研究[D].安庆师范大学，2022.

[99]赵信彦.习近平新时代中国特色社会主义思想传承创新中华优秀传统文化研究[D].山东大学，2022.

[100]赵娅倩.中华优秀传统文化融入高校立德树人的路径研究[D].山西财经大学，2021.

[101]赵莹.高中思想政治课中完善中华优秀传统文化教育研究[D].牡丹江师范学院，2022.

[102]甄晓峰.中华优秀传统文化在高中政治教学中的运用研究[D].广州大学，2022.

[103]周旭.习近平关于中华优秀传统文化"双创"的重要论述研究[D].黑龙江大学，2022.